W0355269

Über den Autor

Malcolm Lowry, geboren am 28. Juli 1909 in Merseyde/England, studierte zwischen 1929 und 1932 in Cambridge Philosophie. 1940 zieht er mit seiner zweiten Ehefrau, der Schriftstellerin Margerie Bonner, nach British Columbia. Als er 1954 nach England zurückkehrt, ist er bereits vom Alkohol zerrüttet. Am 29. Juni 1957 begeht er Selbstmord.

Von Malcolm Lowry erschienen ferner im Rowohlt Verlag die Erzählungsbände «Hör uns, o Herr, der Du im Himmel wohnst» und «Die letzte Adresse», «Briefe», die Gedichte «Fünfunddreißig Mescals in Cuautla» und die Romane «Oktoberfähre nach Gabriola» sowie «Dunkel wie die Gruft, in der mein Freund begraben liegt», ein kaum verhülltes, schonungsloses Selbstporträt Lowrys auf den Spuren seines (von John Houston mit Albert Finney in der Hauptrolle verfilmten) Meisterwerks «Unter dem Vulkan» (rororo Nr. 13510).

In der Reihe «rowohlts monographien» erschien als Band 414 eine Darstellung Malcolm Lowrys mit Selbstzeugnissen und Bilddokumenten von Heribert Hoven, die eine ausführliche Bibliographie enthält.

Malcolm Lowry

ULTRAMARIN

Roman

Deutsch von
Werner Schmitz

rororo

Rowohlt

5.–11. Tausend Januar 1995

Deutsche Erstausgabe
Veröffentlicht im Rowohlt Taschenbuch Verlag GmbH,
Reinbek bei Hamburg, September 1982
Copyright © 1982 by
Rowohlt Taschenbuch Verlag GmbH,
Reinbek bei Hamburg
Lektorat Jürgen Manthey / Delf Schmidt
Alle Rechte vorbehalten
Aus dem Englischen übersetzt nach der bei
Jonathan Cape, London, erschienenen
Originalausgabe «Ultramarine»
Copyright © 1962 by Margerie Bonner Lowry
Umschlaggestaltung Susanne Heeder
(Illustration Britta Lembke)
Gesamtherstellung Clausen & Bosse, Leck
Printed in Germany
1290-ISBN 3 499 13596 5

Vorwort von Margerie Lowry

‹*Ultramarine*› wurde im Anschluß an eine Seereise geschrieben, die Malcolm Lowry mit achtzehn Jahren als gemeiner Matrose, Kammersteward und schließlich als Hilfsheizer auf einem Trampdampfer unternommen hatte. Zwar lieferte ihm die Reise den Hintergrund für den Roman, doch sein wirkliches Thema ist das dringende Bedürfnis des Jungen Dana Hilliot, sich als Mann unter anderen Männern zu erweisen.

1927 hatte Malcolm The Leys, eine Privatschule in Cambridge, England, absolviert und sich danach am Christ's College, Cambridge, immatrikuliert. Aber ihm steckte das Meer im Blut; er hatte O'Neill und Joseph Conrad gelesen, und seine Heimat Caldy, Cheshire, lag in der Nähe des großen Seehafens Liverpool. Schließlich überredete er seinen Vater, ihm, bevor er die Universität bezog, eine einjährige Seereise zu gestatten. Sein Vater, der ein geradezu verhängnisvolles Maß an Wohlwollen zeigte, verschaffte ihm nicht nur den Job auf einem von Liverpool aus in den Fernen Osten fahrenden Frachter, sondern er ließ ihn sogar in der Familienlimousine bis zum Kai bringen. Dies förderte Malcolms Ansehen bei der Mannschaft, in deren Augen er bereits ein einfältiger Outsider war, mitnichten.

Nach seiner Rückkehr von dieser Fahrt, die ihn durch den Suez-Kanal nach Schanghai, Hongkong, Yokohama, Singapur und Wladiwostok geführt hatte, ging er vom Herbst 1929 an aufs St. Catherine's College, Cambridge. Während seiner Reise hatte er sich Notizen gemacht (wie er es immer tat: ich bin im Besitz von Aufzeichnungen, die er auf unserer Wanderung durch den Lake District im Jahre 1957, kurz vor seinem Tod, gemacht hat); nach diesen Notizen schrieb er zunächst zwei Kurzgeschichten, die in der von Gerald Noxon herausgegebenen Cambridger Literaturzeitschrift *Experiment* abgedruckt wurden. Dies war Malcolms erste Veröffentlichung. Eine der Erzählungen, ‹*Seductio Ad Absurdum*›, wurde von E. J. O'Brien in den Band ‹*Best British Short Stories of 1931*› aufgenommen, die andere 1933 ehrenvoll erwähnt. Beide Erzählungen wurden später teilweise für ‹*Ultramarine*› verwendet.

Während er an dem Roman arbeitete, las er Conrad Aikens ‹*Blue Voyage*› und ‹*The Ship Sails On*› von Nordahl Grieg. Beide beeindruckten ihn gewaltig, und ihr Einfluß auf ‹*Ultramarine*› ist leicht zu erkennen. Malcolm war noch sehr jung; aber mögen sich auch Spuren von Nachahmung in dem Roman finden, so ist er doch höchst neuartig und, für seine Zeit, experimentell. 1929 hatte Malcolm Aiken in Boston aufgesucht – die Überfahrt erarbeitete er sich auf einem Frachter; sie kehrten nach England zurück, und Aiken nahm ihn auf sein Bitten hin für eine Zeit als Schüler auf. Sie wurden schnell Freunde, und nachdem Malcolm Cambridge bezogen hatte, verbrachte er praktisch alle seine Ferien bei Aiken in Jeake's House, Rye, Sussex. In den langen Ferien des Jahres 1930 trat er jedoch zu einer weiteren Seereise an, die ihn – er verdiente sich die Fahrt als Kohlentrimmer auf einem norwegischen Frachter – nach Norwegen zu Nordahl Grieg führte, mit dem er ebenfalls eine Freundschaft schloß, die bis zu Griegs Tod anhielt.

Soweit ich weiß, wurde ‹*Ultramarine*› während Malcolms letztem Semester in Cambridge fertig und von einem Londoner Verleger angenommen. Darauf folgte die erste einer langen Reihe von Mißhelligkeiten, denen sein Werk erbarmungslos ausgesetzt war. (Als 1944 unser Haus abbrannte, wurde der Roman ‹*In Ballast to the White Sea*› vollständig vernichtet; das Manuskript von ‹*Unter dem Vulkan*› ging verloren, tauchte aber wieder auf.) Einem der Direktoren der Verlagsgesellschaft wurde aus seinem Auto die Aktentasche gestohlen: er war anscheinend nur wenige Augenblicke weg, aber als er zurückkam, war die Aktentasche verschwunden und mit ihr das einzige Typoskript von ‹*Ultramarine*›.

Von dem, was dann passierte, scheint es widersprüchliche Versionen zu geben, und ich kann nur berichten, was gesagt wurde. Einen großen Teil von ‹*Ultramarine*› hatte Malcolm in Aikens Haus geschrieben, die endgültige Fassung jedoch im Haus seines Freundes Martin Case fertiggestellt. Malcolm erzählte mir später, er hätte den Roman vollständig verloren geglaubt, da er alle früheren Entwürfe vernichtet oder weggeworfen und weder eine Abschrift der Endfassung noch selbst seine auf der Fahrt gemachten Notizen übrigbehalten hätte. Aber Martin Case, sagte er, hatte das weggeworfene Material gesammelt und dann zur Verfügung gestellt. Als ich viele Jahre später Case in London wiedersah, waren beinah seine ersten Worte an mich: «Wußten Sie, daß ich der Mann war, der ‹*Ultramarine*› aus dem Papierkorb rettete?» Demgegenüber behauptet Conrad Aiken, daß er eine Fassung des Romans in seinem Haus in Rye gehabt und Malcolm dies gewußt hätte. Doch wer kann jetzt, nach 30 Jahren, den wahren Sachverhalt noch ausfindig machen?

Wie auch immer, der Roman wurde noch einmal geschrieben und 1933 bei Jonathan Cape Ltd, London, erstveröffentlicht. Der Leser von ‹*Unter dem Vulkan*› und ‹*Hör uns, O Herr, der Du im Himmel wohnst*› wird in ‹*Ultramarine*› viele der Themen wiederfinden, die in den späteren Büchern weiter ausgearbeitet und vertieft worden sind. Für mich ist das wichtigste an diesem Buch nicht sein stellenweise autobiographischer Inhalt, sondern die Tatsache, daß Malcolm sich damit, hinsichtlich der Beherrschung seines Gegenstandes und seines Stils, bereits in dieser frühen Periode als in jeder Beziehung selbstbewußter Künstler ausweist.

Die vorliegende Neuausgabe von ‹*Ultramarine*› bezieht die Änderungen, die Malcolm in den Jahren seit 1933 in sein Exemplar der Originalausgabe eingetragen hatte, mit ein. Während der Jahre, die wir zusammen verbrachten, arbeitete er immer an zwei oder drei Projekten gleichzeitig, und nebenher liefen auch unregelmäßige Randbemerkungen zu ‹*Ultramarine*›. Oft traf ich ihn mit dem abgenutzten Band in Händen an, wobei er diesen wütend anfunkelte und auf den Seiten Notizen anbrachte oder ihn manchmal auch nur umklammert hielt und aus dem Fenster starrte; dann pflegte er sich zu mir umzudrehen und zu sagen: «Weißt du, eines Tages muß ich das neu schreiben.» Ich kann mich nicht mehr genau daran erinnern, wann er beschloß, daß dieses Buch in seiner neugeschriebenen Fassung den ersten Band einer Reihe von sechs oder sieben Romanen bilden sollte, für die er den gemeinsamen Titel *‹The Voyage That Never Ends›* vorgesehen hatte. Aber es war um diese Zeit, als er den Namen des Schiffes von *Nawab* in *Ödipus Tyrannus* umänderte, damit er zu Hughs Schiff in *‹Unter dem Vulkan›* paßte. Des weiteren hatte er eine Veränderung der Erzählhaltung in Kapitel 3 von der ersten zur dritten Person und eine wesentlich umfassendere Überarbeitung als die, die in dem später von mir kopierten Apparat von Randbemerkungen angedeutet war, ins Auge gefaßt.

Einer seiner Zusätze, der wiederkehrende Witz über Pat Murphys Ziege, kam folgendermaßen zustande: Als wir an der Küste bei Dollarton in British Columbia lebten, hatten wir einen alten Mann von der Isle of Man namens Jimmy, einen Schiffbauer, als Nachbarn und sehr guten Freund. Eines stürmischen Spätnachmittags im Herbst – Malcolm hatte eben seine Arbeit unterbrochen und nahm seinen Tee – kam Jimmy herein. Ich weiß nicht mehr, was ihn dazu gebracht hat, aber plötzlich fing er an zu kichern und brachte in seinem singenden keltischen Tonfall diese Formulierung heraus. Malcolm war schlichtweg begeistert davon, ließ den alten Mann das Ganze wiederholen und schrieb es sich auf. Dann sprang er vom Tisch auf, nahm *‹Ultramarine›* aus dem Regal und machte sich sogleich Anmerkungen, wo er es einbauen wollte, wobei er fortwährend lachte.

Margerie Lowry
Los Angeles, Kalifornien
im Juni 1962

Anmerkung des Übersetzers

Zu Kapitel 3:

Die Gespräche Hilliots mit dem deutschen Seemann Popplereuter sind ins Deutsche schlechthin nicht befriedigend übertragbar. Der unselige Reiz des Originals besteht nämlich darin, daß Lowry die beiden bisweilen Deutsch reden läßt – nur leider konnte Lowry nicht genügend Deutsch, und seine Protagonisten, besonders Popplereuter, dann natürlich auch nicht. Nun macht es sich aber in einem deutschen (eingedeutschten) Text nicht allzu gut, wenn ausgerechnet der einzige deutsche Akteur als einziger ein fehlerhaftes Deutsch spricht; folglich mußten auch die «deutschen» Sätze (sogar einzelne Wörter) «übersetzt» werden. Wen's interessiert, der schaue ins Original... Um dem Leser wenigstens einen kleinen Eindruck von dem Zweisprachengemenge dieses Kapitels zu geben, sind in dieser Ausgabe die im Original deutschen Stellen (auch dann, wenn sie behutsamst korrigiert wurden) gesperrt gesetzt. Auf diese Weise erkennt der Leser auch die Ursachen der hin und wieder entstandenen, eher unfreiwilligen Komik mancher Stellen. Im übrigen ist dieses Kapitel auch im Original ziemlich lustig – da dürfte es auch eingefleischte Übersetzungs-Puristen nicht stören, wenn sie in der deutschen Fassung noch mehr zu lachen haben.

Quellenhinweise:

Zitate aus Geoffrey Chaucers ‹*Canterbury Tales*› wurden nach der von Lambert Hövel bearbeiteten deutschen Ausgabe von Adolf von Düring (Verlag Jakob Hegner in Köln, 1969), Shakespeare-Zitate, sofern sie als solche erkannt wurden, nach der Schlegel-Tieckschen Übersetzung wiedergegeben.

Werner Schmitz

Setzt einen Vogel in den Käfig man
Und wendet allen Fleiß und Eifer an,
Ihn liebevoll zu füttern und zu tränken
Mit allen Leckerein, die zu erdenken,
Hält man ihn mit der größten Sorgfalt rein,
Mag noch so schön sein goldner Käfig sein,
Wird doch zehntausendmal so gern im Wald
Der Vogel, sei's auch rauh und kalt,
Von Würmern und von Ungeziefer leben.

Geoffrey Chaucer, *‹Erzählung des Tafelmeisters›*

Laß sie immer die Seeleute beschimpfen; sie sind der Ruhm und Schutzschild des Staates. Was wäre vor langer Zeit aus dem Alten England geworden, wenn es sie nicht gegeben hätte?

Samuel Richardson

I

«Name?»
«Dana Hilliot, Leichtmatrose.»
«Geburtsort?»
«Oslo.»
«Alter?»
«Neunzehn.»
«Wohnort?»
«Sea Road, Port Sunlight.»
«Vorschuß?»
«Ja –»
«Der Nächste bitte! Name?»
«Andersen Marthon Bredahl, Koch.»
«Geburtsort?»
«Tvedestrand.»
«Alter?»
«Neununddreißig.»
«Wohnort?»
«Great Homer Street, Liverpool.»
«Vorschuß?»
«Ja –»
«Der Nächste bitte! Name?»
«Norman Leif, Kombüsenjunge.»
«Geburtsort?»
«Tvedestrand.»
«Alter?»
«Neunundzwanzig.»
«Wohnort?»
«Great Homer Street, Liverpool.»

«Vorschuß?»

«Ja –»

«Der Nächste bitte –»

... hatte er irgendein Ziel erreicht, nachdem er durch die überwältigende Finsternis dieser sechs Wochen endlosen Rituals getrieben worden war, nichts als Glasen und Plackerei, einen sechswöchigen Wirbelsturm voller Leid? Ich bin auf einem Schiff. Ich bin auf einem Schiff, und ich fahre nach Japan, sagte Hilliot sich immer wieder auf. Warum? Wahrscheinlich waren die Antworten darauf sowieso zu weitläufig und trübe; und selbst wenn er je Begründungen gefunden haben sollte, wären sie jetzt wohl längst nicht mehr wahr.

Zwei Glasen – abrupt wurden seine Gedanken unterbrochen. Fünf Uhr. Er hatte eine Stunde Freiwache. In der nächsten Stunde würden sie längsseits sein. Wenn dann die *Ödipus Tyrannus* längsschiffs festgemacht wäre, würde er sich mit dem Lampenputzer und der Hafenwache auf dem Heck an die Arbeit machen. Danach hatte er frei.

Unter ihm auf dem Brunnendeck arbeiteten einige Vollmatrosen unter dem Bootsmann an den Ladebäumen. Er sah ihnen nachdenklich zu. Ihm war klar, daß sich in Tsjang-Tsjang wieder dieselbe endlose Vorstellung abspielen würde: der übliche Strom von Händlern würde übers Schiff wogen; die Schauerleute würden von den Leichtern aus an der Außenseite reingeklettert kommen oder sich an den Ladebäumen hereinschwingen; bald würden dann die Windenmänner auf ihren Strohmatten sitzen; und ein Land-Serang würde, nachdem der Erste Maat ihm eine Zigarre geschenkt hätte, auf eine Gelegenheit lauern, ihm seine Uhr zu stehlen –

«... Hilliot! Komm her und pack mal hier mit an.»

«Zum Teufel mit diesem verdammten Bootsmann», sagte Hilliot, glitt aber doch die Heckleiter hinunter aufs Brunnendeck und half den andern. Ein dickes Tau tobte und flitschte am Spulenkopf einer Winde rum, und langsam erhob sich der gelbe Ladebaum in den Himmel.

«... Guuut! Das reicht! Lose einholen!» brüllte der Bootsmann. «Geht mal weg da, Leute. Hilliot, dich mein ich! Hol die Lose ein! Lose einholen, sag ich! Irgendeiner, du, Horsey, zeig ihm, wie's geht, herrgottnochmal ... Hilliot, scher dich da weg! Komm her. Hierhin. Ihr andern macht Pause.»

«Nun, Hilliot», lächelte er, «du kannst gehen und wieder träumen, soviel du willst. Was stehst du da noch rum? Geh schon. Und jetzt, Leute», sagte er und drehte sich dabei unvermittelt zu den anderen um, «jetzt an die Ladebäume auf dem Vorderdeck!»

Als Hilliot ging, traf er Andy, den Koch, der eben die Heckleiter herunterkam. Herrgott, dachte er. Aber vielleicht gäb's heute eine Ausnahme. Er lächelte. «Hallo.» Andy musterte ihn abschätzig und versperrte ihm die Niedergangstreppe. Er krempelte sich die Ärmel hoch; seine mächtigen Arme waren von oben bis unten tätowiert: eine norwegische Flagge, eine Barke mit vollen Segeln, ein Herz anscheinend, und weißgott was sonst noch. So einer hätte man sein sollen, na schön. Aber er hatte auch etwas Schwaches an sich, er hatte so ein verkümmertes Kinn. Andy machte keine Anstalten, Hilliot vorbeizulassen. Er spuckte bedächtig. «Also hör mal», sagte er, «ich fahr jetzt zwanzig Jahre zur See. Und dieser Bootsmann ist ungefähr genauso lange zur See. Ich bin zweimal mit ihm gefahren, und verdammich, er weiß genausogut wie ich, daß es keinen Zweck hat, junge Leute anzuschreien oder unfreundlich zu ihnen zu sein, wenn man will, daß sie gute Arbeit leisten; und der hat zu mir gesagt, er habe sich anfangs vorgestellt, du würdest einer seiner besten Leute werden. Na, ich hab gar nichts gesagt – ich kenn so Typen wie dich, klar? Einer seiner besten Leute ... Und was bist du jetzt? –: nichts als 'ne gottverdammte Flasche. Und er kann's nicht ändern. Er kann gar nicht anders, als dich anzubrüllen, klar? Er mag's nicht und du magst's nicht. Und der Himmel weiß, ich nehm's ihm nicht übel – er kann gar nicht anders, du bist eben bloß ein dämlicher hirnverbrannter Arsch –»

«Da», Andy zeigte über die Reling, «da gehörst du hin. Siehst du den?»

«?»

«Den Hai; er ist dem Schiff gefolgt. Man sagt immer, das tun sie, wenn einer an Bord am Hopsgehen ist. Na ja, ich weiß natürlich nicht so genau, aber ich hab schon Leute sagen hören, Haie mögen kleine Jungs –»

Hilliot ging an ihm vorbei und die Leiter hoch. Er hatte eingesehen, daß es zu nichts führte, gegen diese Art von Beschimpfung irgend etwas zu unternehmen; aber am schlimmsten war in dieser Beziehung Andy, der sich einfach nicht mit Fatzken, die zur See gingen, abfinden konnte. Vielleicht erinnerten sie ihn zu sehr an jene Tage vor zwölf Jahren, als er seine Lizenz als Untermaat auf einem Trampdampfer aus Christiania verloren hatte. Matt hatte ihnen erzählt, er hätte damals den neuen Kapitän, der aus Stavanger war, umgehauen, weil der ihn einen Bergener genannt hätte.

O ja, er hatte in der Back schon eine Menge zu hören bekommen. Überflüssig; aus Typen wie dir werden wir nicht schlau. Bloß ein Weichling. Nicht alles davon war unfreundlich, aber ihm war klar, daß sie ihn nicht als einen der Ihren betrachteten. Er hatte sich mit ihnen schlagen wollen, woraufhin aber die Männer ihre Kämme hervorkramten oder mit ihren Messern auf dem Tisch rumtrommelten. Sie machten sich nicht viel daraus, wie er sich so als Held aufspielte. «Du wirst noch ganz schön mit dem Arsch auf Grundeis gehen», hatten sie gelacht. Er sah wieder nach dem Hai, für den er jetzt fast so etwas wie Zuneigung empfand: gerade jetzt erinnerte er ihn merkwürdigerweise an einen Mauersegler im Flug, dann an einen Bumerang, den er einmal in Frognarsaeteren besessen hatte. Jetzt war er verschwunden.

Auf dem Heck entdeckte Hilliot eine Taurolle. Während er seine Pfeife anzündete, versuchte er sich über seine Lage klarzuwerden. Als ob er nach einer Erleuchtung Ausschau hielt, blickte er um sich, und plötzlich bemerkte er, daß er nach oben starrte, wo ein Vogel – eine Art Möwe oder Raubmöwe, oder? – wie eine Kreuzblume auf der schwankenden Großmastspitze hokkend, sein Gefieder putzte. Aber die Sonne schmerzte ihm in den Augen. Er senkte den Kopf und versuchte abzuschätzen, wie lange er dort schon sein mochte. Heute, oder war's gestern? Vor zwei Tagen. Die Tage waren alle völlig gleich. Die Maschine hämmerte denselben Takt, denselben Schlag wie gestern. Die Back war nicht heller, nicht dunkler als gestern. Heute, oder ist es gestern? Ja, zwei Tage müssen es sein. Zwei Tage – zwei Monate – zwei Jahre. Sechs Wochen. Wie weit weg, wie unglaublich weit weg alles schien. Es war lächerlich, aber er konnte kein schärferes Bild von irgendwem oder irgendwas in diesem Augenblick vor sich sehen, als das von dem Schreiber im Büro der Handelsmarine und von dem Tisch, an dem er den Heuervertrag unterschrieben hatte. Und er spürte deutlich, daß seine Befragung überhaupt nicht im üblichen Raumzeitkontinuum stattgefunden hatte, sondern in einem anderen, geträumten Leben ... Ich bin auf einem Schiff, und ich fahre nach Japan – oder etwa nicht? Ich habe eine gewisse Zahl von Häfen gesehen – Port Said, Perim, Penang, Port Swettenham, Singapur, Kaulun, Schanghai. Heute abend erreichen wir Tsjang-Tsjang ... Nein, dieses Leben, das sich so verheißungsvoll vor ihm ausgebreitet hatte, war inzwischen reichlich sinnlos geworden. Und er verstand nicht, wie er je dumm genug gewesen sein konnte, sich einer derart unbändigen Selbsthingabe zu verschreiben. Völlig sinnlos, dachte er, als er etwas Asche aus seiner Pfeife klopfte. Sinnlos wenigstens für ihn, der sich für einen Mann hielt, der zwischen Anführungszeichen lebte, in sich gekehrt; einen Mann, der die ganze verfluchte Angelegenheit in einer Art von leichter Betäubung sah. Plötzlich belebte und erhellte sich seine Erinnerung und ihm fiel wieder ein, wie er fast im Handumdrehen Norman, den Küchenjungen, dem sein blondes Haar über die Augen hing, und Andersen, den tätowierten Koch, dessen fehlendes Kinn durch eine außergewöhnlich würdevolle Stirn ergänzt wurde, als *die* in der Mannschaft erkannt hatte, die seine Freunde sein würden; er erinnerte sich genau, wo er gestanden, genau, was er gesagt, genau, wie der silberne Zirkel der Uhr am Liver Building halbzwölf gezeigt hatte. Norman und Andy – Nordländer (tatsächlich?). Und wieder einmal wandten seine Gedanken sich zärtlich Janet zu. Sie war es, die er in ihren Stimmen wahrnahm; sie, und niemand sonst. Und er dachte an die Zeit, als ihre Familien – in Port Sunlight zehn Jahre lang benachbart – sich in Christiania begegnet waren – da war er noch ein Junge gewesen –, und wie ihre Liebe zueinander immer die gleiche geblieben war. In diesem Winter hatten sie auf der Straße einen Elch gesehen, der vom Hunger aus den Bergen herabgetrieben worden war – jedermann fuhr Ski – alles war weiß –

Dann war von einem anderen Beamten der Heuervertrag runtergeleiert worden; kam ihm sinnlos vor – «Matrosen und Heizer haben sich gegenseitig zu helfen», hatte er gesagt – als ob Bretonen und Norweger, ein Spanier, ein Amerikaner und ein Grieche ihre Wache da unten in brüderlicher Einigkeit verbringen würden! Ein bleicher Heizer erklärte ihm, wo er seine Kleidung bekommen konnte, und sie beide verbrachten dann eine Stunde, an die schwimmende Theke der Anker-Bar gelehnt.

«Auf unserer Seite der Back sind fast nur Norweger», sagte er, «aber auch die beiden Köche sind Skandinavier – auf deiner Seite die Matrosen sind fast alle Engländer. Mich nennt man Nikolai, aber mein richtiger Name ist Wallae.» Und dann schrieb der schmächtige Heizer für Hilliot seinen Namen auf einen Umschlag: «Nikolai Wallae» –

«Ich bin auch in Norwegen geboren», hatte Hilliot gesagt, als Nikolai fertig war.

«Schätze, du bist trotzdem ein ziemlicher Engländer», lächelte der andere. «Unsere beiden Köche waren 'ne lange Zeit in England, und jetzt kann man sie nicht mehr von Liverpoolern unterscheiden. Aber ich muß sagen, Bredahl ist der beste Koch, mit dem ich je gefahren bin», fügte er großmütig hinzu. «Man nennt ihn Andy. Na, und mit dem Schiff ist es auch so ähnlich, weißte. Es wurde zwar in Norwegen gebaut, ist aber jahrelang unter englischer Flagge gelaufen. Ein paar von den Beschriftungen sind noch in Norwegisch, heute –»

«Seltsames Gefühl, sich das vorzustellen», hatte Hilliot gesagt.

«Na ich weiß nich», sagte Nikolai, «Engländer, Norweger: ganz gleich. In Falmouth tu ich mir 'ne Pfeife anmachen, weißte, und ich stand da rum und hörte den Kindern beim Spielen zu – die lachen über denselben Unfug wie Norwegerkinder, weißte. Aber von meinem Besuch in Falmouth hab ich mir 'n Andenken mitgebracht», setzte er lachend hinzu, «das dritte Mal, daß ich mir ein Andenken in England geholt hab.»

«Irgendwas Besonderes passiert auf der letzten Fahrt?» fragte Hilliot nach einer Weile.

«Na, schon», lächelte Nikolai, «der Erste Maat hat sich 'n Tripper gefangen. Auf Landgang in Finnland da machen wir so 'nen kleinen Abstecher nach Helsingfors. Die Männer waren alle besuffen – die ganze Zeit, o da gab's 'ne Menge Ärger. Alle hatten sie Messer, weißte, und sie machen ein großen Stunk. Zwei Mann und drei Frauens gingen bei drauf. Aber zum Kaffee ist alles wieder vergessen. Na ja und diese Fahrt geht wieder nach Japan – lange Fahrt. O das wird 'ne lange Fahrt mit unserm morschen Kahn.»

Nachdem er sich mit Nikolai auf der *Ödipus Tyrannus* verabredet hatte, war er mit einem der Matrosen zur Baracke der «Gesellschaft für Gegenseitige Hilfe» in der Cathcart Street gegangen, nahe dem Ankerplatz des Schiffs, einer trostlosen Straße im körnigen Regen und lärmend vom Gerassel rangierender Hafenkräne und dem Gebrüll mehlbedeckter Schauerleute; dicke Tropfen waren ihm in die Augen und den Nacken gefallen, und er hatte sich verlassen und elend gefühlt, nur von dem Wunsch beseelt, daß er für immer mit Janet in England hätte bleiben können. Er hatte sich – lieber Himmel, was hatte er sich gekauft? –: eine Seeweste, zwei Unterhemden, eine Schanghai-Jacke, eine Kattunhose und ein Paar Seestiefel. Norman, der sich ein Paar starke Halbstiefel gekauft hatte, hatte ihm geraten, sich all das anzuschaffen, da es seine erste Fahrt wäre. Der Bootsmann, der selbst auch in der Baracke war, hatte ihm, während er mit einer riesigen gelben Ölhaut rumknarzte, freundlich zugelächelt. «Du mußt eine Ölhaut immer zum Trocknen aufhängen, mein Sohn, wenn sie feucht wird. Laß sie nie irgendwo rumliegen, sozusagen.»

Aber Andy, der kinnlose Koch mit dem merkwürdigen, sanften Ausdruck in den Augen, von dem vor allen anderen er gern einmal ein nettes Wort gehört hätte, blieb teilnahmslos und mürrisch. «Also ich will überhaupt nichts dazu sagen. Ich nehme an, du findest es toll, zur See zu gehen. Na du wirst schon schnell dahinterkommen, wie toll das ist; nichts als höllische Schufterei – alle Häfen sind gleich. Ja, du wirst schnell dahinterkommen. Und der Bootsmann wird dir ganz bestimmt nicht die süffigsten Jobs aufhalsen –»

Aber der Bootsmann hatte Hilliot einen schlauen Tip gegeben. «Auf einem Schiff solltest du dich immer mit dem Koch gutstellen.»

Später an diesem Tag, kurz bevor er noch mal nach Hause ging, um sich von Janet zu verabschieden, hatte er gehört, wie Andy zu dem Bootsmann sagte: «Ich kann diese dämlichen Fatzken nicht ausstehen, die zur See gehen, um Erfahrungen zu sammeln ...» Und tatsächlich hatte ihn, nachdem sein Vormund ihn zu dem Kai gefahren hatte, an dem die *Ödipus Tyrannus* vor Anker lag, und nachdem er aus dem Wagen geklettert war und sich seinen Seesack (aus dem der Hals seiner Taropatch ragte) über die Schulter geworfen hatte, der Schmerz seiner Trennung von Janet überwältigt.

Lebhaft sah er alles wieder vor sich, sah sich seinen blauen Anzug tragen, sah wieder seinen Vormund ihm zum Abschied winken – denn Janet wollte nicht mit zum Schiff kommen –, sah die beiden Kriminalbeamten auf der *Ödipus Tyrannus*, die Nachtwache und die verdreckten Heizer, die Schraubenschlüssel bei sich trugen; sah, wie er in die Back eintrat und seinen Seesack in eine untere Koje stellte, bevor er einen Blick in die Matrosenmesse warf; sah das flackernde Licht und die Schatten, die über den langen Zedernholztisch huschten, um den herum Sitzbänke an den Spanten befestigt waren; sah den Ofen mit dem gewundenen Rohr, an dem ein Spüllappen und eine Kattunhose zum Trocknen hingen. Zum Heck hin öffnete sich ein Deckfenster. Auf einer Mannschaftsliste am Schwarzen Brett stand auch sein Name, falsch geschrieben – D. Heliot. Einige Anordnungen waren in Englisch und andere in Norwegisch. Es war alles sehr fremd, wie in einem Alptraum, aber auch aufregend. Schließlich kam einer der Kriminalbeamten in die Back und lud ihn zu einer Tasse Tee in die Pantry ein. Im Tee war Kondensmilch. Vor sechs Uhr am nächsten Morgen würde das Schiff nicht ablegen –

Später, während der harten Wachen, wenn er seinen Geist unbedingt auf etwas fixieren mußte, um nicht zusammenzubrechen, grübelte er weiter über Andys Haltung ihm gegenüber nach. Er argumentierte mit sich folgendermaßen: solange er seine Anwesenheit auf dem Schiff nicht auf irgendeine Weise vor der Mannschaft rechtfertigte, würde Andy ihn nicht nur nicht in seine Gefolgschaft aufnehmen oder in Hilliots eigene eintreten, sondern er würde auch seine Anerkennung durch Norman übelnehmen: er bliebe ein «Fatzke», ein Jemand, der nicht dazugehörte: und solange er sich nicht in irgendeiner besonderen Weise bei seiner Arbeit auszeichnete oder irgendeine Heldentat vollbrachte, würden sie nie das zufriedene Trio werden, dessen Zustandekommen allein das Leben auf der *Ödipus Tyrannus* erträglich machen konnte ... Nach Feierabend würden sie zusammensein und reden oder wüste Lieder singen, und zusammen würden sie an Land gehen zu tauben, blinden Ausschweifungen; in den Augen der anderen Mitglieder der Mannschaft genössen sie eine Art Kollektivstatus, und es gäbe einen besonderen Namen für ihr Trio.

Denn von Andy, der anscheinend mittschiffs genauso wie in der Back das Sagen hatte, akzeptiert zu sein – war das nicht so gut wie von der Mannschaft akzeptiert zu sein? Und von der Mannschaft akzeptiert zu sein, war das nicht auch seine Rechtfertigung vor Janet? Er war wild entschlossen, irgend etwas, koste es was es wolle, zu tun, um zu beweisen, daß er einer von ihnen war, daß er dazugehörte. Wie oft, wie jetzt zum Beispiel, hatte er schon mit ungeheurem Verlangen an diesem Mast hochgeschaut! Er spürte, eines Tages werde einmal jemand da oben sein und die Nerven verlieren: er, Dana Hilliot, würde ihn runterholen. Der Kapitän würde ihn zu sich rufen und ihm gratulieren. «Ich bin stolz auf dich, mein Junge; du machst dem Schiff alle Ehre –» Eigentlich hatte man ihm auf dem Schiff keine besondere Beachtung geschenkt, außer daß man ihm seinen Platz anwies: da er zum erstenmal zur See fuhr, mußte er eine harte Schule durchmachen wie jeder andere Idiot auf seiner ersten Fahrt auch; ein Mann, der aus Spaß zur See fährt, würde zum Zeitvertreib auch in die Hölle gehen, so war das nun mal. Unterdessen ging Andy, sein Verhalten in der Baracke der «Gesellschaft für Gegenseitige Hilfe» konsequent fortsetzend, ihm gewöhnlich aus dem Weg, aus reiner Gehässigkeit. Einmal hatte er ihn «Miss Hilliot» genannt. «Ein bißchen Tempo, Miss Hilliot, sieben Glasen war's schon vor 'ner halben Stunde, gnädige Frau.» Die Stewards lachten. Er wußte jedoch, daß er Andy um seine glorreichen Abenteuer beneidete, mit denen er so großartig prahlte; Abenteuer, in die er selbst liebend gern verstrickt gewesen wäre, und um die ihn jeder, der zum erstenmal zur See fuhr, aufrichtig beneiden mußte: oder, fragte er sich, war es bloß so, daß er lediglich mit ihnen angeben wollte, anstatt sie wirklich erlebt, an ihnen teilgenommen zu haben? Oder haßte er Andy, das «kinnlose Wunder», tatsächlich, so daß die Deutungen seiner Haltung als freundschaftlich oder neidisch beide gleichermaßen falsch waren? Wie auch immer, es wäre nicht übel, Andy eines Tages eins auszuwischen, und zwar mittels seines speziellen körperlichen Mangels. «Du kinnloses Wunder» würde er mit ungeheurer Verachtung knurren –

Abrupt öffnete Hilliot das Deckfenster, neben dem er stand, und sah in die Messe der Matrosenback hinunter: Tabakqualm kräuselte sich zu ihm hoch, und es roch frisch nach Seife und Wasser. Es war, als ob er den Deckel einer Spielzeugkiste hochgehoben hätte. Da waren sie alle: Ted machte eine Kondensmilchbüchse mit einem Spilleisen auf; Horsey flickte eine Ölhaut; der gute alte Matt, der Nieter aus Cheapside, war da; und Cock – und die ewigen Kartenspieler ... Auf der anderen Seite des Durchgangs saßen die Heizer von der Zwölf-bis-Vier-Wache beim Abendessen; die übrigen Matrosen hatten sich zu ihnen gesellt. Die anderen sah er wie Schemen, niemand hob sich ab. Das Rudergeschirr quietschte: unten stampften die Maschinen: bumk – bumk – bumk – bumk. Dann mußte Andy in der Kombüse sein. Mit einem Knall ließ er das Deckfenster zufallen, und Matts Gebrüll «He, du hast sie wohl nicht mehr alle!» war jäh abgewürgt.

Hilliot ging an die Reling, die vibrierte, als ob sie sich aus dem Deck reißen wollte. Vierzehn Mann in der Back. Wie schnell, wie unglaublich schnell waren sie zu einer Gemeinschaft zusammengewachsen; fast eine Welt für sich, dachte er ... eine Welt in einer Welt, eine See in einer See, eine Leere in einer Leere, der letzte, der unentrinnbare neunte Kreis. Ein großer Kreis ... Von seinem Standpunkt auf dem Heck – die Back befand sich nämlich achtern – gönnte Hilliot sich eine eingehende Betrachtung der sichtbaren Teile der Schiffskonstruktion: das tiefgelegene, mit Mennige gestrichene Brunnendeck, die Niedergangstreppen, das Windendeck, und darunter die weißgestrichene Kombüse mit ihrem geknickten, geschwärzten Schornstein, der schräg aus dem Dach ragte wie (so hatte er sich in einem Brief an Janet ausgedrückt) – wie eine zerzauste Zigarre; mittschiffs Zimmer und Kajüte des Quartermeisters bis zur Brücke, die der Wachoffizier unablässig in langsamem Rhythmus abschritt, einem Rhythmus, der ab und zu auf lächerliche Weise vom Schwanken des Meeres beschleunigt wurde. Einmal sah er ihn, wie er sein Fernglas auf die Küste der Mandschurei richtete, die etwa eine Meile nach Backbord lag und bei fünf Glasen heute morgen gesichtet worden war; ihre brutalen Berge stachen in den glühenden Himmel. Das Messingzeug funkelte und flackerte in der Hitze. Unter einem Sonnensegel schliefen zwei Heizer. Ganz hinten trieb der Bug, was eben ein Bug treibt, schwankte weg, dann trieb er's wieder ... Es wurde spät, sie würden noch vor der Dunkelheit im Hafen sein; noch eine halbe Stunde –

Aber es war absurd, überlegte er, absurd, sich jetzt mit irgend etwas anderem zu beschäftigen außer damit: mit dieser Welt, die so ausschließlich seine eigene war. Warum sich mit Andy oder sonst irgendwem abgeben? «Ja, aber wenn du ein Kinn hättest, würd ich dir eins draufschlagen.» Genau das würde er bei einer passenden Gelegenheit sagen; genau so mußte er mit ihm umspringen, mit dieser falschen Kröte –

Von seinen Gedanken mit wüster Energie geladen, ging er dann den bebenden Durchgang entlang an den Zimmern des Quartermeisters vorbei. Rasch schritt er, bisweilen zu einem Seitensprung gezwungen, über die geteerten Fugen. Ein leichter Gegenwind wehte ihm kühl und klar ins Gesicht und preßte ihm seine scheuernde, mit Mennige bespritzte Kattunhose um die Schenkel. Bumk – bumk – bumk – bumk. Die *Ödipus Tyrannus* machte ungefähr acht Knoten, und irgendwo da unten klopften fröhlich ihre Maschinen: eine Schaufel gongte, und dann ergoß sich aus ihrer rostigen Außenwand eine endlose Fontäne von Wasser und Abfällen ins Gelbe Meer. Und da, da: dies wunderbare Chaos in der unendlichen Einöde: das mußte ihr Hafen sein. Es überstieg beinahe die Fassungskraft, daß der triste Horizont der See so bald zu einem neuen Strich Landes zusammenschmelzen konnte: ein anderes Klima, andere Menschen und ein anderer Hafen, der unausweichlich aus einem solchen Nichts auftauchte! Langsam hob sich das Schiff mit den langsamen blauen Brechern, eine Tonne Gischt schleuderte leewärts, und jenes andere Meer, der Himmel, lächelte glücklich darauf herunter, auf Matrosen und Heizer zugleich, indes ein kleines japanisches Fischerboot weiß vor der schwarzen Küste schimmerte – oh, trotz allem, es war herrlich, am Leben zu sein!

Aber giftig und boshaft stieß die *Ödipus Tyrannus* schwarzen Rauch aus ihrem riesigen Schlot; sein breiter Schatten lag schräg auf dem Meer bis zum Horizont; das war der einzige Schmutzfleck auf dieser ganzen frohen Heiterkeit.

Hilliot steckte seinen Kopf in den eisernen Eingang zum Maschinenraum und betrachtete die Maschinen; ein tosender Maelstrom umkrachte sein Gehirn. Es war demütigend, die Präzision zu sehen, mit der Pleuel und Achse zusammenarbeiteten, wie sie ihre geheimen Mechanismen auf- und zumachten, und mit welch unfaßbarer Genauigkeit sie ineinandergriffen! Er dachte an die wirbelnden Kurbeln, und wie schaurig sie in ihrem fühllosen Zugriff die eingeführte Kolbenstange packten, die jene Schrauben antrieb, dieses innere, kraftvolle Ding, das Leben des Schiffs. Er ging um den Kessel herum und blickte in den Heizraum hinunter, wo Nikolai, der von ihm, seit sie an Bord waren, kaum Notiz genommen hatte, schwer auf seinem Feuerhaken lehnte – zu sehen durch ein Gesprüh von Funken, die roten Blüten glichen. Er schmiß den Haken weg und schaufelte hastig Kohle in den Heizkessel nach; dann ging er wieder zu seinem Haken. Der Kessel glühte und toste, die umherspritzende Schlacke trieb ihn immer weiter in seine Ecke zurück, das Feuer besiegte ihn. Fluchend ließ er den Haken sinken und wischte sich mit seinem Schweißtuch übers Gesicht. «Reichlich harte Arbeit!» brüllte er grinsend zu Hilliot hoch, ganz feuerflammender Satan. «Höllisch, mußt'e sagen», murmelte Hilliot. Während sie sprachen, entleerte ein Trimmer einen Eimer Wasser über die Asche; eine entsetzliche Dampfwolke zischte auf mit gräßlichem Geräusch, dann war alles dunkel. Leider war Nikolai anscheinend immer da unten, oder er trieb sich mit den anderen Heizern herum: er begegnete ihm nie. Aber trotz ihrer Arbeit schienen die Heizer mehr Spaß am Leben zu haben als die Matrosen und irgendwie besser zu sein, auf merkwürdige Weise näher bei Gott –

Plötzlich schlug es drei Glasen, bim bim bim, vom Mann im Ausguck kam das Echo, und aus großer Tiefe, unten im Maschinenraum, schwebten drei Unterseetöne herauf, worauf der Telegraph krächzte und die Maschine einen anderen Takt anschlug.

Was war das für ein Kummer, der sich da hinterm Netz der Zeit in seinem Geist regte? Nur ein Erinnerungsfetzen, der verblaßte, im gelben Meer seines Bewußtseins versank? Ah, aber nein, da hatte er es, und indem er es verfolgte, sah er auf einmal einen kleinen Jungen, sich selbst vor drei Jahren: mit Tintenflekken an den Fingern; er saß mit brennenden Augen auf den Stufen des Schulschwimmbades ... Verloren! Schon das Wort ist wie eine Glocke. Die mich wegläutet von Dir zu meinem trüben Ich. Was konnte ihn nur daran erinnert haben? Vermutlich die Maschine der Dampfheizung, die dort den ganzen Tag pumperte, um das Bad zu heizen. Grünes Wasser. Es war, als ob man in Moos eintauchte... Beim wichtigen Kampf gegen Uppingham aus der Schwimm-Mannschaft ausgeschlossen. Er hatte sich aus der letzten Stunde geschlichen, um sich das Schwarze Brett anzusehen. Aus dem Moor her der Duft von Torfrauch. Er war aufgestanden, als er zwei Aufsichtsschüler den Korridor herunterkommen sah – zu früh aus der Griechentestament-Stunde des Doktors –: *εἰσί δὲ νῆες πολλαὶ ἐν ἀμφιάλῳ Ἰθακῇ* wie ging das?

Später – es war im Dock von Kaulun – hatte er dann immerhin zeigen können, daß er der schnellste und erfahrenste Schwimmer an Bord der *Ödipus Tyrannus* war – nicht daß das jemand interessierte. Norman hatte sich nur ganz dicht bei der Treppe einen abgestrampelt, und Andy, der überhaupt nicht schwimmen konnte, war nackt bis zum Gürtel dazugekommen, um seine ungeheuren Tätowierungen vorzuzeigen und Norman auszulachen ... Jetzt pumperte die Maschine mit ihrem langsameren Tempo ruhig weiter.

Einen Augenblick später ging Hilliot wieder auf das Brunnendeck zu. Er dachte daran, wie er Andy zum erstenmal in der Baracke gesehen hatte; da hatte er von einem Mädchen in Tsingtau, am Badestrand, erzählt. Wie, fragte er sich, wie um alles in der Welt war es möglich, daß eine Frau einen Mann ohne Kinn mögen konnte? Aber Hilliot hatte von Frauen keine Ahnung, jedenfalls nicht so wie Andy, obwohl da natürlich Janet war; ja, vielleicht war das genau das, was mit ihm nicht stimmte ... Seine Gedanken wurden plötzlich unterbrochen. Auf dem Brunnendeck begann sich etwas abzuspielen.

Schnell stieg er die Kombüsentreppe hinunter, wobei seine Hand über das schmierige Leder des Geländers rutschte. Vor ihm, auf Luke sechs, hatten sich Matrosen und Heizer – und Norman! – versammelt. Sie begafften gelassen den hohen spitzen Großmast achtern, der sanft mit der Vibration und Bewegung des Schiffs schwankte. Vor der Kombüse, einen Spüllappen unterm Arm, glotzte Andy ungerührt himmelwärts – mit schamlos retrogressivem Kinn, dachte Hilliot, während er sich zu einer Gruppe von Heizern stellte. Sie waren mitten beim Abendessen unterbrochen worden und standen mit Kaffeetassen in ihren Fäusten auf der Luke und sahen in ihren schlotternden Kattunhosen zu. «Was somma da machn?» sagte einer von ihnen, «bloß sone blöde Raubmöwe.» «Na, ich geh jedenfalls rauf und hol sie», erwiderte Norman, «verdammich, die ist jetzt schon drei Tage da oben und wird verhungern verdammich.» «Schon gut, ich werde gehen», sagte Hilliot und ging auf den Mast zu; aber ein riesiger Heizer im Unterhemd machte diesem Vorhaben bald ein Ende. «Mensch, verdammt, du würdst da runterkippen, noch eh du auf der Scheißplattform wärst, bestimmt», polterte er, seine tätowierten Arme (wo waren die tätowiert worden, Iloilo, Zamboanga?) auf der gewölbten Brust verschränkt. Und Norman, der norwegische Kombüsenjunge, fügte nach kurzem Zögern hinzu: «Du solltest dich um deinen eigenen Scheißdreck kümmern, Mann», und als Hilliot wieder seinen Kopf hob, war er schon halb den Mast hoch. «Gut, weiter so, Norman», schrien sie. «Voran, oder sie fliegt weg.» «Toller Bursche, der Küchenheini», riefen die Engländer. «Gut-gut-brav! Da komm, komm zu Daddy.» «Ruhich, oder ihr verscheucht das blöde Vieh», warf Hilliot ein, der irgendwas sagen mußte, um seine Niederlage zu überspielen. Aber jetzt, da Matrosen und Heizer gemeinsam einen so tollen Spaß an ihrem neuen Helden hatten, beachteten sie ihn gar nicht.

Da oben wurde es auch ziemlich heikel, denn Norman mußte, wie Hilliot gut sehen konnte, die oberste Leiter, die selbst schon wacklig genug und kaum benutzt war, verlassen, und dann, so gut es ging, den großen Mast raufkrabbeln, und der war so dick, daß er unmöglich seine Arme richtig um ihn herum kriegen konnte. Irgendwie schaffte er es und kam mit dem Vogel, den er sicher unter seiner Kattunjacke hielt, aufs Deck zurück. Er war von oben bis unten mit Schmier und Ruß bedeckt, der jetzt direkt vom Schornstein zum Mast zog. Bei dem Vogel handelte es sich um eine graue Brieftaube, müde und hungrig. Um ein Bein hatte sie eine Nachricht, die keiner verstehen konnte, denn das einzige entzifferbare Wort war «Swansea». Aber es war anscheinend, das heißt, Hilliot kam es so vor, ein Begnadigungsbescheid.

«Eins ist jedenfalls sicher: von Swansea kann sie nicht gekommen sein», plapperte Norman. «Das ist ja auf der anderen Seite der Welt.»

«Wahrscheinlich hat bloß irgendein Engländer von einem der Häfen hier an der Küste eine Nachricht abgeschickt oder so was ähnliches», sagte einer.

«Ein Kode –»

«'ne dämliche Sendung», murmelten alle durcheinander.

In den Augen der Liverpooler aber lag eine merkwürdige Freude, als sie in die Back schlurften. Immerhin war etwas passiert, eine zärtliche Stimme aus der Heimat hatte denen in der Verbannung für einen Augenblick zugewispert, mitten in der Einöde hatte sich ein Geheimnis aufgetan. Hilliot stand, über die Reling gelehnt, von den anderen entfernt. Schließlich...

Was nützte es zu verstehen? Die Taube mochte die Botschafterin der Liebe selbst sein, aber nichts würde etwas daran ändern, daß er versagt hatte. Für immer mußte er sein Gesicht vor Janet verhüllen und in Finsternis wandeln den Rest seiner Tage. Doch wenn er sie nur in diesem Augenblick sehen könnte: sie würde ihm noch eine Chance geben, so sanft würde sie sein und kameradschaftlich und zärtlich. Wie die Sonne würden ihre Hände sanft den Schmerz wegstreicheln. Er versank vollständig in Erinnerungen, die Gerüche von Birkenhead und Liverpool hingen wieder schwer um ihn herum, das rauhe Glitzern an den Kinofassaden war da, seltsam starrten ihn Kinder von den Veranden der Wirtshäuser aus an. An der Crosville-Bushaltestelle würde Janet auf ihn warten mit ihrem roten Mackintosh und ihrem Schirm, während silberne Regenspreu sanft auf das grüne Dach pladderte ... «Wohin sollen wir gehen? Zum Hippodrome oder zum Argyle? ... Ich hab gehört, in der Scala soll 'ne gute Show laufen –»

Oh, seine Liebe zu ihr war mit Sicherheit nicht eine Gaukelei der Zeit wie das Schiff: sie war der Leitstern des wandernden Schiffes selbst: sogar die Arbeit, edle Leistung langer Jahre, ließ sich in ein Stundenglas verwandeln, doch seine Liebe war ewig.

Hatte er sie nicht in der Stadt gesucht und in den Wiesen und am Himmel? Hatte er nicht zu Jesus gebetet, daß er ihm Ruhe schenke, und keine gefunden bis zu der Stunde, da er sie traf? ... Sie schienen wieder zusammen auf den Sanddünen zu sitzen und in den Himmel zu starren; über ihnen schwirrten mächtige Schwingen, hinabstürzend, verträumt, tröstend, und der mit Spuren wie Schnee bedeckte Sand wurde vom Wind um sie herum aufgewirbelt. Drüben trug ein Frachter ihre Träume mit sich fort über den Horizont. Und nichts anderes hatte für sie gezählt als sie selbst und der blaue Tag, als sie wie zwei Kinder am Lager der Hall Line vorbeitollten zum Hafen hin, gerade noch rechtzeitig, den norwegischen Trampdampfer *Oxenstjerna* durch das Tor des inneren Docks fahren zu sehen, während die Mannschaft eines Vierers auf ihre Ruder gelehnt pausierte und unverwandt dem einlaufenden Schiff zusah; ihre gestreiften Trikots tanzten in der nachmittäglichen Sonne.

Merkwürdig, daß es ausgerechnet die *Oxenstjerna* gewesen war, denn sie hatten sie zuerst in Norwegen, im Oslo Fjord, gesehen. Und ihm fiel ein, wie er sie später – drei Wochen später war das, am Tag bevor er auf die *Ödipus Tyrannus* ging – wiedergesehen hatte, freundlich lief sie aus zum letzten Abschnitt ihrer Fahrt nach Tromsö, und wie er hinterher Janet im Liscard-Bus die Geschichte (die sie nicht beeindruckte) von dem schwedischen Minister erzählt hatte, nach dem das Schiff benannt war und der einmal seinen kleinen Sohn zu einer Kabinettssitzung mitgenommen und hinterher zu ihm gesagt hatte «Mein Junge, jetzt weißt du, mit wie wenig Weisheit die Welt regiert wird!».

Und in Norwegen selbst, wo sie sich ineinander verliebt hatten, drüben hinter Sandvika, wie die Ziegenglocken ding dong deng dang machten –

Bim-bim: bim-bim: hell klingelte es vier Glasen von der Brükke, aus dem Maschinenraum kam das Echo, und dann, weit weg, von der Backspitze. *Bim-bim: bim-bim* ... Dann verzog sich Norman mit der Taube. Sie befanden sich jetzt im Windschatten des Landes, es wurde ruhiger. Der Himmel verdunkelte sich, wenn auch kaum wahrnehmbar; die kleinen Wellen tanzten und hüpften und hoben ihre Lippen den Abschiedsküssen der Sonne entgegen. Aus dem Hafen kam knicksend ein weißes Motorboot und schlingerte immer näher: als es um das Heck der *Ödipus Tyrannus* kurvte, wurde sein Name, *Mabel-Tsintao*, sichtbar;

und auf einmal kam der Befehl, alle Mann hätten zu einer Pimmelparade anzutreten; unterdessen zog sich ein fetter Arzt die Jakobsleiter hoch.

Die Matrosen hatten sich mittschiffs in einer Reihe aufgestellt und wurden in der Reihenfolge ihres Dienstgrads untersucht: Chips, der Bootsmann, Lamps, Andy, Matt, Horsey, Ted, Norman, Pedro, Pardalo, Jules, und schließlich Hilliot selbst. Aber bei Norman ging's nicht so schnell; er mußte zu einer Befragung mitgehen und kam mit hängendem Kopf, aber lächelnd zurück; der Bootsmann und Andy lachten leise in sich hinein, aber durchaus gutwillig. «... Bloß einfach ratzen und platzen ...» «Leih mir 'n paar von deinen ...» Der Arzt klopfte Hilliot auf die Schulter. Es war aber bald vorbei. Vorsichtig stieg der Arzt die Leiter hinunter – oh, wie langsam; würde er niemals runterkommen, der alte Sünder? – und in einer Minute war die *Mabel* wieder weg, noch bevor die *Ödipus Tyrannus* sich anschickte, in die Flußmündung, die den Hafen bildete, einzubiegen.

Sie liefen jetzt in den Hafen von Tsjang-Tsjang ein, doch von der Dünung spürte die *Ödipus Tyrannus* überhaupt nichts. Eine ausgelassene Freude schoß in Hilliots Herz, für einen Augenblick war seine Seele voller Wonne, aber dann kam die alte Verzweiflung wieder und zerriß ihn mit ihren Klauen. Wenn Janet das doch nur miterleben könnte! Die weißen Dächer glitzerten und blitzten wie von Rubinen, überm Schornstein kreischten und miauten die Seemöwen, die im frischen Wind, der um die Landspitze wehte, schwebten. Und schon konnte er Straßenbahnen sehen, Waggons und die Menschenmenge auf dem Markt: er konnte die Buchstaben am Lagerhaus der Standard Oil Company erkennen, SOCONY, zugleich schlich sich hoch oben am Berg ein Zug unendlich langsam empor. Hinter den kalkweißen Feldern verblutete die Sonne. Grell ertönte vom Land her ein Horn. Auch tobte hinter dieser Landspitze ein Krieg. Er ertappte sich dabei, wie er vor Aufregung lachte, riß sich aber sofort zusammen. Was bedeutete ihm jetzt schon ein anderer Hafen? Nur eine weitere Prüfung seiner Standhaftigkeit. Würde er sein Janet gegebenes Wort, nachdem er es so lange gehalten hatte, diesmal brechen?

«Ganz gut, wa?» sagte Norman neben ihm.

«Ja, ganz gut», nickte Hilliot. «Toll.»

«Du solltest mal Rio sehen.»

«Kann's da noch besser sein als hier?»

«Ha! Besser als hier! Da kannste Gift drauf nehmen, Jung. Na, ta ta, ich werd mir mal 'n paar saubere Sachen anziehen ... Paß auf, Söhnchen, wir werden wohl einen Sturm abkriegen: das Glas ist schon am Fallen.» Doch da tauchte auf einmal der Lampenputzer auf, unruhig und brüllend. «Hast du nicht den Bootsmann gehört: Alle Mann längsschiffs?» schrie er Hilliot an. «Scher dich zum Heck, Mann, und halt dich bereit!» «Horsey, du gehst und setzt die Winden unter Dampf, los, herrgottnocheins! Was bildet ihr euch eigentlich ein, hier auf diesem Scheißschiff rumzulungern.»

Auf dem Heck atmete Hilliot freudig durch. Tsjang-Tsjang war jetzt ganz um die *Ödipus Tyrannus* herum und über ihr mit etwas, das er für Reisfelder hielt, die, terassenförmig angebaut, gefährlich zum Meer hin abfielen: und der Hafen selbst, zu Füßen der Klippen gelagert, wurde mit jedem Augenblick größer. Er hörte – oder bildete er sich das nur ein? – das Schlagen und Lärmen von Gongs, massiv, schummerig und träge. Eine endlose Prozession von Rikschas zog durch die Straßen und wand sich durchs Gewühl.

Wieder ertönte das Horn, ein langgezogener Ruf; und vom Ufer her kam das Getröte von Autohupen. Dann brüllte die Sirene der *Ödipus Tyrannus*, und donnernd brüllten die Berge und die Reisfelder und die Stadt zur *Ödipus Tyrannus* zurück. Sie waren jetzt mitten im Hafen und glitten sanft, vorbei an Schiffen aus vielen Ländern, auf ihren Liegeplatz zu; Hilliots ganzes Wesen erbebte zu einem Traum von fremden Handelsbräuchen und kuriosen Waren.

«Da sind wir, Jungs, da ist die alte Sapporo –»

«Da ist die Miki Bar!»

Hilliot kam es so vor, als ob eine neuartige, vage Freude nun

Besitz ergriffen hätte von denen, die auf dem Heck standen und das Zeichen des Untermaats erwarteten; halbfröhliche, halbmüde Gesichter durchforsteten die bevölkerten Molen, eifrige, aber demütige Augen begrüßten voller Freude diesen neuen Hafen: diese Nacht brachte einem jungen schüchternen Gesicht vielleicht die Wunder eines fremden Landes; anderen die Erneuerung einer alten Leidenschaft, lange verstümmelt, in tristen Meereshorizonten versunken, umnebelt vom Rauch ferner Städte und schnarchender Vulkane; anderen den vertrauten Platz in einer stillen Bar, die vertraute Theke, einen Schauermann, den sie noch kannten; aber immer müssen ihre Gedanken von Mädchen beherrscht werden, Mädchen in Bars, in Tanzlokalen, Mädchen, die in finstren Korridoren kauern, im Schatten der Bürgersteige, Mädchen, die sie anlachen in untergehakten Fünfergruppen im Licht der Laternen –

«Da sind wir, Jungs. Steht da draußen nicht die olle Mutter Kulisorka, die alte Hure? ... Ganz süß, fickifick, wa.»

Bald tauchte der Kai auf und schloß die Stadt aus, die hinter den Schuppen außer Sicht geriet. Die Winden wurden in Gang gesetzt: die Drahtläuferringe wurden von den Handwinden abgewickelt, und als das Kommando, ein Tau an Land zu werfen, nach hinten drang, erzitterte die *Ödipus Tyrannus* in ihrer ganzen Länge unter ihm, und ihr Bug schwang sich zum Kai Nummer sieben, wo die Schauerleute schon auf sie warteten. Fender wurden rübergeworfen. Hilliot packte sich ein Hievtau und wartete ebenfalls auf einen Befehl. Der Befehl kam ganz plötzlich. Er warf das Tau, das aber sein Ziel verfehlte. Er warf noch einmal, und der Schauermann machte es mit dem Affenknoten fest: dann folgte das Kabeltau. Ächzend kamen die Trossen runter und wurden an Land gezogen. Mit sehr langsamer Fahrt kam die *Ödipus Tyrannus* zur Ruhe, bis sie schließlich fast bewegungslos parallel zum Kai lag. Wie er es schon ein halbes dutzendmal zuvor gesehen hatte, schwangen die Ladebaumausleger nach draußen, wurden Geie gelockert und strammgezogen, sprangen drängelnd und fluchend Schauerleute und Kulis an Bord. Gleich darauf sagte der Lampenputzer «Gut, Leute, das reicht fürs erste», und Hilliot holte das Abendessen für die Matrosen aus der Kombüse, wobei er schwingender Ladung ausweichen mußte. Dann wusch er ab, hing seinen Spüllappen zum Trocknen an die Dockbrücke und zog sich ein sauberes Unterhemd und eine saubere Kattunhose an. Wie es zu seiner Hafengewohnheit geworden war, ließ er sich auf der eisernen Stufe des Backeingangs nieder und sah, eine Pfeife rauchend, beim Entladen der Luke sechs zu. Mit vertrautem Klang ratterten die Winden fort ... An jenem Tag – auf der Saughall Massie Road mit Janet, als sie auf dem windigen Hügel die weiße Feuernelke entdeckt hatten – an jenem Tag war das einzige Geräusch, das die Stille unterbrach, die Zugmaschine und das schlafzerrüttende Fallen weißer Steine. Später waren sie dann zum Tee bei Hubbard & Martin's in der Grange Road ... Heute mußte es der Lärm der Winden sein, die durch die Stille zischten und krachten.

Er stand auf und bewegte sich zur Seite, um einen Seemann, einen Amerikaner, aus der Back zu lassen.

«Geht's an Land?» fragte er den Matrosen.

«Das kannste annehmen», erwiderte er. «Den Mädchen mal was einheizen. Kommste auch mit zu den Buden?»

«Nein. Für mich keine Mädchen.»

«Na, ich muß mich mal aufmachen. Bis dann.»

«Bis dann.»

Er sah ihn übers Deck hasten. Mit einem albernen Reflex duckte er seinen Kopf weg und schaffte es so gerade noch, zehn Kisten Pilsener zu entkommen, die gefährlich vorbeischwangen.

Tja, warum nicht? fragte er sich, als der Seemann von der Gangway trat. Wer konnte ihn denn davon abhalten, an Land zu gehen? Er hatte doch einwandfrei Feierabend, er war frei. Und außerdem: hatte er sich nicht das Recht zu seinen Vergnügungen an Land verdient? Welche blöde innere Hemmung hinderte ihn, hatte ihn in den letzten sechs Häfen daran gehindert, sich eine Frau zu nehmen? Janet brauchte es nie zu erfahren. Ja – warum sollte er, als einziger von allen, es vorziehen, an Bord zu bleiben und traurig von was weiß ich für Dingen träumen, während die andern in den Bordellbars rumtobten und Kneipentüren schwangen?

Die Schauerleute unterbrachen ihre Arbeit, die Winden waren für einen Augenblick ruhig, und Hilliot, ganz durcheinander und schwankend, nutzte die Gelegenheit, nach mittschiffs zu entfliehen; er ging zur Kombüsentreppe, deren Geländer vorübergehend entfernt worden war. Oben wandte er sich um und zögerte vor der Kombüse; er sah aufs Brunnendeck hinunter. Nein: er würde an Bord bleiben, das Übel den Blinden und Stummen lassen – sie zu ihrer eigenen Kotze zurückkehren lassen.

Aber im Innersten seiner Seele wußte er, daß er Angst hatte; Angst vorm Leben, Angst davor, ein Mann zu sein; und jetzt brummte er etwas, das sehr einem Gebet glich: «Gott, bitte, ich liebe Janet so. O Herr, zeig mir den Weg.»

Von seinem Standort aus konnte Hilliot, wenn er nach unten blickte, das Wort MATROSEN auf der abgenutzten Messingtafel am Eingang der Back sehen; auf der Steuerbordseite war ein ähnlich dunkler und höhlenartiger Eingang von einer ähnlichen Tafel gekrönt – HEIZER ... Matrosen! Das war zwei Monate lang sein Zuhause gewesen und würde es noch für weitere zehn Monate bleiben. Immer wenn er sich die ersten paar Wochen seiner Arbeit ins Gedächtnis zurückrief, erinnerte er sich daran, wie der Kapitän das erste Mal die Bootsmannsmesse inspiziert hatte, die er an diesem ersten schrecklichen Montag bei fünf Glasen hatte schrubben müssen: an den Kampf, Hirn und Muskeln zu so was wie einer Einheit zusammenzuschmelzen: an die Glocken, die diese ersten flügellosen und furchtbar schleichenden Stunden beläutet hatten. An seine Hände, die vom Ätznatron brannten. An den Pyren-Feuerlöscher, auf dessen brandiger Oberfläche keine noch so große Menge von dem, was der Kapitän «Ellbogenschmalz» zu nennen beliebte, eine Spur eines Schattens von Glanz hervorzubringen vermochte: und schließlich, bei fünf Glasen, wie der Kapitän hereinkam mit den Worten: «Tz, hier ist's nicht so sauber wie sonst – na schön, du kannst jetzt an Deck gehen.» Seine Stinkwut und Enttäuschung den ganzen Morgen. Und dann, als er bei ein Glas das Futter für die Wache aus der Kombüse holen mußte, hatte Andy alles noch unendlich schlimmer gemacht, indem er schrie: «Oha, da iss ja Miss Dämlich Hilliot, um das Wachenfutter zu holen; aber das hat sich bei sieben Glasen abzuspielen und nicht um halb scheißzwölf, du lausiger Arsch.» Gott im Himmel, nach all dem, nach all dem Blut und Schmerz und Schweiß: hatte er es sich nicht verdient?

Hatte er nicht, wie die anderen, das Recht, den Stern zu suchen, «der das Leben aller Menschen bescheint»?

Während er vor sich hinbrütete, kam Norman auf ihn zu, umgezogen und gewaschen; er trug einen Käfig.

«Was hast du da?» fragte Hilliot und kam sich plötzlich dumm vor, bei der Augenfälligkeit der Frage.

«Den alten Kanarienvogelkäfig vom Bootsmann», sagte Norman. «Er hat ihn mir eben geliehen. Ich glaube nicht, daß er groß genug ist; aber wenn schon, vorläufig wird's reichen.»

Norman stellte den Käfig oben auf den Brotkasten. «Morgen bastel ich 'nen neuen und stutz dem kleinen Gauner die Flügel.»

«Also Norman, ich mein», sagte Hilliot, der jetzt weiterreden mußte, «ich frag mich, warum die 'ne Nachricht aus Swansea ums Bein hatte. Ziemlich rätselhaft, oder? Im Gelben Meer.»

«Vielleicht gehörte sie irgendeinem Kerl von 'nem walisischen Schiff hier in der Gegend, als Haustier. Einer von diesen verdammten St-Mary-Axe-Pötten, die *Leeway*, treibt sich hier rum. Bloß ihre Flügel sind nicht gestutzt.»

«Damals in Swansea ging's mir ungeheuer gut. Ich hab da mal Fußball gespielt», lächelte Hilliot bei der Erinnerung, «und danach sind wir alle durch die Stadt gezogen, na, du weißt schon.»

«Schätze, du wirst sie ganz schön rumgescheicht haben», sagte Norman komisch.

Hilliot wurde rot.

«Ja – nun, ein Haufen von uns hat sich Nutten aufgegabelt, falls du das meinst. Aber wir sind bloß mit ihnen ins Kino gegangen, mehr hat sich nicht abgespielt... Aber schau mal, Norman, darum geht's doch gar nicht. Was ich dir eigentlich sagen wollte, ist, du weißt schon, daß ich 'ne ganz verfluchte Angst gehabt hab, diesen Mast hochzuklettern.»

«O nein», lachte Norman. «Wozu solltest du denn an Marsstengen hochklettern, herrgottnochmal. Die sind gar nicht zum Klettern da ... Auf Deck ist's sicherer, wa? Nein, ohne jeden Grund an Marsstengen hochzuklettern, ist bloß was für Ärsche.»

«Nein, es *gab* ja einen Grund», beharrte Hilliot, «aber ich wollte bloß nicht diese Marsstenge riskieren ... Ich denk, ich geh an Land und hau ordentlich auf 'n Putz. Kommste mit, Norman?»

«Ja, ich geh, wenn Andy sich angezogen hat. Aber – willst du etwa den Frauen nachlaufen, oder was?»

«Ja», erwiderte Hilliot entschlossen, spürte jedoch einen merkwürdigen Stich, der von Schreck herrührte.

Aber Normans Stimme wurde plötzlich ernst und betrübt.

«Hüt dich vor den Weibern hier, sag ich dir. Was Syph ist, weißt du doch?» Norman sah sich schuldbewußt um, während er sprach. «Also ich erzähl's dir gern, weil du 'n junger Bursche bist, der sollte so was wissen. Also, ich hab Pech gehabt! Auf der vorletzten Fahrt, in Moji war's, hab ich's mir gefangen, den schönsten Tripper, den du je gesehen hast; vorletzte Fahrt, auf der *Maharajah* – sie liegt jetzt hier im Hafen ... Und als ich nach Haus kam, war ich immer noch nicht ganz in Ordnung. Und als ich's nächste Mal nach Hause komm, kriegt die Dame 'n Kind, verstehste. Völlig im Eimer! Na, wer wär's nicht, wa? Ich war in 'ner entsetzlichen Lage. Immerhin, am Ende ist es noch mal gutgegangen, weißte ... Im Hafen ist es genau dasselbe. Verstehst, was ich meine? Auf der vorletzten Fahrt bin ich in diesem verdammten Ding schwimmen gegangen, von der Lotsentreppe aus, bin noch nie vorher 'ne Lotsentreppe runter und so, aber noch viel schlimmer ist es, da wieder hochzukommen und so. Da seh ich unsern QM auf'm Windendeck stehen, weißte, der war am Brüllen und seine Arme am Schwenken wie 'ne verdammte Schere. Na, jeder verfluchte Idiot weiß, was das heißt – 'n Hai, wa? – Jesses, ich bin geschwommen wie der Teufel. Grad auch noch rechtzeitig zur Lotsentreppe geschafft. Weiß nich, ob's jetzt auch noch so ist, geht 'n Gerücht um, 's gäb jetzt keine mehr hier, aber das glaub ich verdammich nich so ganz. Lohnt sich nicht, das zu riskieren, oder? Ich kann natürlich nicht so schwimmen wie du, weißte. Mach's bloß so aus Spaß an der Sache, sozusagen. Aber ich sag dir, damals bin ich geschwommen und die verdammte Leiter hoch schnell wie der Teufel, weißte. Also ich schwimm nicht mehr in diesem verdammten Ding. Und in der verdammten Stadt da ist es dasselbe. Der alte Hai kriegt dich. Und dann frißt er dich, Stück für Stück.»

«Sie hat das Kind nicht gekriegt.»

«Nein – hat sie nicht ... Aber schau mal, hör auf meinen Rat. Hüt dich vor den Weibern in diesem Kaff.»

«Schon gut, Norman, ich seh, was du meinst, aber es ist nicht so einfach, wenn dieser Verein mich von morgens bis abends aufzieht. Ich kann ihnen einfach nicht begreiflich machen, daß ich zu Hause ein Mädchen liebe, mehr als alles andere auf der Welt, und daß ich ihr wirklich treu bleiben will.»

«Sie würden's schon kapieren», sagte Norman hartnäckig, «wenn sie dir glauben täten. Aber du verhältst dich da nicht richtig. In jedem Hafen die ganze verdammte Küste rauf warst du besoffen wie sonst was. Du hast ein Mädchen, oder? Na, ist doch komisch, daß alle Welt weiß, daß du auf dieser Fahrt überhaupt keine Briefe gekriegt hast. Und ist doch komisch, daß du ihr nicht mal irgend 'n paar hübsche Kleinigkeiten kaufst – statt dessen versuchst du bloß in jedem Hafen, dir das Deck statt 'ner Decke rumzuwickeln.»

Hilliot starrte einen Augenblick lang in die Tiefen seiner Niedertracht und suchte dort vergeblich nach einer Wahrheit. Dann fand er die Sprache wieder.

«Eben, ich *versuche* ja, ihr treu zu bleiben, immerhin», sagte er schließlich sehr langsam. «Und was die Briefe angeht, ich hab ihr überhaupt keine Postzeiten gegeben bis nach Schanghai. Und überhaupt, das ist bloß ein Trampschiff, und wir wissen nicht, wo's hingeht, und sie hätte es nicht gern, wenn Briefe wie die, die sie mir schreibt, verlorengingen.»

«Na, das geht mich ja nichts an», sagte Norman. «Aber trotzdem, was ich eben gesagt hab, gilt – man weiß nie, was man sich in diesen Häfen alles fangen kann. Natürlich: man muß sich gar nichts holen.»

«Nein. Das weiß ich auch. Daß man sich nichts holen *muß* –»

Als Andy sich neben Norman stellte, sagte er nichts, sondern fing an, sich eine Zigarette zu drehen. Sein weißes Käppchen und Unterhemd und seine suppenbefleckte karierte Arbeitshose hatte er gegen einen Schlapphut, eine blaue Seemannsjacke und eine frischgebügelte blaue Hose getauscht. Blaue Hose und braune Schuhe: so sah das aus, wenn die Bande von der *Ödipus Tyrannus* an Land ging! Das war ein neuer Andy, ein Andy im Land-Ausgeh-Anzug, fein rausgeputzt zum Landgang, Andy das kinnlose Wunder, drauf und dran, den Mädchen einzuheizen... Aber Hilliot spürte, daß er nicht fragen durfte, ob er mit ihnen gehen könne. Nein, ein Zweiter Koch und ein Kombüsenjunge hätten es nicht gern, zusammen mit einem Deckjungen, der nur 50 Shilling im Monat verdiente, beim Trinken gesehen zu werden. Wahrhaftig, sogar Pong, der chinesische Kombüsenjunge von der Heizerback, bekam mehr als das: und schließlich auch Ginger, der Pantryjunge, der Hilliot eines Nachts im Roten Meer gestanden hatte, sein Ehrgeiz ginge dahin, einmal Metzger auf einem Postschiff zu werden. 50 Shilling im Monat! Normans Heuer betrug etwa dreimal soviel und Andys lag außerhalb seiner Sichtweite ... Andy zog an der eben gedrehten Zigarette und betrachtete Hilliot jetzt voller Verachtung.

«Ich hab gehört, der Kapitän will dir jetzt einen Vollmatrosenjob geben», stichelte er. «Das soll wohl 'ne Belohnung sein dafür, daß du auf den Großmast gestiegen bist, wa? Befreiung einer Raubmöwe. Na, freut mich, von deiner Beförderung zu hören. War auch Zeit, daß du mal was getan hast. Seit du hier auf'm Schiff bist, warst du nichts als 'ne dämliche Flasche ... Kommste, Norman?»

«Okay. Gute Nacht», sagte Norman anstandshalber und nickte Hilliot leutselig zu. «Auf geht's, Andy, gehn wir!» Hilliot sah ihnen nach, wie sie den Durchgang runtertrotteten; ein Flikken auf seiner Hose gab Andy von hinten, wie komisch, ein ziemlich schäbiges Aussehen nach alledem; er sah, wie sie behutsam die Gangway heruntergingen ... Jetzt waren sie weg.

Ein wenig später stahl er sich ihnen nach.

Hinter den numerierten Lagerschuppen toste die Stadt. Ein Dampfstrahl schoß hinter den Schuppen auf, man hörte den stotternden Lärm zusammenkrachender Puffer, ein unsichtbarer Hafenzug fuhr an und ließ seine einsame Warnglocke bimmeln. Ein Bursche, der sich auf die Griffe seiner Rikscha lehnte, sah zu dem Schiff auf: riesige Kräne tauchten und winkten hoch oben. Ballen und Kisten ausweichend überquerte er die Mole und ging weiter durch einen offenen Schuppen, bis er auf einem Platz anlangte. Hinter den Schuppen hörte er den Krach, mit dem sich die Beladung der *Ödipus Tyrannus* vollzog.

Er stand vor einem Schild: *Seamen's Temperance Restaurant – jedermann willkommen.* Dann fiel ihm wieder ein, daß er bis zum nächsten Tag kein Geld vom Zahlmeister zu erwarten hätte – er hatte keinen Pfennig. Und wenn schon, was gab's denn hier zu sehen? Nichts: überhaupt nichts. Dasselbe wie in jeder Hafenstadt bei Nacht. Er könnte genausogut in Liverpool sein – oder Swansea!

Von dem Platz aus konnte er eine lange Straße überblicken, auf der Straßenbahnschienen und, weit entfernt, zwei undeutliche Gestalten, die sie überschritten, zu sehen waren.

Waren das vielleicht Norman und Andy?

Oh, es brachte nichts ein, wenn er sich Gegenteiliges einredete; in einer Nacht wie dieser ausgeschlossen zu sein, war schlimmer als der Tod. Zu Hause war es jetzt vielleicht Tag, und dieselben nichtssagenden Gesichter gingen durch die Straßen; das waren die, die den ganzen Horizont ihres Lebens in ihren Taschen bei sich trugen. Und so würden sie im Nichtssagenden, im Allerweltsgrab begraben werden.

Aber hier kam leises Flüstern aus den Hafenkneipen, hier roch es nach Osten, hier trafen sich Liebende mit einem Ruf, einem Blick, einem Lächeln; ein schwelendes, phosphoreszierendes Schimmern wogte die kalte Küste der Häuser entlang; das war der leibhaftige ewige Wirbel der Jugend. Du sollst nicht –

Sei kein Idiot, Dana, es ist doch nicht so sehr die Rache des Herrn, als daß du keine Ahnung von der Chemie hast.

Auf einmal stutzte Hilliot. Nahe bei ihm waren der Kapitän und der Maat; und ihren Stimmen nach fingen sie gerade an, sich zu streiten. Hilliot verkroch sich im Schatten eines Warenlagers und wartete darauf, daß der Spaß losginge.

«Also verdammich, was zum Teufel hat das mit dir zu tun? Aber sicher hat ein Schiffsmaat dasselbe Recht wie jeder andere Blödmann, seinen –»

«– Jetz hör mal, mit wem redst du eigentlich? Wenn du nicht mein Freund wärst, würd ich dafür sorgen, daß du nie mehr in diese Gesellschaft kämst; also ich sag dir jetzt klipp und klar –»

«– O herrgottnocheins Billy, wir sind jetzt an Land –»

«Das macht verdammich gar keinen Unterschied.»

«– Trocadero! –»

«– Ach steck dir –»

«– Was war das? –»

«– sonst wohin –»

Nicht das Wahre, vom Kapitän hier rumschleichen gesehen zu werden, dachte Hilliot und ging vorsichtig wieder in den Schuppen. Seemüde lehnte die *Ödipus Tyrannus* am Kai. Dahinter lagen die schwarzen Gerippe von Schiffen im Hafen.

Sein Abend war doch nicht völlig versaut, immerhin etwas, sagte er sich; er hatte etwas gehört, das niemand hören sollte. Wer hätte das gedacht: der Kapitän und der Maat! Und ihn überkam eine lakonische Freude, als er die Gangway hochstieg.

«Na», sagte der Gangway-Quartermeister, «sehr lang warst du ja nicht an Land.»

«Nein, ich wollte nicht, daß der Kapitän mich rumlungern sieht. Ich hab nie Erlaubnis, an Land zu gehen, verstehste, und da waren der Kapitän und der Maat sich am Zanken, am Kai. Überhaupt krieg ich mein Geld erst morgen.»

«Ich könnt dir einen Hongkong-Dollar leihen», sagte der Quartermeister, «aber ich fürchte, das würde dir hier auch nicht viel helfen. Aber ich sag dir was – meine Wache ist grade um. Komm doch mit auf mein Zimmer und nimm dir 'n anständigen Gin zur Brust.»

Der Quartermeister hatte ein grünes und ein braunes Auge, und Hilliot wußte, daß er aus Kings Lynn stammte, der verfallenden Hafenstadt im finstersten Norfolk.

Sie gingen den Durchgang runter, an einer Kohlenbunkerluke und einem Maschinenraumeingang vorbei zum Zimmer des Quartermeisters. Der Quartermeister drückte seinen Arm und fühlte nach der Stärke seines Muskels; Hilliot fuhr zurück. «Wie auch immer», sagte er, «es ist nett von dir, QM, mich einzuladen, danke.» Die Tür war angelehnt, das Licht brannte, und die Messingschwelle glühte freundlich. Sie traten ein: Hilliot setzte sich, während der Quartermeister ihm aus einem Schrank die Ginflasche reichte.

«Du wirst es kaum glauben», fing der Quartermeister an, «aber ich bin ein gebildeter Mensch, und geachtet. Na, und du doch auch. Also du brauchst mir gar nichts zu sagen. Ich bin nicht zimperlich, und ich sag ohne Umschweife, was ich denke. Also wie ich dich das erste Mal auf diesem Hurenkahn seh – du bist doch mit'm Auto gekommen, oder? – weiß der Himmel, was der auf diesem Pott hier will, sag ich mir, wa? Ich will dir mal was sagen. Ich hab selber 'n Auto zu Hause. Ja, und ich fahr damit glatt 60 Meilen die Stunde – ich selbst am Steuer! Ja. Und nie 'nen Mantel. Nein. Niemals 'nen Mantel. Aber was soll's, spielt keine Rolle ... Nimm was Wasser. Nein, besser nicht. Dieses verfluchte Wasserglas ist voller Mossies: feine Art, Malaria zu kriegen. Der Zweite Steward hat sich fast umgebracht damit, auf der letzten Fahrt. Und seitdem ist er sie nie mehr ganz losgeworden ... Da hast du 'n Glas. Wieso fährst du eigentlich zur See?»

«Was weiß ich», sagte Hilliot. «Um mich zu amüsieren, schätz ich.»

«Also, ein Mann, der aus Spaß zur See fährt, würd auch zum Zeitvertreib in die Hölle gehn», sagte der Quartermeister und trank seinen Gin.

«Genau das hat Andy auch zu mir gesagt, als ich ihn das erste Mal sah.»

«Es ist ein alter Seemannsspruch, wie mehr Tage mehr Dollars ... haste vielleicht Zigarettenpapier, he?»

«Nein: ich rauche Pfeife.»

«Ja – weißte, auf meiner ersten Fahrt mit'm Schiff, wenn ich's da gewagt hätte, 'ne Pfeife zu rauchen: die wär mir glatt aus'm Maul gehauen worden. Aber heute ist das ja alles ganz anders. Man sagt, fast alles was die Matrosen könnten, könnten heut die Heizer auch. Aber der alte Bootsmann nimmt dich ganz schön ran, was?»

«Durchs ganze Rote Meer hat er mich unter den Winden schuften lassen; hat mich den Schornstein hochgeschickt, bevor ich wußte, wie man einen Bootsmannsstuhl richtig festmacht. Und heute nachmittag, als ich frei hatte, mußte ich auch wieder ran, Gott verfluche seine Augen.»

Der Quartermeister blinzelte eindringlich mit seinem grünen Auge. «Worüber haben sich Daddy und der Haupt-Offizier gezankt, he?» fragte er geheimnisvoll.

«Scheint so, als ob der Maat ins Trocadero gehen wollte und der Kapitän das für'n langweiligen Laden hielt.»

«Och: die beiden zanken sich andauernd. Mach dir nichts draus. Andy und Norman sind zusammen an Land gegangen, wa? Andy ist der Richtige, wa? Und Norman auch. Norman sollte gar kein Seemann sein: was er wirklich will, ist noch einen Zoll wachsen und dann Polizist werden ... Das sagt er mir ständig. Der hat vielleicht Mumm, der Bursche. Was hältst du davon, wie er heut diesen Micky da runtergeholt hat, he? Gut, was? Verdammich, keine Leiter – einfach so rauf!»

«Jaja», sagte Hilliot, «ich hab's ja gesehn.»

«Ja, große Klasse, wa. Aber du würdst's nicht glauben, wenn ich dir sage, daß der Kerl auf der vorletzten Fahrt die Syph hatte, bis in die Haarspitzen – war selbst dabei – war 'ne Schande – du glaubst es nicht! Verheiratet ist er auch. Tcha, der wär fast zur Hölle gefahren mit seiner Syph.»

Hilliot schwieg.

Draußen im Hafen schlug es auf einem Schiff acht Glasen. *Bim-bim: bim-bim: bim-bim: bim-bim.* Die Glocken der Hölle, sie schlugen für Norman.

«Ich versteh aber auch gar nicht, wozu diese Kerls überhaupt an Land gehn. Wirklich nicht. Ein junger Knabe wie du wird sich doch wohl nicht mit diesem Pöbel da vermischen wollen ... Trink dir noch einen ...»

«Nun, warum nicht, warum nicht, warum nicht?» sagte Hilliot. «Ich renn den Frauen deshalb nicht nach, weil ich versuche, einer zu Hause treu zu bleiben. Ansonsten seh ich keinen Grund – vorausgesetzt, man sieht sich richtig vor.»

«Also ich will mal offen zu dir sein, wa?» sagte der Quartermeister. «Ich halte nichts davon, an Land zu gehen, wenn man alles, was man will, auch hier an Bord haben kann. Also ich hab's bis jetzt noch auf jedem Schiff gekriegt, und auch auf diesem werd ich nicht enttäuscht werden. Na komm schon: was hältst du davon, he?»

«Überhaupt nichts», sagte Hilliot, der, obwohl noch gar nichts gesagt war, schon merkte, worauf die Andeutungen des Quartermeisters hinausliefen; eine Ausrede hatte er sich schon ausgedacht, ehe er noch eine Minute bei ihm gewesen war.

«Wollte dir nicht zu nahetreten.»

«Schon gut: jedenfalls trink ich die ganze Zeit deinen Gin ...», erwiderte Hilliot. «Aber um die Wahrheit zu sagen: ich nehm noch einen.» Er schüttete sich sein Wasserglas dreiviertelvoll, wobei die Flasche leer wurde, und trank es sofort aus, dabei den Quartermeister beobachtend. Der Quartermeister schwieg. Hilliot stellte sein Glas hin. Dann ging er hinaus und schloß langsam die Tür.

Draußen lachte er dermaßen verrückt, daß er sich plötzlich fragte: werde ich mit so einer Lache sterben? Er legte eine Hand aufs Deckgeländer und besah sie sich. Lachte er etwa aus einem Elend heraus, das so groß war, daß alles, was er noch wahrnehmen konnte, seine unglaublich verwahrlosten Fingernägel waren; oder war er betrunken? Aber er lachte immer noch, als er wieder zum Maschinenraumeingang kam und impulsiv über die eiserne Schwelle trat. Er begann um den Kessel herumzugehen und hielt dann für einen Augenblick an der Tafel inne, auf der der Zimmermann mit Kreide den Kesselstand markiert hatte. Vom Kessel aus konnte er jetzt die enge glatte Leiter zum Maschinenraum hinuntersehen, dessen obere Labyrinthe ihn völlig umgaben. Wie einfach, wie entsetzlich einfach wäre es, allem ein Ende zu setzen. Ein plötzlicher geistiger Anstoß, das Entspannen eines Muskels: und alles wäre vorbei. Er setzte sich auf eine der oberen Stufen ... Im Meer begraben. Mit Roststäben an seinen Füßen. Denn Dein ist das Reich und die Macht und die Herrlichkeit jetzt und in Ewigkeit Amen. Gott. Chott. Gut. Good Gordon Highlanders ... Janets Lieblingsfluch. Ja; er durfte ohne weiteres so wie jetzt mit solcher Verwirrung in den Maschinenraum hinuntersehen, allerdings! Er sollte es überdenken! Was kümmerte es ihn. Denn hier war er sowenig wie sonstwo imstande, genau zu begreifen, was so durch und durch giftig in ihm wirkte, diese Unfähigkeit, die Dinge richtig einzuordnen und an ihrem Platz zu sehen ... Ein Stimmengemurmel, das am Eingang vorbeistrich, versank in der Polyphonie der schreienden Kulis, und der Betrieb der Winden, deren Rattern sich immer seltener hören ließ, wurde wieder aufgenommen. Gingen da welche an Land? Würden sie Norman und Andy begegnen? Andy, die käsige Stinkmorchel, hähä! Fröhliches Gelächter. Auch an der Tafel, in der Schule, Pythagoras. Das kleine Kind mochte Pythagoras, es hätte auch Euklid sein können, denn der malte (wie entzückend!) so hübsche Bilder vom Mond in den Sand. Aber in der Schule hatte die Geometrie Hilliot Schwierigkeiten und Angst gemacht, war für ihn schließlich zu so was wie einem Monster geworden. Sie hatte sich in eine menschliche und furchteinflößende Gestalt senkrecht arrangierter konzentrischer Kreise verwandelt mit einer langen Tangente von Armen, mit riesigen würgenden dreieckigen Händen. Er erinnerte sich auch daran, wie er ständig seine Zeichengeräte verschlampt und sich vor der Klasse zum Narren gemacht hatte; einmal hatte der Mathematiklehrer tatsächlich der ganzen Klasse erlaubt, sich um ihn aufzubauen und seinen kläglichen Bemühungen zuzusehen (mit seinen plumpen spachtelförmigen Händen, die er schon immer gehaßt hatte), ein regelmäßiges Sechseck zu konstruieren. Zu allem Überdruß mußte der Lehrer auch noch seinen Zirkel, den er angeblich Milhench aus der Fünften geliehen hatte (der war sowieso im Sanatorium), im Kreidekasten entdecken ... Das war es, das war es immer, dieser Ordnungsmangel in seinem Leben, der ihm sogar jetzt nur gestattete, das Schiff vage als eine Art Moloch anzusehen, als ein Warenlager. Auch genügte es nicht zu wissen, daß auch sie Länder besucht hatte, in denen die Weinstöcke bis zum Wasser wuchsen oder die Sonne hinter kalkweißen Feldern verblutete. Ihm war keine praktische, keine zusammenhängende Wahrnehmung des Schiffes möglich. Er spürte, daß er niemals in der Lage sein würde, die Rätsel und Windungen verhedderter Ladebaumgeien oder Windenhebel zu begreifen: diese ruhende Maschine, die nach ihrer langen Fahrt gleichwohl auf ganz eigene Art stöhnte und keuchte, und in die er jetzt verzweifelt hineinstarrte, war auf See, wenn dort wimmelndes Chaos herrschte, genauso sinnlos und unwägbar. Und nun, in diesem einzigartigen Chaos einer bewegungslosen Maschine, diese Stangen – erwarteten, gierten sie vielleicht nicht nach der Zeit, wenn sie wieder andere Stangen in rhythmischem und abstoßendem Durcheinander packen durften? Die Sehnsucht des Rings nach dem Zapfen; des Pleuels nach der Achse ... Doch vollzog sich auch in der Maschine der *Ödipus Tyrannus*, deren (wie er es sah) Spaltung er vollständig nachvollziehen konnte, jener Kreislauf aus dem Ganzen heraus, nach dem er sich so sehnte: es war genau diese Ordnung, ganz besonders in bezug auf Janet, aber auch auf Andy und Norman – und den Quartermeister! –, die seinem Bewußtsein fehlte – fehlte es ihm auch an Tiefe? – und ihm, soweit er sehen konnte, immer fehlen würde. Ordnung, hörst du? Hörst du, Janet? Würdest du wirklich glauben, daß Dana Hilliot, der dich liebt, hier mit ginreichem Atem in einem Schiffsmaschinenraum in China steht und diese Sachen denkt ... Aber vielleicht, überlegte er, was er nicht sah, was er möglicherweise nie erfuhr, waren diese wenigen Augenblicke, diese wenigen reinen Blumen der Erinnerung, die Janet so kostbar waren. Ach, worin mochten sie bestehen? Dieser Spaziergang, den sie auf dem Land gemacht hatten, von Upton aus über die Felder, «Öffentlicher Fußweg nach Thingwall». Irgend so ein blöder Heini (oder war er im Gegenteil sehr tiefsinnig) hatte den roten Wegweiser in die entgegengesetzte Richtung gedreht, nach Wallasey, nach Leasowe, nach der See. Zum Tee warmes frisches Brot und Butter. In Greasby war's, da sahen sie dieses Pferd im Stall – «verträumt und warm», hatte sie jemand einen Stall nennen gelesen – und in Upton die schiefergedeckte Molkerei, kühl und rein: in Marplesfield die Primeln unterm gelben Stechginster. «Und jene weiß und roten Blümchen, die man Gänseblümchen bei uns nennt.» Wonnig über die düstern vertrauten Felder. Wie konnte sie ihm je davon erzählen? Ungewöhnlich, dachte er, indem er langsam seine Pfeife befingerte, daß diese Augenblicke, die ihnen die höchste Glückseligkeit beschert hatten, wie eine Aufzählung, eine Bestandsaufnahme des Warenvorrats eines Lyrikers klingen sollten ... Kommste mit zu den Buden? hatte der Seemann ihn gefragt. Sela. Wonnig über das düstre vertraute Masefield. Vergib ihm, denn er weiß nicht was er tut ... Und doch war es Johannes, der seine Laufbahn damit begann, Seemannslieder zu schreiben, und Johannes, der Schiffszimmermann, der den letzten Lukenkeil donnernd aus der Klampe hämmerte, zack zack zack, während das mächtige Schiff weiterfuhr mit fröhlichem Stampfen und Knarren, der graugesichtige Quartermeister amorph sein triefendes grünes Auge (das andere war braun) auf einen schwirrenden Stern heftete. Matthäus, Markus, Lukas und Johann gingen ins Bett und ließen die Hosen an. Der Hammer des Zimmermanns, wie er schwang – und schwang –

Eine trübe Erinnerung an etwas, das er als Kind gelernt hatte, streckte ihr bleiches Gesicht aus dem Nebel und flüsterte: Weiter, kleiner Jesus, spiel weiter mit deinen Nägeln in Nazareth: Stell sie in Reihen auf dem mit Spänen übersäten Boden auf! Du fragtest, womit dein Vater Joseph da arbeitet, und er antwortete dir: «Mit einem Hammer.» Aber stelle ihm keine weiteren Fragen, frage ihn nicht, wozu man den Hammer braucht, er muß seine Arbeit fertig machen. Nein – denn einen Hammer braucht man, um Nägel damit einzuschlagen, und von acht Nägeln und dem großen Hammer wirst du sterben.

Nein, vergib mir, du kannst dich selbst erlösen, wenn du willst, ach, erlöse dich selbst um meinetwillen. In deinem Leben wird kein Schrecknis sein, kein Blutbad, keine schwelenden Städte und verhungernden Kinder, alles wird so freundlich und gut sein wie in jener ersten Nacht in der Krippe, wo das Stroh wie harter Regen am Fenster knisterte, während draußen tiefer Winter ist, dunkel und kalt. O erlöse mich, Jesus, erlöse mich, laß mich nicht immer so sein, laß mich nicht so sterben.

Erlöse dich selbst. Das Schiff wird dich kriegen, wenn du es verdienst.

Er schauderte. Ohne daß er es bemerkt hatte, war der Lärm des Beladens verstummt. Alles war still, als er wieder über das Deck ging: die Schauerleute waren weg. Irgendwo, vielleicht auf einem anderen Schiff, spielte man auf einer Geige; die Musik wurde zu ihm hergeweht – ein Matrose oder ein Heizer, der seine Lust vortrug. Siehst du den Garten zu Hause mit seinem Blütenschnee?

Der Acht-bis-zwölf-Gangway-Quartermeister, der den Kombüsenofen schürte, blickte zu ihm herum.

«Gute Nacht.»

«Gute Nacht.»

Das Licht, das in der Back brannte, war die Laterne des Heiligtums; Hilliot kam es jetzt vor, als ob die *Ödipus Tyrannus* eine mehrfache Sicherheit böte: sie war sein Hafen; er würde in den Armen des Schiffs liegen, wie Flügel würden sich die Ladebäume über ihm falten, der Schlaf würde einen zarten Traum von der Heimat mit sich bringen, von Sonnen und Feldern und Scheunen: heute nacht würde er vielleicht wieder mit Janet sprechen. Er sprang über das gelöcherte Dampfrohr, ging an der Schreinerwerkstatt, der Rumpelkammer und der Lampenkammer vorbei und drang in die Finsternis der Backdurchgangsöffnung ein. Er fand seine Koje und ließ sich darauf nieder; zärtlich streichelte er die haarige Matratze, das «Eselsfutter». Dann legte er sich flach auf den Rücken. Langsam versank er in Schlaf, gleichsam einen steilen Abhang hinabgleitend. Tausende von Kindern in New Brighton, an einem Bankfeiertag, die mit ihren Eimern und Schaufeln auf den Strand losstürzten, glitten mit ihm: auf einmal starrte ihn in einer öffentlichen Bedürfnisanstalt ein Mann an. Gebrauchte Handtücher bitte unten im Spülkasten deponieren. Was war ein Spülkasten? Er hatte es nie herausgefunden. Dann spazierte er wieder langsam mit Janet durch die Menge. Elektrische Lichter schwammen vorbei. Krokusfarbene Gaslaternen glühten und surrten ohne Unterlaß. Die Rufe und Schreie des Marktes schwollen um sie auf und ab wie das Atmen eines Monsters. Oben schwang sich der Mond auf und galoppierte über einen finstren stürmischen Himmel. Ganz plötzlich explodierten sämtliche Laternen in der Straße; ihre Kugeln flogen heraus und schossen in den Himmel, die Straße belebte sich mit Augen; weit geöffneten Augen, aus denen trockner Schorf troff, oder sie waren mit zähem Augenschleim verklebt: Augen, die in der Starre ihres Blicks die Ewigkeit enthielten: Augen, die zitterten, sich weiteten und, schnell kleiner werdend, nach Osten und Westen geschleudert wurden; Augen, die die geplünderten Fenster einer Kathedrale waren, schwarz geworden, eine Leere des Gehirns, durch die Fledermäuse und Krähen grausig kreisten, lederne Scheußlichkeiten, die sich in den drögen Winden wanden: aber aus dem Sumpf stürzte ein Auge auf ihn zu und stierte ihn blinzellos an. Es war das Auge einer Taube, feucht, einsam, heulend. Wo würde er sterben? Auf See! Sein Körper schwamm wie eine Boje an schlapper beharrlicher Aufhängung, gestoßen von Himbeerpolypen und Meerschwämmen und Winkerkrabben. Windend und wogend, raunend und fallend. Humus den Polypen, dem meerzerwehenden Behemoth. Aber wo sind deine Zeichengeräte, Hilliot? Sir, die hab ich gestern an Milhench ausgeliehen. Aber so war das Leben. Strömt herbei und seht das regelmäßige Sechseck von Dana Hilliot unter besonderer Beachtung seiner prometheischen Leber, die (auf speziellen Wunsch) der Adler frißt – Wochenendpreise! Hereinspaziert, Damen und Herren, hereinspaziert, Damen und Herren: die Campbells kommen, hoppla hoppla: wonnig kommen die Campbells über die düstren vertrauten Felder: *πολλὰ δ' ἄναντα κάταντα πάραντά τε δόχμιά τ' ἦλθον* good Gordon Highlanders, wa. Verschollen ohne Kompaß. Ich bin auf einem Schiff. Ich bin auf einem Schiff, und ich fahre nach Japan. Verloren. Verloren. Verloren.

2

«Aus'm Bett und hopp. Die Männer wollen ihren Kaffee haben, Hilliot. He, meinste ich rüttel dich den ganzen Tag chottverdammich – wach auf und mach den Kaffee!»

«Wieviel Uhr?»

«Gleich halb sechs. Beeilung! Die Männer werden dir an den Hals springen.»

«Pah, ist doch deine Sache, mich zu wecken, Quarter. Wieviel Glasen ist es?»

«Überhaupt keine, du Affenarsch. Wir liegen am Kai –»

«Hm, diese Nacht schlugen sie aber ... egal, du weißt, was ich meine. Man hört sie von den Schiffen draußen im Hafen, oder? Schon gut, steh ja auf.»

«Vergiß nicht, die Maate zu wecken.»

«O sei bloß still!»

«Sag nicht Sei still zu mir, du lausiger Deckjunge! Gehst heut abend an Land? ... ach leck mich am Arsch.»

Lampenkammer. Rumpelkammer. Schreinerwerkstatt.

Heizer. Ödipus Tyrannus – Liverpool.

Bim-bim: bim.

«Guten Morgen, Norman. Gute Nacht gehabt, ja?»

«O ja! Ja! Nett, Junge, nett!»

«Andy heut morgen gut gelaunt?»

«Der's in Ordnung, weißte. Was soll das mit Andy?»

«Gar nichts. Hab mich bloß gefragt, sonst nichts.»

«An deiner Stelle würde ich mich bei dem was vorsehen, mein Sohn. Der wird ziemlich ungemütlich, wenn man ihn nicht richtig anfaßt – das gilt besonders für dich – ich mein, weil du ständig in der Kombüse zu tun hast, sozusagen.»

«Was gefällt ihm denn nicht an mir?»

«Er denkt, du nimmst 'nem besseren Kerl den Job weg, weißte.»

«Lieber Himmel! Ist doch wohl Sache von dem Kerl, sich den Job zu besorgen, oder was?»

«Da kannste Gift drauf nehmen, Sohnemann. Aber er behauptet, du hättest Einfluß bei der Behörde.»

«So, hatt ich auch! Hab ich dir selbst gesagt.»

«Mach dir keine Gedanken drüber, Sohn. In zehn Monaten liegen wir eh wieder in Liverpool!»

«Ach nee! Zehn lange Monate. Aber dann wird's wohl geregelt sein, wa?»

«Ja, geregelt, wa?»

Zugelassen für die Einstellung von sechs Lehrjungen. Ödipus Tyrannus, Liverpool. Kombüse. Lampenputzer. Schreiner. Bootsmann.

«Oh, du bist das. Also ich bin schon zehn Minuten auf und hab den Maat getroffen und die Tagesbefehle bekommen, während du in der Gegend rumhängst und Däumchen drehst!»

«Tut mir leid, Bootsmann.»

«Tut mir leid Bootsmann! *Tut mir leid Bootsmann!* Immer Tut mir leid Bootsmann! Ich werd dir was Tut mir leid Bootsmann, verdammich!»

«Ja.»

«Erst hab ich ja gedacht, du wärst in Ordnung. Ich dachte, du würdest einer meiner besten Leute werden. Highton, der ist jetzt einer der Quartermeister auf dem Schiff hier; war mal einer meiner Jungs. Einer meiner besten Leute! Man nannte ihn den König der Ladebaume! Aber du bist nichts als eine gottverdammte Flasche. Hast du schon den Kaffee gemacht?»

«Nein.»

«Nein. Nein. Nein. Nein. Immer nein, verdammich, und Tut mir leid Bootsmann. Und ich muß das ausbaden, was du nicht tust. Aber gut, ich werd mich wohl mit dir abfinden müssen. Geh und tu spielen. Lamps und Chips sind beide schon seit zehn Minuten auf.»

Schreiner. Lampenputzer.

Kombüse.

«Guten Morgen, Andy. Morgen, Mcgoff – nach Ihnen mit der Kelle.»

«He, vergiß bloß nicht, der Mannschaft heut morgen was Butter zu bringen. Aus dir dämlichem Kerl werd ich wohl nie schlau, der Mannschaft einfach die Butter ausgehen zu lassen.»

«Geht in Ordnung, werd dran denken. Aber ich hab den Kaffee noch nicht gemacht.»

«– dammter Laden –»

«– sagte der Bastard und setzte sich, ich war mal –»

«– Messingzeug –»

«– dammter Laden –»

Matrosen. Zugelassen als Seemannsmesse ...

«Morgen, Matt! Morgen, Lofty!»

«Wie isses? Hast ja verteufelt lange für den Kaffee gebraucht!»

«Tut mir leid, der Bootsmann mußte mir noch den Kopf waschen.»

«Morgen, Sohn.»

«Morgen, Ted. Morgen, Horsey. Morgen, Cock!»

«Wie denkst du dir das eigentlich?»

«Soll das etwa Kaffee sein, um Himmels willen?»

«Warum bringst du uns nicht 'n paar Bier, Mann?»

«Hundehaare –»

«Letzte Nacht, ich sag dir, Hilliot, ich hab mich prächtig amüsiert: du hättest dabeisein sollen – da war so 'n Mädchen, ja, und die stieg auf den Tisch –»

«Also ich trink meinen Kaffee draußen auf der Luke.»

«Ich komm mit dir.»

«Erinnert mich an die Zeit in Miki, als –»

«Ha, da hatte der Augen gekriegt wie verlorene Eier – haha – in 'nem Eimer voll Blut.»

(*Puella mea* ... Nein, du nicht, nicht einmal mein Lehrer würde mich wiedererkennen, wie ich hier auf Luke sechs sitze und Schiffskaffee trinke. Weggejagt und dazu verdonnert, anständig zu sein. Der ganze tiefblaue Tag liegt vor mir. Das Frühstücksgeschirr muß abgewaschen werden: die Back und die Latrinen müssen geputzt und geschrubbt werden – der Durchgang auch – das Messingzeug muß poliert werden. Denn so sieht das Leben auf See heute aus – ein Haussklave in einer Tretmühle in der Hölle! Handlanger, Kanalarbeiter, Schaber – alles eher als Matrosen. Die Heizer sind die wahren Jungs, und ich hab läuten hören, es gäbe kaum noch was, das die nicht genausogut machen könnten wie die Matrosen. Das Meer! Gott, was es dir einflüstern kann! Vielleicht denkst du an ein dunkelgraues Segelschiff, das in den Wogen krängt, Hagel stürzt drüber her: oder an einen blaunasigen Kapitän, der, um Blut spucken zu können, Glas zerkaute, und der es fertigbrachte, einen Mann lebendig in einen Sack zu nähen und ihn, noch stöhnend, über Bord zu schmeißen! Tja, das waren noch gewalttätige Zeiten, die alten heroischen Tage der Scheuersteine; und die sind vorbei, sagst du. Aber das Meer ist nichtsdestoweniger das Meer. In immer größere Ferne streut der Mensch die Spuren der Verbannung aus. Stets ist es der Weg nach irgendeinem fremden Land, einem magischen Feenland, das uns ungeheuerlich und unirdisch entlohnt nach den Stürmen der See. Aber nicht nur die Art unserer Arbeit hat sich geändert, Janet. Statt daß wir stündlich an Deck gerufen werden, um die Segel zu reffen, müssen wir Ladebäume ausfahren oder den Schornstein anstreichen: das einzige, was wir außer Kattunhosen mit Dauber gemeinsam haben, ist, daß auch wir immer noch «Mennige in mancher Suppendose rühren». Wir walken die rostige Deckshaut mit einem Zimmermannshammer, bis sich die Haut von unsern Händen schält wie der Rost vom Deck ... Ach ja, aber dieses Leben bietet auch seine Entschädigungen, fröhliche Tage sogar dann, wenn die Arbeit äußerst tierisch ist. Auf See, jetzt, da die Back nicht geschrubbt zu werden braucht, herrscht eine einschläfernde Ruhe während der Zeit, die wir zwischen dem Rauswurf aus unseren Kojen und dem Antreten an Deck verbringen dürfen. Einer legt sich lang auf den Boden, ein anderer mampft eine Speckschnitte; wie da Horseys Glieder im letzten schläfrigen Strecken knacken! Aber wenn dann auf der Brücke die Glasen geschlagen haben und wir am

Farbenraum aufmarschiert sind, strömt das Blut rot und freudig in der frischen Morgenbrise, und ich bin fast überschwenglich mit meinem Schabehammer und Kratzeisen. Wie Freunde werden sie mich den ganzen endlosen Tag hindurch begleiten. Klampen werden herausgeschlagen, Spieren, Luken, Persennige von geschäftigen Händen weggezerrt, wir steigen die Leiter hinunter tief in die Nacht des Laderaums, hangeln an den Schiffswänden entlang, wo Plankenenden starren, dann setzen wir uns hin und schuften wild drauf los! Flink schlagen die Hämmer ans Eisen, der Schiffsbauch zittert, heult, kracht, die Geschwindigkeit wächst: unsre Kratzeisen zucken und werden zu Blitzen in unsern Händen. Der Rost spritzt als Hagel scharfer Splitter von der Wand, immer genau vor unsern Augen, und wir toben weiter, immer weiter! Dann verlangsamt sich das Tempo ganz plötzlich, und die Hacklawine verfällt in einen festen, gleichmäßigen Takt von geradezu bedächtiger Kraft, der Arm bewegt sich wie eine Schwingmaschine und unsre Fäuste lockern ihren Griff um den dünnen Stiel –

Und so sitz ich schabend da und träume von dir, Janet, bis die eiserne Oberfläche zum Vorschein kommt, oder bis der Bootsmann kommt und uns freigibt. O Janet, ich liebe dich so sehr. Aber wir wollen keinen Unsinn damit treiben. Der Gedanke an deine Jungfräulichkeit füllt mich mit Abscheu. Abscheu und Verachtung! Du bist wie Arabella, du würdest Claudio eher sterben lassen, als sie zu opfern – Claudio – Hilliot – sterben . . . ohne Braut, auf der sein nasses Auge ruhen könnte.

Und diesen armen Claudio pflegst du mit scheuen, enthaltsamen Versprechungen einzulullen. Der keusche Claudio in seinem Gefängnis! Die Geschichte von dem schottischen Professor auf dem Schiff, der nie zu einer Entscheidung zwischen Heiraten und Reisen fähig gewesen war! Sie leiden an errzwungenem Zölibat! . . . Großer Gott, ich hasse dich, hurabscheue dich, Janet! Verzeih, daß ich das gedacht habe, es ist nicht wahr. Wir wollen uns wieder versöhnen. Erinnerst du dich noch daran, wie du den weißen Pullover, der dir eine Art wolligen Anstrich verlieh, trugst, und wie ich meine Hand auf dein Herz legte, um es schlagen zu fühlen? Es war, als ob ich das Herz eines Lamms schlagen fühlte, so unschuldig und weich war dein Pullover. Ich liebe dich ...)

«Potz verdammich alle Wetter, da kommt der Bootsmann, und ich bin noch nich mi'm Kaffee fertich.»

«Wo sind wir denn hier, Leute! Ab! Schnappt eure Besen!»

Bim – bim.

«Mönsch, heut gibt's keine Ganzwäsche, um Himmels willen.»

«Keine Ganzwäsche im Hafen!»

«Halt die Klappe, Horsey. Du wirst heute die ganzen starren Salzwasserhähne losmachen, ist doch 'n süffiger Job für 'nen starken Mann.»

«Den Schlauch werd ich auf dich loslassen, Bootsmann.»

«Schnauze. Los, Leute, bewegt euch mal was. Ist schon sechs Uhr. Himmel, so ein Haufen ist mir noch nie untergekommen.»

«Hilliot.»

«Ja, Bootsmann.»

«Du bewegst dich auch mal. Jeden Morgen ist es dasselbe mit dir, jeden Morgen. Nicht, als ob du wie ein Blödmann dauernd rumlungerst wie wir anderen, nicht, als ob du ein Blödmann wärst, der mal 'n bißchen Schwanz hatte. Ich weiß überhaupt nicht, was für ein Blödmann du eigentlich bist. Hol auf der Stelle dein Soda vom Lampenputzer! Aber ich seh schon wieder die gleiche alte Leier: halb elf, und du immer noch nicht draußen an Deck. Und dann Tut mir leid, Bootsmann! Los, Mann! Schieb ab, um Himmels willen.»

Lampenkammer. Schreinerwerkstatt. Rumpelkammer.

Zugelassen als Seemannsmesse.

Matrosen.

«Hallo Taff! Päuschen machen? Wie läuft die Arbeit?»

«Ach unter diesem verdammten Chefsteward haben wir ein Hundeleben in der Pantry. Dann dieser blöde Kerl Joe Ward – immer am Meckern.»

«Mach dir nichts draus: noch zehn Monate und wir liegen

wieder in Liverpool. Zehn kleine Monate ... Meine Güte, hast du einen tollen Bizeps, Taff. Wie hast du das geschafft?»

«Ach das! Ja, ist ganz ansehnlich, was? Ich war mal Schmiedegehilfe.»

«Was? Unterm wuchtgen Kastanienbaum?»

«Lebte in Amlwch. Arbeitete in 'ner Schmiede in der Nähe von Bull Bay. 'ne Zeit lang war ich mal Caddie auf den Golfplätzen da –»

«Du kennst nicht zufällig Swansea –»

«He, Jimmie!»

«Ja?»

«Oh, dich mein ich nicht, Taff. Hilliot will ich. Brauchst du was Soda für die Schrubberei?»

«Allerdings.»

«Hast deinen Eimer dabei?»

«Ja.»

«Da hast du's. Wenn du was Handelsmarinenzitronellensaft reintust, kriegst du's weiß wie 'nen Lämmerarsch. Was ist mit deinem Messingzeug? Gehste heut abend an Land?»

«Jeder fragt mich das. Na, bis dann, Taff. Danke, Lamps, hab noch genug Kleister. Wir sehn uns dann in der Pantry, Taff. Heut morgen, bestimmt.»

«Na, nimm davon auch noch was. Davon wird das Messing glänzen wie 'n Sixpence auf 'nem Niggerarsch, oder der König soll mein Onkel sein.»

«Danke, Lamps. Recht schönen Dank auch.»

«Ist schon gut, Jimmie, schon gut.»

(*Matrose*, Eimer am Arm, Unterhemd über der Schulter, Schweißlappen um den Hals, Dana Hilliot, neunzehn, betritt die Messe. Im Eimer befindet sich eine Mixtur aus Soda und warmem Wasser. Dieser fügt er drei Tropfen Zitronellensaft aus der Handelsmarinenflasche hinzu, Preis fünfzehn Shilling. Sodann nimmt er seinen Schrubber – Star Brush Company – und seinen Wisch – ein ausrangiertes Unterhemd des Zweiten Stewards – und geht unter dem Meßtisch auf die Knie nieder. In dieser priesterlichen Haltung schrubbt er so eifrig, daß der Schweiß von ihm trieft und bald aufs Deck, bald in den Eimer tropft. Schweiß perlt auf der Mittelhand von Eugene Dana Hilliot. Während er schrubbt, denkt er an Janet ... Er denkt an sie, während er den Meßtisch schrubbt; er denkt an sie, während er die Waschräume schrubbt und die Gänge, und die Speigatts mit einer Bambusstange reinigt ... Ja, Janet, das bin ich, obwohl du mich kaum erkennen würdest. Hier, auf der anderen Seite – wenn ich dir vorstellen darf – ist der Trampdampfer *Ödipus Tyrannus*, der Kurs auf die Hölle nimmt. Wenn man's sich genau überlegt, eine ideale Partie. Beide aus Wikingerblut entsprossen, beide unserer Heimat beraubt und verlassen, das Beste draus zu machen; beide, schließlich, haben wir die gleiche Wesensart, beide sind wir unstet, heimatlos und enteignet. Allein die Geschichte dieses Schiffs genügt, mich mit narzißtischem Mitleid zu erfüllen! Zuerst war sie in Tvedestrand eingetragen, dann wurde sie von einer englischen Firma gekauft, die sie, wobei sie die Anordnung der Ladebäume änderte, wieder eintrug; dann wurde sie von Norwegen zurückgekauft; danach wurde sie wieder von England zurückgekauft und bekam, nachdem ihre Wiederinstandsetzung beendet war, einen Frachtvertrag. Sie fuhr los als Verbannte, als Ausgebürgerte; kaum daß aus *Matroser Matrosen* wurde, oder *Heizer* aus *Fyrbötere* ... Wenn man meine Natur bedenkt, meine kurze Erziehung in Oslo, meine Begegnung mit dir, die Lehrerstelle meines Vaters in Harvard, die Tatsache, daß ich noch vor meinem fünften Lebensjahr auf endlose Reisen um die ganze Welt mitgenommen wurde und dabei nichts von ihr sah; wenn man weiterhin bedenkt, wie jedes Land, aus dem ich gezwungenermaßen zu emigrieren hatte, einen klaffenden Riß in meinem Herzen hinterließ; wenn man die gärende Unterschiedlichkeit der Mannschaft bedenkt, das winzige Firmament der Griechen, Spanier und Franzosen ebenso wie der Norweger, Engländer und Amerikaner – ist es dann ein Wunder, daß ich mich von all dem erniedrigt fühle, und so heimatlos und verbannt wie das Schiff selbst? Cambridge, Mass. oder Cambridge, Eng.? Saufkanone in Cambridge, Eng., sprich Bierbarone. Depresch. des Semesterendes vergessen. Schwer zu sagen, wo ich mich am meisten heimisch gefühlt habe ... Wie ich mit meinem Vater über den Hof von Harvard gebummelt bin, an der Widener Bibliothek vorbei, genauso absurd wie unsere Bibliotheket, und an Amy Lowells Haus. Wie vergnügt wir damals waren und glücklich genug, mit unserer Wurst und dem Buchweizen und Wurzelbier: mit unseren Austern und Schwertfischen und Venus- und sonstigen Muscheln; und dem Einsiedlerkrebs, dem Piraten der Krebse, der sich in seine Schalenhöhle verkriecht, und diese, wie heißen sie noch? – so was wie lebendige Haare. Schreckliche Vision erspinnen ... «Worüber sollen wir sprechen, Gene – Santayana? Oder Cambridge, Eng.?» Wenn wir bloß wüßten, wenn wir bloß gewußt hätten, daß wir damals glücklich waren, dann wäre es nicht, gleichsam gegen unseren Willen, nötig gewesen, aus der Gegenwart eine Gelegenheit zur Verewigung der Vergangenheit zu pressen; oder würde das keinen Unterschied machen? «Ja, Gene, du mußt nach Cambridge gehen. In Oslo hatte ich 'ne miserable Zeit. Nichts als höllische Schufterei, viele von uns in muffigen Zimmern. Und dann mein Stipendium in Oxford für ein Jahr. Das war sehr komisch. Nichts als ‹trink noch'n Gin› die ganze Zeit, Teetassen balancieren und Schwafeln; mein Gott, du weißt, wie nichtswürdig das ist. Cambridge wird mit Sicherheit viel besser für dich sein. Wunderbare Freundschaften, Freiheit, Jugend ... Alles. Aber es hat mich doch gefreut, als mein Buch über amerikanische Literatur veröffentlicht wurde und mir, hauptsächlich dank Spingarns freundlicher Besprechung, zu dieser Stellung hier verhalf ...» Miserere. Wahrlich, die Pfade des Menschen sind dunkel, Geliebte. Wie ein Schatten blüht er und verwelkt. Er entflieht – und bleibt nicht bestehen. Unterm *Aftenpostens Lysavis*, wie ich mit dir in der *Drammersveien* stand, dachte ich das – nachdem wir in Jacques' Bagatelle in der Bygdö Allé gegessen hatten, an dem Tag, wo wir das Wikingerschiff gesehen haben – «Wie eine Blume blüht er und verwelkt, entflieht dem Schatten gleich, bleibt nicht bestehen.» Wie wir da standen, umfluteten uns Neuigkeiten aus der ganzen Welt, ein Opiumtraum aus elektrischen Lichtern, Finnland, Reykjavik, Berlin, Tokio, Kopenhagen, Finnland, Reykjavik,

Berlin, Tokio, Kopenhagen, London, Singapur, London, Singapur – Viking Kalosjer verdens beste – Viking Kalosjer verdens beste ... Dein Lämmerherz schlug unter deinem weißen wollnen Pullover. Ein Schaf im Schafspelz ... ein Tigerherz gehüllt in eine Seemannshaut.)

Signaliseringsreglerne maa nöie efterkommes.

Kvinder, barn, passagerer og hjaelpelöse.

Personer skal sendes iland för skibets.

Besetning Kristiania April 1901 ...

Fordeling til Livbaatene ...

Batt nr 3 of 5	*Baat nr 4 of 6*
Baadsmand	*Styrmand*
Donkeymand	*2 den Maskinist*
1ste Kok	*Telegrafist*
1 Matros	*1 Matros*
1 Letmatros	*2 Letmatros*
2 Fyrbötere	*2 Fyrbötere*

Kombüse. Ödipus Tyrannus – Liverpool.

Zugelassen für die Einstellung von sechs Lehrjungen.

Zugelassen für die Einstellung von vier Quartermeistern.

Zutritt nur dienstlich.

Salon. Pantry.

Bim-bim: bim-bim.

«Na wie läuft's bei dir?»

«Na wie läuft's bei dir?»

«O. K. Noch mal guten Morgen, Taff. Ich komme wegen etwas Butter und einer Büchse Kondensmilch.»

«Butter! Himmelnocheins ... Ginger wird sich um dich kümmern, Sohn. Sie ist im Eisschrank. Die Kondensmilch solltest du am Samstag aus dem Vorratsraum bekommen haben. Wir können dir keine geben.»

«Warum nicht?»

«Weil's keine zu geben gibt.»

«Huu, dir kleinem Früchtchen werd ich noch eines Tages an den Hals springen, jede Stunde hier reinzukommen. Dieser verfluchte Eisschrank geht sowieso nicht auf. Hilf uns mal, Taff, ja?

Und hau-ruck, und hau-ruck ... na bitte! Puh, bin ich müde. Taff und ich hatten 'nen ganz schönen Nachtbummel letzte Nacht.»

«War sie nett?»

«Da kannste Gift drauf nehmen.»

«Na sei vorsichtig, Ginger mein Sohn, oder du findst dich in 'ner Syph-Anstalt wieder statt als Metzger auf 'nem Postschiff.»

«Mußt halt Schwein haben. Was soll man denn auch sonst machen, um Himmels willen?»

«Du liebes Christkind, ja, was sonst? Wie würd dir unsre Arbeit schmecken? Um fünf Uhr raus, Kaffee für die Offiziere machen. Den Offizieren die Betten machen. Die Pantry saubermachen, den Maschinistensalon schrubben, die Ventilatoren polieren, Spülwasser auskippen, die ganzen Scheißgrätinge vor den Offiziersbaderäumen putzen, die Matten ausklopfen – und den ganzen Tag keinen Augenblick für uns selber, außer wenn wir essen; und dabei müssen wir auf diesen Scheißkeksdosen sitzen. Ich.»

«Ja – Taffy hat recht; und dann schnauzt uns noch der Chefsteward an, und Joe Ward meckert –»

«Wo ist Joe jetzt?»

«Im Maschinistenbadezimmer, schätz ich.»

«Ist 'n Hundeleben.»

«Psch, noch zehn Wochen und wir liegen wieder in Liverpool.»

«Zehn kleine Wochen.»

«Das sind zehn *Monate*, nicht zehn Wochen, Taff.»

«Nehmen wir an, es wären Wochen.»

«Na schön. Ich muß gehen. Bis dann.»

«Bis dann –»

Salon.

Zahlmeister.

Dritter Maschinist – Ödipus Tyrannus – Liverpool.

Zugelassen als Maschinistenbadezimmer.

Zutritt nur dienstlich.

Cammel Laird Shipbuilding Company, Birkenhead.

Bootsmann. Schreiner. Smutje. Matrosen.
Bim-bim: bim-bim: bim-bim.

«Da hast du ja endlich die Butter. Und eklig ist die aber auch!»

«Frische Butter, Mcgoff. Möcht mal wissen, warum du immerzu rummoserst. Auf dem Kahn kriegen wir besseres Essen, als ich's zu Hause je gehabt hab.»

«So 'n Quatsch, das Fleisch ist völlig verdorben, zum Beispiel. Der Chefkoch hat verdammich nicht die geringste Ahnung. Der sollte auf 'nem Schlepper arbeiten. Und der Chefsteward? Schätze, *der* kriegt schon seine beschissene Prämie.»

«Oha, was machst du denn? Päuschen?»

«Ja. Und schau mal, Sohn. Sieh zu, daß du das Frühstück heute um acht Glasen auf dem *Tisch* hast, und den Kaffee fertig und alles. Wir wollen nicht noch lange warten, wenn wir mit der Arbeit fertig sind. Und sieh zu, daß du um halb elf an Deck antanzt, nicht um Viertel vor. Weil der Bootsmann hat zu mir gesagt, wenn der blöde Kerl nich um halb elf aus der Back raus is, steck ich 'n wieder unter die Winden zum Farbeabkratzen. Fuchsteufelswild war der dran von den Winden; könnte ins Auge gehen, sag ich dir. Der Bootsmann hat zu mir gesagt, den Kerl mach ich mit Arbeit zur Sau auf dieser Fahrt, sagt er, und wenn ich ihn vom Ersten Offizier drankriegen lasse, auf seiner Scheißwache unten Kohlen zu trimmen. Läppscher Bastard, sagt er –»

«Aber das stimmt doch nicht, Mcgoff. Ich war doch gut, etwa nicht? Ich tu mein Bestes.»

«Tja, Horsey und ich finden das auch. Wir sind für dich eingetreten; wir haben gesagt, Mensch kannste den Kerl nich in Ruhe lassen, wir denken, der Junge is gar nicht so übel. Schließlich, ham wir gesagt, ist es seine erste Fahrt, und wir alle ham Fehler auf unsren ersten Fahrten gemacht. Das hat den erst richtig aufgebracht, und er sagte, Also, zuerst mal vergißt er mich morgens zu wecken, dann bringt er alles durcheinander, und Andy beklagt sich auch bei mir –»

«'n Schweinehund, der Andy!»

«Also! Weiß wirklich nicht, wie ich aus dir schlau werden soll.»

«Bitte, da hast du's, klar! Na, ich werd wohl mal wieder. Kommste heut abend mit an Land?»

«Warum nicht? Bis später.»

«–»

Bim.

Kombüse.

«Hallo, unser Schiffsputzlieschen! Schiff ahoi! Gehste heut abend an Land?»

«Jesses, ich weiß nich. Tach, Ginger!»

«Norman, hat Andy das Matrosenfutter schon fertig?»

«Oh, du bist zu früh dran! Harte Arbeit, so 'n Koch muß ... nein jetzt schreit Andy nach dir.»

«Hör ich. Alle Seemannsjobs sind zu hart für meinen Geschmack.»

«He, komm schon, 'Illiot! 'n Koch verschwendet seine Zeit nicht damit, mit Kindern zu reden. Komm und bring das Matrosenfrühstück weg. Da, nimm die Kippers: wart nur bis September, wenn wir die Nordstürme haben, und du mußt das runterbringen bei schwerstem Seegang! Hast den Kaffee gemacht? ... Herr im Himmel, du bist mir einer, aber wirklich! *Ich* weiß nicht, wie du an den Job auf diesem Kahn gekommen bist, und ich schätze, auch sonst weiß es keiner!»

«Das sagst *du*, Andy.»

«Mann, du bekämst noch nicht mal 'nen Job als Hilfspantryjunge auf 'ner verdammten Chinesendschunke. Oder als scheiß Putzheini bei den Heizern.»

«Geh doch und bring den Kram selber weg.»

«Hä? Was soll das heißen? Stell das Frühstück ab, daß ich dir eine langen kann.»

«Für dich werd ich noch grade das Frühstück abstellen.»

«Stell das Frühstück ab.»

«Ach scher dich zum Teufel, Andy. Hau ab, spring in 'n Müllschlucker.»

«Hahaha!»

«Haha, das hat gesessen, Andy!»

«Du bist 'ne verdammte feige Memme, vor mir wegzulaufen!

'ne dreckige Ratte: Hurensohn aus Port Mahon. Du traust dich noch nicht mal, dich wie ein Mann zum Kampf zu stellen.»

«Ich befürchte, ich könnte dir weh tun.»

«Ich beschwer mich beim Maat. Bei Gott, ich beschwer mich beim Maat! 'nem besseren Kerl den Job wegzunehmen. Mickriger Bastard.»

«–»

Bim-bim: bim-bim: bim-bim: bim-bim.

Matrosen. Zugelassen als Matrosenmesse.

«Da futtert, ihr Vögel ... Ted, könntest du denen im Waschhaus Bescheid sagen, während ich den Kaffee holen gehe?»

«Schon besser, Hilliot. Pünktlich auf die Sekunde. Auf 'nem Schiff muß alles wie ein Uhrwerk laufen, sag ich immer.»

«Danke, werd mein Bestes tun. Jetzt muß ich aber los und den Kaffee holen ... Oh, na so was, besten Dank, Mcgoff, das ist wirklich nett von dir.»

«Ich dachte, ich bring's besser für dich runter, Sohn. Die Stimmung in der Kombüse ist elektrisch – so sagt man doch, oder? – elektrisch. Ja, das ist das einzig richtige Wort dafür, elektrisch. Andy würd dich in 'n Müllschlucker schmeißen, wenn du da noch mal hinkämst, mit samt dem Kaffee: und wir hätten dann nix zu trinken. Warum mußt du Andy immer auf die Palme bringen? Ich komm ganz gut mit ihm aus.»

«Weiß nich.»

«Ohjesses – schon wieder Kippers.»

«Gibst du mir deine dann ab, Ted?»

«Aber klar. Die schmecken dir?»

«Aber klar, Ted.»

«Na, du bist schrecklich willkommen ... Liebe Mudder, ich 'offe dir geht es gut. Ich 'abe drei Mahlzeiten am Tag – eine geht rauf und zwei gehn runter. Dein dich liebender Sohn, Ted.»

«Hurra! Guter alter Ted.»

«He, Hilliot, du solltest diesen Teepott mit was Soda ausspülen. Hol dir was Soda bei Lamps. Er wird's dir geben.»

«Das ist nicht der Teepott – das ist der Kaffeepott. O Himmel!»

«Ja, aber das haben wir dir schon einmal gesagt; der ist nicht gut genug. Wenn der Käptn den Teepott in dem Zustand sieht, du lieber Gott, der jagt dich mit 'nem abgebrochenen Besenstiel ums Schiff.»

«Da könntste Gift drauf nehmen, Sohnemann.»

«Ich setz die ganze Lombard Street drauf gegen 'ne Tahiti-Apfelsine.»

«Tz, er hat 'n schon so gesehen, und obendrein hat er mich gebeten, die nächste Fahrt mitzumachen. Und überhaupt, ihr müßt den Kaffee schon trinken, weil ich das ganze Soda bei der Schrubberei verbraucht habe.»

«Ja, das sagst du dann immer. Und dann machst du den Teepott nicht sauber.»

«Und den Spüllappen 'ast du auch noch nicht gewaschen. Der stinkt vielleicht, sag ich dir.»

«Stinkt zur Hölle. Ich.»

«Was gibt's zu Mittag, Hilliot?»

«Keine Ahnung. Hab nicht gefragt. Was soll's, Mann, jetzt wird gefrühstückt.»

«Weiß nicht so recht – ist das 'n Frühstück?»

«Der spinnt – wir ham 'nen verrückten Deckjungen!»

«Kein Mensch weiß, was für ein komischer Kerl du eigentlich bist.»

«Warum nicht; wie war das, was hast du gesagt, du hast Angst vor Andy?»

«Nein ... nein.»

«Aber du magst ihn nicht.»

«Nein.»

«Ah, du 'ast Angst vor ihm – 'aste nicht gehört, wie er dich 'eut morgen 'nen Bastard genannt 'at?»

«Doch; aber hast du gehört, was ich zu *ihm* gesagt hab?»

«Du hast l. m. a. A. zu ihm gesagt.»

«Du lügst!»

«Schau mal, Sohn. Einen Tisch kannst du Bastard nennen. Oder 'nen Stuhl. Oder irgendeine Arbeit. Aber nicht einen Mann.»

«Nein, Matt, aber du kannst nicht gleichzeitig einen Ranghöheren *angreifen* oder was auf einen Ranghöheren hinausläuft.»

«Aber *sicher* kannst du. Ein Koch steht auch nicht höher als *ich*.

«Also der Koch hat mir fast genausoviel zu sagen wie der Bootsmann.»

«Ja und, du kannst doch 'nen Bootsmann schlagen. Wir hatten da mal einen Lehrjungen, Taylor hieß er, das war einer von der ganz langsamen Sorte, und eines Tages kommt der Bootsmann vorbei –»

«He, Hilliot, wo ist die neue Büchse Milch, die du uns besorgen wolltest?»

«-rumpel kracks in die Speigatts –»

«Ja?»

«Ja?»

«Die wollten mir keine geben in der Pantry.»

«Jedenfalls –»

«Jedenfalls, wir mögen Andy alle. Is ne gute alte Haut.»

«Ja, wir mögen Andy alle. Sein Essen schmeckt uns zwar nicht, aber Andy ist in Ordnung.»

«Na, ich vermute, ich seh das genau umgekehrt: das Essen find ich überhaupt nicht schlimm, aber Andy mag ich nicht, oder vielleicht mag ich ihn *doch*.»

«Och du schmorst ja schon in der Hölle, Stinker.»

«*Das* ist ein guter Name für dich. Stinker!»

«Hahaha!»

« total bescheuert.»

«–»

«Ja, der paßt haargenau.»

(*ἐπὶ δὲ τῷ τεθυμένῳ*
τόδε μέλος, παρακοπά,
παραφορὰ φρενοδαλής,
ὕμνος ἐξ Ἐρινύων.)

(Die Furien singen über ihrem Opfer und treiben es in den Wahnsinn. Janet genießt dies Schauspiel in einem weißen Pullover und kichert in dünnem, heulendem Sopran.)

«Gehste heut abend an Land?»

«Weiß nich.»

«Du warst noch keinmal an Land auf der ganzen Fahrt – oder? Weiß der Teufel, wozu du zur See gegangen bist, wenn du dir doch keinen Spaß draus machst.»

«Also, bis Schanghai hab ich noch nichts ausgezahlt bekommen – aber an Land war ich wohl. In Schanghai war ich an Land – als wir gegen diese ganzen Landser Kricket gespielt haben, wo die Heizer von der H. M. S. *Danae* zugeschaut haben. Sieh mich nicht so an, du weißt, daß es stimmt. Und in Pinang war ich mit Joe an Land.»

«Ja, muß schon sagen, du bist 'n verdammt guter Kricketspieler. Kommst zuerst zum Schlagen dran und überläufst den Chefsteward.»

«Und mach einen Run.»

«Einen kleinen Run. Immerhin – besser als gar nichts.»

«Ja sicher – aber so was ist doch kein verdammter richtiger Landgang, so was nennt man doch wohl nicht 'n echten Nachtbummel.»

«Pah! In Pinang war ich an Land. Und in Singapur und Kaulun und in Port Swettenham auch!»

«Schon gut, schon gut – kein Grund, so rumzuzwinkern.»

«He, paß auf, mit wem du redest.»

«In Pinang hab ich mit Joe Ward Billard gespielt, im Chinesenviertel. Ich bin nie viel weitergelangt als bis zur ersten Kneipe, die ich in 'nem Hafen entdecken konnte. Und überhaupt, ihr wolltet mich ja nicht mit euch an Land gehen lassen.»

«Warum gehst du immer mit den Stewards an Land? Bist du etwa kein Matrose? Warum hast du keine Frau? Wenn du 'ne Frau hättest, würdst du unser Futter wahrscheinlich prompt bekommen.»

«Du hast es selbst gesagt, wir brauchen das nicht zu sagen. Wir glauben, du bist kein Mann. Du bist ein Kind, das besser zu Hause bei Mami wäre.»

«Och, stänkert doch nicht über den Jungen – das Futter kam heute prompt genug, himmelnochmal.»

«Ich weiß nicht, warum nicht. Ich hab jedenfalls keine. Hab's meinem Mädchen zu Hause versprochen.»

«Also ich mein, der Jung 'at ganz recht, wenn er's seiner Jane versprochen 'at ... Gottverdammich, mir macht's auch keinen Spaß, im Hafen hinter Weibern herzurennen. Ist viel zu einfach.»

«O, ei der Daus – was soll man mit dem noch reden? – haben wir denn auf der ganzen Fahrt gar nichts anderes getan –?»

«Na ja, mein Mädchen, sie ist da was komisch. Ihr wißt, was ich meine. Herrgott, ihr müßt wissen, was ich meine.»

«Du benutzt die Sprache recht gut –»

«Nein, wir wollen dich nicht überreden, irgendwas Falsches zu tun. Wir sagen gar nichts. Bist doch schließlich ein Mann, verdammt. Wir wollen, daß du's so machst, wie du's für richtig hältst. Also diese Häuser sind nix – kann damit für mich auch nichts anfangen, dammich.»

«Ich war mal dritter Maat, Sohn; hab meine Lizenz durch den Suff verloren – auf 'nem alten Chambers Tramp aus Liverpool, S. S. *Bowes Castle*, und da hatte so 'n junger Bursche angeheuert, um Erfahrungen zu sammeln, hat er gesagt, genau wie du. War der Sohn von 'nem früheren Käptn von mir, im Ruhestand – lebt in Greenwich. Der bittet mich, auf den Jungen ein Auge zu haben. Also der war schlimmer als du, viel schlimmer: er war 'ne echte Arschgeige. Erst wurde er aus der Bootsmannsmesse rausgeschmissen, weil er sie nicht sauberhalten konnte; dann aus der Leichtmatrosenmesse, und zum Schluß schmissen ihn die Vollmatrosen aus ihrer, weil er sich so schofel angestellt hatte – drei verschiedene Messen hatten die auf diesem Kahn. War 'ne Fahrt von zehn Monaten, davon sechs Wochen in York –»

«Was ist sie für eine, Hilliot? 'n hübsche kleine Tippse, schätz ich. Ihr Stutzer habt immer ein Schwein.»

«Eben hast du mich noch nicht 'n Stutzer genannt –»

«In New York, als wir angelegt hatten –»

«Nein, aber was ich sagen will, weißte, ist, du hast 'nen Rang, sozusagen. Wir wissen alle, du bist jebildet, und wir sind's nich.»

«Wir sind eben –»

«-Als wir in London angelegt hatten, ging ich mit ihm nach Hause, um seinen Papa zu sehen; und natürlich hab ich ihm 'n Haufen Unsinn vorgequatscht. Hab ihm erzählt, er hätt's gut gemacht, aber es wäre genug für ihn und all diese Augenwischerei. Das einzige, was der Arsch gelernt hatte, war *fluchen*!»

«-was man vielleicht einfache Arbeiter nennen könnte, sozusagen. Wir wollen auch gar nichts anderes sein, nur einfache Arbei –»

«Konnte nicht auf 'nen Ladebaum klettern: wußte nicht den Unterschied zwischen 'nem Augspleiß und 'nem Takel, und er dachte, ein Drahtläufer wär ein Seemannsrang. Konnte nicht seine Kattunhosen waschen und tat's auch nicht. Die Matrosen warfen sein dreckiges Zeug über Bord, und als er zurückkam, besaß er nichts mehr außer einer dreckigen karierten Hose, die ich ihm gegeben hab, einem Schweißlappen und einer Schanghai-Jacke, die ihm der chinesische Oberoffizier gegeben hat; und bei Gott, seine Mutter hat sich gefreut, ihn wiederzusehn! Mannomann. Machte ihm ein heißes Bad, steckte ihn in einen schicken Anzug; seine Mutter war 'ne gute Seele, dreimal soviel wert wie er. Und kaum daß er sich hingesetzt hatte, fing er an, ihnen zu zeigen, was er auf See gelernt hatte ... Schieb das Scheißsalz rüber, Ma, sagt er, *hihi*, diese Fahrt war 'ne echte *Kneifkur*, meint er zu seinem alten Herrn –»

«Hilliot, als du diesen Tee gemacht hast, hast du da vorher den Kaffee aus dem Pott gespült?»

«Ja.»

«Na, dann nimm das nächstemal 'n bißchen Wasser dazu.»

«Das ist kein Kaffee.»

«Nein, und es ist auch kein verfluchtes Brackwasser!»

«Gute Idee, jeden Tag vorm Schlafengehen ein Unterhemd zu waschen: dann braucht man am Sonntag nicht so viel zu tun –»

«Dieser Erste Maat ist ein Blödmann: der steht mir bis hier.»

«Was hast du denn in Singapur gemacht? Ich wette, du hast dich in dieser ollen Malay Bar rumgetrieben, wa.»

«Schwer gesoffen?»

«Ja, weiß nicht wo. War nicht hinter Frauen her. O Himmel!»

«O Himmel, he? Was würde wohl deine Mutter denken, wenn sie dich das sagen hörte?»

«Nein, und ich sag dir, du machst das richtig, Söhnchen: die Hälfte dieser Kerle hier wissen gar nicht, was sie davon *haben.*»

«Haha! Haha!»

«Haha! Erinnert ihr euch noch an *Smithy*?»

(*ἐπὶ δὲ τῷ τεθυμένῳ*
τόδε μέλος, παρακοπὰ,
παραφορὰ φρενοδαλὴς,
ὕμνος ἐξ Ἐρινύων.)

«– Und am Tag drauf kommt er zu mir, mit Tränen in den Augen, und zeigt sie mir. Boh – die waren groß wie 'ne Faust. Und er hat sie aufgehen lassen – hat sich's in Muji geholt, und nie nichts zu irgendwem gesagt, verdammt – behielt's dreizehn Monate lang für sich. Tja, der Doc schickt ihn zum Käptn rauf, und der Käptn sagt ‹Runter von meiner Brücke, du *stinkendes* Vieh›.»

«Gottverdammich!»

«Danach konnten sie ihn nur noch zum Messingputzen gebrauchen.»

«Genau wie ein Kerl, den ich in Belawan kennengelernt –»

«Je nun, Hilliot, du erzählst all diesen Brei von wegen Sachen auslassen wegen ihr. Warum nicht auch die Flasche sein lassen? Du bist einer der tüchtigsten Saufhälse, die mir je begegnet sind.»

«Man muß nicht alt sein, um zu trinken.»

«Nein, aber auch nicht, um Frauen zu haben, Söhnchen: aber was soll's, was soll diese ganze Sache mit der Liebe? Was ist Liebe, Herr im Himmel!»

«Genau, was?»

«Jesses – jeder Idiot auf'm Schiff wird dir dasselbe sagen. Du trinkst genug, um sämtliches Feuer auf dem Schiff zu löschen. Das ist unnatürlich in deinem Alter – das sagen wir alle.»

«Hör meinen Rat und hüte dich davor, dich mit 'nem Weib

einzulassen. Du bist noch ein Kind – eine blühende Unschuld, ein Grünschnabel!»

«Hört sich gut an, Matt – aber das bin ich nicht.»

«Also, du kennst diesen komischen kleinen Ort auf Java. Wie heißt er noch? Die haben keine Rikschas da – oder? So kleine Dinger, Karren kann man die höchstens nennen – Pferdekarren. Mann, wir hatten da 'n Chefsteward, ein verdammt toller Bursche, der steigt in so 'n Pferdekarren rein und kommt gleich mit 'nem Fuß unten wieder raus.»

«– Ja?»

«Ja –»

«– *Klar* hatter's – der verfluchte Chefsteward – hatte die Syph. Aber was soll's auch, herrgottnochmal? Wenn du sie dir hier holst, hast du Aussicht, geheilt zu sein, bis du nach Hause kommst; und deine Leute kriegen nichts davon mit. Holst du sie dir hier nicht, bekommst du sie zu Hause, und dann *werden* deine Leute 's mitkriegen.»

«Ja, das stimmt. Matt hat recht.»

«Als ich ungefähr so alt war wie du, Sohn, dachte ich mal, mich hätt's erwischt, und ich ging zu 'nem Arzt und sagte, ‹Doc›, sag ich, ‹mich hat's erwischt.› ‹Sie haben was?› sagt er. ‹Eine eklige Krankheit›, sag ich. ‹Dann lassen Sie mal schaun›, sagt er, und meint auch noch ganz *ernst*, ‹Waren Sie jemals mit einer Frau oder so was ähnlichem zusammen?› ‹Ja›, sag ich, ‹Und – wie viele?› fragt der Arzt und lächelt. ‹Hm, kann ich nich sagen›, erwider ich. ‹Bin mit'm Zählen nicht mehr mitgekommen, so viele waren's.› ‹Tja, es hat Sie nicht erwischt›, sagt er, ‹wenigstens konnt ich bis jetzt noch nichts davon sehen; aber wir wollen mal die Rolladen herunterlassen, ‹Schiff verdunkeln› sagt ihr Seeleute dazu glaub ich, und ich zieh mir mal das hübsche alte Guckrohr an ... Hihi nein›, sagt er, ‹Sie haben's nicht. Sie sind mir einer›, sagt er, ‹kommen hier hin für gar nichts. Sagen Sie Aah›, sagt er, ‹und neunundneunzig.› Also sag ich Aah und neunundneunzig. Dann sagt er, ‹An Ihrer Stelle würd ich jeden Abend vorm Schlafengehen ein Glas warmes Wasser trinken –›»

«Hahaha! Du liebes Lieschen –»

«– du liebes Lieschen –»

«– so voll, daß er versucht, sich das Deck statt 'ner Decke rumzuwickeln.»

(«– einen Teil der wahren Sprache der Menschen –» «– die Sprache dieser Männer –» «– ich nehme mir vor, die Sprache dieser Männer nachzuahmen und, soweit möglich, zu übernehmen –» «– doch besteht zwischen der Sprache der Prosa und der der metrischen Komposition kein wesentlicher Unterschied, noch ist ein solcher potentiell vorhanden –» *Lingua communis*. Einmal an Bord des Hukers! *Oxensternja*. Was hatte es mit den Docks auf sich, daß sie uns immer angezogen haben? Oftmals waren sie leer, abgesehen von ein paar Fischer-Schmacken und einem oder zwei Trawlern; aber wir liebten den Geruch und die Geräusche dieser Stätte. Die Drehbrücke, der Pfiff des Schleusenwärters, und die Bedächtigkeit, mit der er die Ketten los- und festmachte; das alles bedeutete etwas ganz Besonderes in unserem Leben. Oft blieben wir dort stehen auf dem Weg nach Bidston, oder wenn wir nach New Brighton zurückkamen, und sahen zu, wie die Seemöwen herabstürzten und in die Große Flut tauchten: oder wir lauschten dem Gerassel einer Dampfwinde, die eine Trosse festzog. Wie der Kran seinen langen Arm in das Düster des Schiffsbauchs tauchte und die Ladung hochholte! ... Aber als die *Oxensternja* einlief, gerade als wir ankamen, drückte Janet plötzlich meine Hand. Es war seltsam, daß wir sie schon zweimal vorher gesehen hatten: das erste Mal im Oslo Fjord, wo sie mit dem Heck nach vorn an einem Baumstumpf, zwischen Glockenblumen und Fingerhut, festgemacht war: dann hatten wir sie in Birkenhead gesehen, wo sie Nitrat aus Iquique ablud: und jetzt war sie zu unserer Überraschung wieder hier in Birkenhead, von Batavien aus auf der Heimfahrt. Es war, als ob sie zu einem eisernen Band zwischen uns geworden wäre, sie war aber auch ein Geheimnis unserer Herzen, sanft wie die Luft des Sommers ... Auf beiden Seiten der Mauer standen kleine Menschenansammlungen, eine Schlange von Autos und Rädern wartete darauf, daß sich die Brücke schloß. Ein Schlepper zog das große Schiff zu seinem Liegeplatz. Langsam glitt es hindurch, auf dem

Vorderdeck stand der Maat mit der Steuerbordwache, Heizer mit Schweißlappen reckten ihre Hälse nach uns über die Reling, *Oxensternja – Tromsö* buchstabierten wie die riesigen Lettern an ihrer Seite, und *Oxensternja – Tromsö* lasen wir auf ihrem fliehenden Heck. Als hinter ihr die gigantischen glatten Torflügel zuratterten, ließ der Schleusenwärter seine Pfeife ertönen, und sogleich strömten die Autos und Räder herüber – auf der gegenüberliegenden Seite war der große gelbe Liscard-Bus, den wir hätten nehmen sollen; aber wir taten beide so, als ob wir ihn nicht bemerkten; der konnte mit sich selber fertig werden! – gleichsam in plötzlicher Erleichterung. Die *Oxensternja* wurde längsseits der Mole vertäut. Eine Gangway wurde heruntergelassen. Männer kreuzten hin und her zwischen dem Schiff und dem Dock. Was mochte sie geladen haben? Tee aus Indien? Zukker aus Malaia? Oder war's Chimborazo, Popocatepetl –? Seltsame Vorstellung, daß die letzten, die sie berührt hatten, Kulis unter tropischer Sonne waren. Ein Seemann, der neben uns stand, sagte, sie wäre eine dreckige Skandinavierin, aber immerhin hätte sie 'ne Menge Fahrten gemacht. Rio und der La Plata: Kuba und Kolon: Pernambuco, Rangun – überall war sie gewesen! Aber das brauchte man uns nicht zu erzählen, denn wir wußten gut, daß eine, die wie die *Oxensternja* alle Meere befuhr, stets mit reichen und romantischen Ladungen zurückkam ...

Janet – Janet – erinnerst du dich noch, hoch oben flog ein Flugzeug, wir hörten seinen Motor unregelmäßig, und es war ein so kleiner Tupf im Gleißen des Sonnenlichts? Und an den Wind an diesem Tag? An diese pfeifenden Böen, die uns richtiggehend unter Gelächter von den Goree Piazzas wehten, wo man früher die Sklaven anzuketten pflegte: Vater zeigte mir den Frachtbrief für einen, bevor er verrückt wurde – und an die alte Ropery? Ach – diese melancholischen Pferdeköpfe, die die Dockstraße entlangnickten und -wankten, mit ihren klappernden Karren hinten dran. Die Seemöwen segelten und schrien über der *Oxensternja*, die Luft fühlte sich an, als ob sie durch jede Pore hereinströmte, Wolkenschatten tanzten auf Mauern und Türmen –

Aber eines Tages kam ein anderes Schiff in den Hafen, und dieses Schiff hieß *Ödipus Tyrannus*.

«Komm schon, Paddy, Junge, sing uns was vor.»

«Ja, Paddy – guter alter Paddy –»

«Paddy – sing uns Paddy McGulligan's daughter, Mary Ann.»

«Ach laßt mich!»

«Ich sag dir –»

«Seraphina trägt kein Höschen, ich war da und sah sie nah, Ser-a-phina!»

«Nein, das taugt nicht zum Singen; wir wollen eins von diesen alten Shanties, so 'n richtigen Oldtimer.»

«Shenandoah.»

«'Illiot – du singst uns was, spiel uns was auf deiner Ukukacklele vor. Der chinesische Koch 'at mir erzählt, du 'ättst da ziemlich was auf'm Kasten.»

«Das ist keine Ukulele. Das ist eine Taropatch.»

«Der chinesische Koch, 'Illiot – dein alter Schiffskamerad, hihi.»

«Ich wette, du magst den chinesischen Koch lieber als Andy, wa?»

«Lieber als Andy, ja. Wir wissen alle, daß du Andy nicht magst.»

«Der chinesische Koch 'at mir erzählt, er 'abe vor, 'Illiot einen Job als Heizerputzliese zu besorgen.»

«Heizerputzliese. Hahahaha!»

«Heizerputzliese, das ist doch prima 'Illiot, *so* eine Gelegenheit darfst du dir nicht entgehen lassen. Denk an all die kleinen Kinder, die du in Schanghai unterstützen mußt.»

«Ich hab kein einziges Kind in Schanghai, Gott verfluche deine dreckigen Augen.»

«Ah – aber du wirst welche bekommen, wir haben dich gesehen.»

«Habt ihr nicht.»

«Also, warum bist du hier nicht an Land gegangen? Benimm dich wie ein Seemann, hergottnochmal: tz, du bist eine Schande für das Schiff ... Damals im Büro der Handelsmarine heuerte

Hilliot gleich nach mir an – der alte Knabe hinterm Schalter sagt, ‹He, möchten Sie ein Allotement machen?› ‹Was ist ein Allotement?› fragt Hilliot. ‹Ein Allotement? Ha natürlich, verstehe, das *muß* Ihre erste Fahrt sein!› Hihi!»

«Mach dir nichts draus, du dachtest, das wär ein Kohlbeet, oder? Mach dir nichts draus, mein Lieber, du lebst und lernst. Du lebst und lernst. Heut abend werden wir an Land gehen und uns einen kleinen genehmigen.»

«Du hast versprochen, mir deine Ölhäute und Seestiefel zu geben, Hilliot, wa, wenn wir in London anlegen?»

«Nein, er hat versprochen, sie mir zu geben.»

«Den Teufel kriegst du. Mir hat er sie versprochen.»

«Ich hab sie überhaupt keinem versprochen. Ich werd sie für mich selber behalten.»

«Hurra! Hurra!»

«– Proletarier –»

«Komm schon, geh und hol deine Ukulele und spiel uns ein Lied.»

«Ah, auf meiner Zigarrenkiste könnt ich 'nen besseren Lärm veranstalten.»

«Plink plink plink, den chinesischen Koch anschnulzen.»

(Zwischen Tarock und Kohl, Systole und Diastole, zwischen der pleuritischen Friktion, den interkostalen Räumen und dem Wilden Westen; zwischen Paroxysmus und Dyspnoe unser Kind, Janet – ist mir dies eingefallen; bis zu welchem Grad könnte es nicht pränatalen Einflüssen ausgesetzt sein? Angenommen, wir bekämen jemals eins. Vererbung. Bung-bung! Oder vielleicht entgeht dir der Humor der *Sache*. Daß in der ursprünglichen Einheit des ersten Dinges der sekundäre Grund aller Dinge liegt, mit dem Keim ihrer unausweichlichen Vernichtung? ... Wird es ein Junge sein? Dann müssen wir Spielzeug kaufen, einen Kinderwagen mit aufpumpbaren Reifen, Bücher, die dem kleinen Hilliot, wenn er älter wird, nützlich sein werden; *‹Peter Rabbit›*, *‹The Adventures of Jeremy Fisher›* und *‹The Tailor of Gloucester›*, in der fünfzehnbändigen Kritischen Ausgabe. Und wenn der kleine Hilliot geboren ist, werden wir ihm jeden

Abend eine dieser unschuldigen Geschichten vorlesen. Ja! Wenn er frisch ist von seinem abendlichen Bad, die Backen rot, und sein Haar gegen den Strich hochgerubbelt ist, damit es sich lockt! Und wie er da so liegt mit traumseligem Gesicht, wie wird er sich über die Flucht Peter Rabbits vor dem bösen Gärtner MacGregor entzücken, der seine Haut zu Tabak verarbeiten wollte und (was noch schlimmer war) wahrhaftig ein Prachtexemplar von Kürbis nach Peter Rabbit warf. Wahrhaftig! als er um das Gewächshaus herum entfloh. Stolze Eltern, Janet, stolze Eltern, wenn wir ihm als Belohnung für gutes Benehmen sein Verdauungskeks geben ... Sein Schlafanzug, blau mit einem weißen Streifen. Den weichen Schnee der Laken gleitet er in den Schlummer hinab. Die sachten weißen Vorhänge bauschen sich nach innen, von der Sommerbrise sanft bewegt. Die Uhr an der Wand sagt – was? Tick tack? Tack tick? Zeit? Frieden? Frieden, Frieden, Frieden, Frieden sagt die Uhr. Das Kind schläft, wir ziehen die Vorhänge zurück und sehen in den verschlafenen Garten hinaus; von den Feldern ertönt das Gemurmel fallenden Taus; wir sehen hinaus über die Dünen und zum Meer, wo die *Oxensternja* mit der Flut abfährt, sie fährt fort, fort, jenseits unserer Träume, unseres Wissens, doch immer in unseren Herzen lebendig, immer freundlich zu uns – Leb wohl! Leb wohl! Leb wohl! Wenn wir nur wüßten, alle Mann ganz steif vom In-den-Himmel-Starren. Die Sonne geht unter. Der Küchenjunge hat aufgehört, Kartoffeln zu schälen, erhebt sich von seinem Hocker und wacht, auf die Aschenrutsche gelehnt; der Koch ist aus der Kombüse gekommen und macht die Dunsthaube sauber; ein Matrose gesellt sich zu ihnen. Die anderen Männer haben ihr Lied abgebrochen und versammeln sich, sie recken sich über die Reling und die kleineren stehen auf der Salzwasserleitung. Ein geschwärzter, feuervernarbter Heizer, der eben aus dem Feuerungsraum kam, wacht auch und schlürft den Wind. Der Wind! Der Wind! Die kalte reine Geißel des Ozeans. Ja, sagen sie alle, ja, das ist das letzte von England. Denkt an die Geschichtsbücher, William der Eroberer, 1066. Nicht viel Spaß hier. Noch eine Woche, und wir liegen in Tromsö –

O le pauvre amoureux des pays chimériques! Tod. Draußen läßt die Zeit ihren Regen für unsren Sohn tröpfeln, der sich hochreckt nach einem Kuß, eine verzerrte, geistlose Maske grinst er uns gesichtslos an, zwei Löcher in der beinlosen Nase, die blinden Augen wie bleierne Kugeln im Gesicht versunken ... Auch ich selbst, der Mann ohne Seele. Sie starb, plötzlich, im Alter von acht Jahren. Ich spürte sie jeden Tag ein wenig sterben ... Ein kleines, kleines Grab, ein düstres Grab –)

«Als wir anheuerten, und zwar –»

«Als wir anheuerten, und zwar im Büro der Handelsmarine in Birkenhead, sagt der Bursche hinterm Schalter ‹Möchten Sie ein Allotement machen?› ... Ich stand direkt vor ihm. ‹Ein Allotement?› sagt er überrascht, sozusagen. ‹Ha, oh, verstehe, das *muß* Ihre erste Fahrt sein.›»

«– Sie ist im Wasser –»

«Wer ist im Wasser? –»

«Die Tochter vom Massa.»

«Und wer 'olt sie raus?»

«Ich, ich hol sie raus.»

«Und wer zum Teufel bist du?»

«Hilliot der Seemann! Hilliot der Seemann!»

«Ah, dieser Bursche.»

«Weiter! Weiter!»

«Du wirst uns deine Seestiefel geben, oder, wenn wir in Liverpool anlegen?»

«Und deine Ölhaut?»

«Nein. 'abt ihr nicht ge'ört? Er wird sie mir geben.»

«– damals in Eskdalemuir, Mann – da möcht ich noch mal hin. Schafhirte war ich, haben immer die Böcke abgeklemmt. Schon mal diese Gräben gesehn? So 'ne Art Gehege, in die wir die Schafe reintrieben, wenn die Stürme losbrachen ... Und die Schur. Nachts in der Küche fiedelten die Geigen, und manchmal hing da auch 'ne Schweinsblase rum, wie ein Ballon, ja? Jesses, och. Kannte ein süßes Ding, beste kleine Frau, die man sich wünschen kann ... Zwanzig Meilen war's bis Langholm, und zwanzig bis Lockerbie – einmal die Woche wurde in Lockerbie ein

Film gezeigt; ich und mein Mädchen fuhren da immer hin, im Wagen vom Boss –»)

«Mr. Hilliot kam in einem Auto an Bord, direkt bis zum Kai, also hör auf, davon zu reden, wie du ins Kino gegangen bist, stimmt's, Mr. Hilliot?»

«Na, würdest du wahrscheinlich auch, wenn du eins hättest.»

«Wie bitte? Also ich will dir nur eins sagen, ich *habe* eins. Ja, Mr. Heini Hilliot, und außerdem fahre ich damit sechzig Meilen die Stunde, ich *selbst* am Steuer –!»

«Ähem. Ähem, James. Nach Hause, James. Sag uns, wo ist Heton, Oxford oder Cambridge?»

«Also wie kommt ein Quartermeister überhaupt dazu, hier in der Back zu sein, so 'ne Schwuchtel in –»

«In die Sapporo Bar mußt du gehen, unten am Yamagata Dori.»

«Ja, die Sapporo Bar, Hilliot. Geh den Straßenbahnschienen nach, sie ist gleich hinterm Customs House. Da treffen wir uns heute abend.»

«Ja, du kennst die Art. Hübsch anziehen: yoku sutsunde Frankyon, arigato. Hier lang: kochira. Langsam: sorosoro. Links: nidari. Halt: tomare. Rechts: migi. Weiter: yuko. Bad: furo. Gut: kirei. Rechnung: kanjo ... Du kennst die Art, Hilliot, du bist der Boss!»

«Fahrt zur Hölle, Leute; hört auf mich anzuquatschen.»

«*Hallo*, Zweiter. Keine Stewards hier.»

«Was ist mit dir los? Du siehst aus, als ob du Pat Murphys Ziege verschluckt hättest und dir die Hörner aus'm Arsch rausragen.»

«Ich werd mal 'ne Schicht einlegen – unten im Vorratsraum. Die Heizer kriegen ihre Ration in 'ner Minute.»

«So, dann könntest du Hilliot eine Büchse Kondensmilch und 'nen sauberen Spüllappen mitbringen.»

(Wo sollen wir Mittag essen, Janet? Und wann? In der Röde Mölle? Um halb drei? Wunderbar. Die Geranien sind heraus: Ibsen, der Autor der ‹*Gespenster*›, blickt ernst die Storlingsgaten hinab, am abgebrannten Casino Restaurant vorbei, an der Stelle vorbei, wo Roman Navarro in ‹*Sangeren fra Sevilla*› auftritt, am Hotel Plaza Restaurant und dem Gamle Heidelberg vorbei, immer nach vorn, während Björnson dem Parkwächter beim Einsammeln der Herbstblätter zusieht. Heute abend ein bescheidenes Dinner im Tostrupkjaelderen! Und danach, wo soll's hingehen – wir müssen schließlich das Beste aus unserer Emanzipation von unseren Eltern machen – Nationaltheatret oder Zirkus oder Chat Noir? Wie wär's, wenn wir den Abend noch einmal im Röde Mölle beschließen würden? Nein. Im Augenblick widmen wir diesen Plänen wenig Aufmerksamkeit. Laß mich dir statt dessen die Gräber meiner kleinen Onkel und Tanten zeigen, die alle so ordentlich in einer Reihe begraben sind, all die kleinen Brüder und Schwestern meines Vaters, all die kleinen Schwager und Schwägerinnen meiner Mutter. Die Götter hätschelten meine Ahnen zu Tode. Komm, nimm meine Hand; wir wollen lesen: so: Harald Wiers Hilliot, födt 29 desember 1866, död 2 mars 1867. Brigit Eva Hilliot, födt 16 november 1867, död 13 desember 1867. Edvard Nikolai Hilliot, födt 8 april 1869, död 6 mai 1870. Mary Sarah Hilliot, födt 22 june 1874, död 23 june 1874; staatenlos. Wie ich selbst, wie Herman Bang, wie das Schiff, wie mein außerordentlicher Vater, der einzige überlebende Sohn, der jetzt in einem Heim lebt und in hellhörigen Intervallen die Knöpfe vom Sessel knabbert und einen Sonettenkranz dichtet, *Lieder der zweiten Kindheit* ... Während meine Mutter, die mir gelegentlich schreibt, erblindet. Eine seltsame Familie, Janet, eine seltsame Familie. Was mich anbetrifft, so bin ich ihr einziges gesundes Mitglied, der einzige, der der Fäulnis entronnen ist. Bist du nicht entzückt, Janet? Komm, komm, entzückt, daß ich bin wie ich bin, erfreut mich wiederzusehen? Nein? Nicht froh darüber, daß der Seemann nach Hause gekommen ist vom Meer und mal wieder braun spuckt? Der Waidmann, mit einem Hasen an seiner Brust, wieder zurück? Ja, Janet, zurück von der See, aber mit einem Unterschied, einem gewichtigen und weitreichenden Unterschied, einem Unterschied, den du zu deinem Schaden entdecken wirst, der nur und nur daher rührt, daß er all die scheuen, keuschen Versprechungen gebrochen hat, die du ihm abverlangt hast. Weh, weh, o weh! Niemals mehr dürfen sie über die grauen Felder Wirrals schlendern, über die Sanddünen von Wallasey oder an den erleuchteten Läden von Liverpool vorbei. Niemals mehr im mondbeschienenen Park in Aalesund sitzen, händchenhaltend oder ein Smorbrod essend. Niemals mehr im Olymp des Revy Circus Globus stehen. Erinnerst du dich? Vi nar nu program for alle og enhvers smak. Handwaage vom Sprungbrett und Akrobatenstücke! Morsomme Klovner! Akrobater! Balansekunstuere! Slangemennesker! Luftakrobater Obs! Populaere billetpriser: Galleri kr. 1. Nicht mehr. Niemals, niemals, niemals, niemals, niemals. Achte auf deinen Hosenknopf und sieh ihn selbst, wenn du willst, Dana Hilliot, den Syphilitiker, wie er zielstrebig die Great Homer Street entlangschlendert. Schau! Wie jeder, den er berührt, von der gräßlichen Krankheit heimgesucht wird. Es ist nur ein kleines Wort, das Wort, das tötet. Nun ist alles zerstört. *Dies irae*. Sie stammen aus der Asche und sind grau. Dies ist er, die menschliche Hülse, das Blatt aus Asche, Asche zu Asche und Staub zu Staub. Während er die Church Street entlanggeht, umstürmt ihn der Wind mit einer kalten, monströsen und tödlichen Beharrlichkeit. Er geht, ohne zu wissen, wohin er geht. Straßenbahnen eilen vor den Bürogebäuden vorbei; Mütter in warmriechenden Pelzen hasten mit ihren schulmützigen Söhnen zum Bon Marché; weiter weg bohren sich geheime Tunnels durch die finstren Gebäude; und die Hochbahn und einige geschwungene Brücken führen zur Landungsstelle, die sich in kahler und öder Wirrnis ausbreitet. Straßenbahnklingeln bimmeln. Brutale Bauten schwingen sich in die Luft hoch über Dana Hilliot ... Aber der Wind hat all diese Eisen- und Betonmassen umhüllt und überwölbt, all diese schmächtige Menschlichkeit, und streift jetzt diese funkelnden Häuser mit stürzenden, riesigen Schatten. «*Yacko*», schreien die Zeitungsverkäufer, und tragen, schürzengleich, die Meldung: «Norwegisches Linienschiff im Mersey auf Grund gelaufen!» «Der neuste *Echo Exprey*!» Er zieht sich zurück auf die Church Street, Castle Street, wieder die alte Ropery hinunter. Der Wind weht eine alte Ausgabe des *Liverpool Express* von der Straße hoch und zaust und wirbelt sie über die Goree Piazzas. Schließlich klammert sie sich an einen Laternenpfahl, wie ein häßlicher, geduckter Geist. Der Laternenpfahl war eine aufrechte Viper, schwebend in höchster Wut, bißbereit ... Menschenmassen strömen zu und von den Fähren, sie kämpfen mit dem Wind, die Mäntel flattern ihnen um die Knie oder stülpen sich über ihre Köpfe. Eine Herde schwarzer Rinder, von einem Lümmel mit kurzem Stock gehütet, trappelt vorüber. Ein Hafenzug rumpelt mit seiner winzigen Lokomotive behutsam unter den Hochbahnbrücken entlang Richtung Man Island und Canning Dock, die unheilvolle Warnglocke singt ihre trostlose wehmütige Melodie, *ringleng ringleng ringleng ringleng*. Der Ton der klingelnden Glockenboje, klingelnd und walzend und schlingernd. Die läutende Stimme des Aussätzigen, sie verstärkt seine Einsamkeit. 'Chtung Untiefe! Eine Frau geht vorbei. *Ringleng ringleng*. Norwegisches Linienschiff im Mersey auf Grund gelaufen!

Das ist die *Oxensternja*, über die sie reden, die *Oxensternja* ist auf Grund gelaufen. Es ist die *Oxensternja*, die jetzt umkippt und in den Sand sinkt, während das Öl einen schmierigen Film über den Mersey ausbreitet; und jetzt sterben die weißen Seemöwen, die einmal die dunklen dampfenden Felsen kannten, die weißen Seemöwen, die die Hafenarbeiter alle beim Namen kannten, sie sterben jetzt reihenweise –

Nachdem man die Tür von Dana Hilliot, Altersrentner, aufgebrochen hatte, fand die Polizei ihn in abgezehrtem und verlaustem Zustand auf einer Matratze liegend. Tod durch Erschöpfung und Selbst-Vernachlässigung –)

«Briefe für die Heizer Wallae, Erikson, Knudson; für die Matrosen Mcgoff und Bredahl. Jemand Andy gesehn?»

«Keiner für mich?»

«Keiner für dich, Hilliot.»

«– Ja, das war in Persien, Macasser der Sultan kam mit seinem ganzen Harem an Bord, unter so dämlichen Schirmen. Für 'n paar alte Büchsen konntste da alles kriegen, alles. Hab da für 'n paar leere, die ich vom Chefsteward hatte, zwölf Unterhemden abgestaubt –»

«Bombay! Das ist meine Marke, Kamerad. Herrjesses, so was wie die *Vögel* da hab ich noch nie gesehn, die Luft war voll davon –»

«Na denn, Hilliot, das wär doch was für dich.»

«– Bombay duck –»

«Ach, die Art Vögel mein ich nicht.»

«Apropos Vögel: wie geht's deinem Micky, Norman?»

«Andy kennt da was Feines, wo er fast jede Nacht hingeht: ein feines Mädchen. Der kennt sich aus, dieser Andy.»

«'n guter Koch, wa? War mal Chefkoch auf 'nem Postschiff.»

«Puh, Himmel ist das heiß ... Erinnert mich an Cebu auf den Philippinen. Auf der letzten Fahrt hatten wir da direkt bei der Entbindungsklinik angelegt. Es heißt, die schmeißen da die Fehlgeburten einfach in'n Bach. Jedenfalls wollte keiner von der Bande schwimmen gehen.»

«Wieviel Mann auf diesem Schiff können schwimmen?»

«Hilliot, du bringst's hier, was? Du bist der Käptn Webb auf dieser Party, was?»

«Habt ihr beide das noch nicht gesehn? Ihr müßt mitkommen und's euch ansehn. Ich hab' Käfig gebastelt und alles, und ihm die Flügel gestutzt. Hab ihn oben auf den Brotkasten gesetzt. Wenn er sich erst mal ein bißchen eingewöhnt hat, werd ich ihn draußen an 'nem alten Hievtau auf Luke vier sitzen lassen. Du könntest mir am Sonntagnachmittag helfen, ihn anzustreichen –»

«Was haben wir morgen? Samstag?»

«Sicher.»

«Du liebst das blöde Ding wie 'nen Bruder, wa?»

«Hatte nie Gelegenheit, meinen blöden Bruder an 'ner Schnur auszuführen.»

«Andy hat seinen Job durch den Suff verloren?»

«Verdammich, könnte glatt sein.»

«Aber er ist ein echt guter Bursche, ehrlich. Letzte Weihnachten war's, in Singapur. Andy macht 'nen Weihnachtskuchen für den Alten. Am Weihnachtsmorgen waren wir zum Landeplatz gewarpt, und den Rest des Tages hatten wir frei. Ganz schön beschissene Arbeit, wa, an 'nem Weihnachtsmorgen? Andy hatte sich auch noch halb totgesoffen. Aber den Kuchen hat er gut hingekriegt, weil der Kapitän, verstehste, hatte Gesellschaft und so –»

«Und alle besoffen, wa?»

«Ja, außer einem der Lehrjungen ... Also, Andy machte diesen Kuchen, auch noch ein gutes Essen für die Bande, Truthahn und alles, und danach ließ Daddy sich im Salon vollaufen, mit seinen ganzen feinen Klunten dabei, und dann schickt er mich los – war damals QM –, um Andy zu suchen, damit sich alle bei ihm bedanken könnten, sozusagen. Na, Andy war nicht in der Kombüse und nicht in der Achterhütte oder sonstwo, und ich und mein Maat, wir suchten alles ab, pf. Oben auf'm Windendeck, unten die Quartermeistergänge, alles, pf.»

«Und?»

«Ja, wo war er? Also ich erzähl euch keinen Schmu: Wir fanden ihn auf dem Bootsdeck unterm Union Jack, fest am Schlafen mit einer von den Klunten –»

« – du lieber Himmel –»

« – du lieber Himmel –»

«Ich bin mit Andy gefahren, bevor er ein Koch war. Auf 'nem alten griechischen Bastard von einem Trampdampfer – man hat ihn dann schließlich auf Lundy auflaufen lassen – der hieß, was glaubt ihr? Ich erinnere mich an den Namen, weil ich ihn auf die Rettungsringe pinseln mußte: *Dimitrios N. Bogliazides* ... Das war eine Zeit damals, 1923. Wir brachten 'ne Ladung Holz von Archangelsk nach Garston, weißte. Meine Fresse, kalt war's wie in 'nem Milchwagen ... Die Kombüse und der Maschinenraum waren die einzigen Stellen, wo man hingehen konnte, um sich aufzuwärmen. Auf der Fahrt haben wir das Matrosenputzlieschen verloren – er war steifgefroren –, da hättest du dabeisein sollen, Hilliot – auf der ersten Fahrt als Matrosenputzliese, wa? Ja, und als wir ihn am nächsten Morgen bei acht Glasen bestatteten, war er so kalt, daß Chips sagte, der hätte 'n Eiszapfen an Stelle seines –»

«Wie steht's, Leute?»

«Hallo, Bootsmann.»

«Tach, Bootsmann.»

«Ich brauch zwei Vollmatrosen für die Post. Lofty, du kommst, ja? Und du auch, Pateman.»

«Kannst du einen nicht mal was sitzen lassen auf diesem Hurenkahn, herrgottnochmal?»

«Wer hat dir denn dieses Spielchen eingeflüstert, Bootsmann?»

«Stellt euch nicht so an, Leute. Ihr müßt wohl. Befehl vom Maat –»

«Ach dieser Maat hat sie doch nicht alle.»

«Dieser Maat ist ein Blödmann. Der steht mir bis *hier*. Und dieser Bootsmann is zu eingebildet, für meinen Geschmack. Auf der letzten Fahrt war er bloß 'n Lampenputzer.»

«Ja, und demnächst wird er ein verdammter *Kohlentrimmer* sein, wenn er nicht aufpaßt, wie er den Chef behandelt.»

«Ich weiß nicht, wo die herkommen, aber Leicester Square ist voll davon.»

(O Herrgott, sieh herab auf deinen unwürdigen und ungewaschenen Diener, Hilliot, den Matrosen, den Liverpool-Norweger, dessen Knie beim Donner zusammengeschlagen und dessen ekelerregende Hände beständig zittern in kraftlosem Gebet; o der Du aus dem grünen Mantel des stehenden Pfuhls meine Augen erschufst, der Du alles erschufst, die Schwachen und die Starken, die Sanftmütigen und die Grausamen, die Gerechten und die Ungerechten, erbarme Dich seiner kleinen Lustanwandlungen und schütze das wenige Schöne in seinem Leben, das gar so bald im grünen Sog der Gezeiten versinken wird, und wenn er alleine ist, nackt und unbewaffnet, erlöse ihn aus der Knechtschaft und führe ihn aus der Dunkelheit und dem Leid und dem Schmerz an die Sonne.)

«In Pinang bin ich mit Joe an Land gegangen.»

3

Die *Ödipus Tyrannus*, an die Kaimauer gelehnt, schlief noch; alle Schiffe im Hafen schliefen. Die Schauerleute hatten ihre Arbeit noch nicht angetreten; müßig lagen die Winden; der Tau auf den Ladebäumen war noch nicht verflogen. Und da, als ich um halb sechs den Kaffee für die Mannschaft bereitete, geschah es, daß ich einen Entschluß faßte. Es war, als ob ich mich entschlossen hätte, einen Mord zu begehen. Auf dem Weg von der Kombüse zur Back, im langen kühlen Grau des Morgens, dachte ich ruhig darüber nach –

Der Kapitän stand auf der Brücke und putzte sich über einem Zieheimer die Zähne. Der Maat, dessen Stirn sich im Heraufkommen des Morgens mit Schweißperlen bedeckte, gähnte neben mir und zog seine Uhr heraus. Ich aber wandte mich von allen ab mit grimmigem Blick, der besagte: sollen sie doch hinuntergehen und sich über das Trocadero streiten. Heute abend würde ich selbst an Land gehen, um einen Nachtbummel zu machen.

Nun erhob sich die tropische Sonne hoch über die *Ödipus Tyrannus*. Wieder wurde Ladung aufgenommen, Kohlen kamen; sie schluckte loses Öl und Wasser. Unablässig schwangen die Ladebäume, wie spielende Dinosaurier, hin und her. Die satanische Hitze des Tages schien das Geratter der Winden noch monotoner zu machen, und der schwere Gestank von Melasse und Urin, der um das Schiff hing, machte meine Gedanken düsterer und schrecklicher. Zum Teufel mit Janet. Die konnte sich um sich selber kümmern und jeden, der es mochte, blutige Tränen darüber vergießen lassen.

Ich stellte Normans Taube Wasser zum Trinken hin; Andy

meckerte immer noch an mir herum, und Norman sagte mal wieder, die Weiber wären zu nichts nütze. Aber das würde ich alles selbst herauszufinden haben.

Bestimmt hätte Janet nichts dagegen; sie sähe es *gern*, wenn ich ein Mann wäre, ein Teufelskerl wie Andy. Außerdem fühlte ich mit erneuerter Intensität mein Versagen als Schiffskamerad unter Schiffskameraden. Wenn ich mein Janet gegebenes Wort auf diese simple Art brach, bedeutete dies, wie ich mir überlegte, daß ich von der Gesellschaft in wenigen Stunden anerkannt werden würde; und dann war es das sicher wert. Darüber hinaus würde damit die Mannschaft selbst mit einem Schlag geeint. Offenbar hatte es doch jeder von der *Ödipus Tyrannus*, sogar der schwule Quartermeister und die wenigen, die entweder zu alt oder zu doof waren, um irgend etwas anderes zu tun als rumzusitzen und zu nähen, wenigstens versucht!

Bis dahin hatte ich eine Menge lausiger Arbeit zu erledigen. Ich fing damit an, backbords eine Stütze neben der Kombüse abzuschaben. Von da, wo ich arbeitete, konnte ich Normans Micky in seinem Käfig aus ungestrichenem hellen Holz sehen. Er schien mir so unschuldig dort. Nachdem Norman seinen letzten Müll in die Aschenrutsche gekippt, seine Spüllappen aufgehangen und die Kombüsenfeuerung in Gang gebracht hätte, würde er mit ihm sein eigenes Abendessen teilen und sich dann schlafen legen. Tagsüber gab er ihm so viel Freiheit wie möglich, indem er ihn draußen auf Luke vier, vorn bei der Kombüse, ließ. Norman band ihn, wenn er da herumspazierte, immer mit einem Bein an einem langen Hievtau an eine Klampe. Und wie ich so schabte, erblühten aus diesem unschuldigen Tun lange, unzusammenhängende Gedanken an die Heimat. Zu Hause wäre es jetzt Sommer und der Rasen kräuselte sich in der Sommerhitze; und wieder liegen die faulen Tennisspieler unter mir am Ufer; jäh sprang blauer Ehrenpreis unter einer Hecke hervor. Damals waren Janet und ich zusammen durch Marplesfield gegangen. Milchweiße Sternmieren ... Nein! Zum Teufel damit – zum Teufel damit! Zähneknirschend schabte ich um so wilder. Heute abend würde all das ausgestampft werden. Man mußte schon hart arbeiten, denn der Maat sah zu; und Schweiß, der in meinen Augen brannte, troff von mir wie Wasser von einem Hund: überall schwitzten die Männer; die Schauerleute, die bei den Luken fünf und sechs arbeiteten, hatten ihre schmutzigen Lumpen ausgezogen, sie unter den Hahn auf dem Brunnendeck gelegt und stapelten die Ladung nackt. Unter den Kohleschleppern waren einige Frauen, und mit Schauern fiel mir wieder ein, wie ich zur Essenszeit eine von ihnen unten im Kohlenbunker mit einem Schauermann hatte schlafen gesehen. Straßenhändler hatten ihre Waren ausgebreitet – Lackwaren, Postkarten, Ringe und Zahnpasta –, und zwar auf den mit Segeltuch ausgelegten Bunkerluken und den Luken, bei denen nicht gearbeitet wurde; auf dem Heck war ein Barbier, der für ein paar Sen, oder wie die Währung heißen mochte, Haare schnitt und rasierte; Su-Su-Frauen überschwemmten die Back mit ihrem «tauschi-tauschi»; den ganzen Tag winselten nackte Jungen um Essen, und einmal tauchte ein Eingeborener am Kai auf und rief auf Englisch nach Zeitungen. Andy warf eine alte Ausgabe der *Mukden Daily News* herunter; der Eingeborene riß sie in Streifen, steckte sie in Brand, schluckte einen nach dem anderen und zog sich dann die Zeitung, ganz und gefaltet, aus seinem rechten Ohr. Einer der Offiziere warf ihm Geld zu. Andy lehnte, mit weißer Schürze und Spüllappen überm Arm, über der Reling und sah zu. Himmel, murmelte ich, wie ich diesen Bastard hasse. Und wieder kam mir zerknirscht in den Sinn, wie ich Norman die Taube von der Marsstenge hatte holen lassen und wie Andy mich wegen meiner Angst verhöhnt hatte.

Aber heute nacht würde sich das alles ändern, heute nacht würde ich der Held sein, das Ungeheuer –

Der Tag dröhnte von Geschrei und Durcheinander; der Himmel war eine blaue Mauer, die vom Gelärm widerhallte und schallte. In der Messe krochen Kakerlaken und Schaben herum. Fliegen schrien «wie verdammte Babies», sagte der Bootsmann, als sie keuchend auf dem gelben Fliegenpapier verreckten. Rost und Kohlenstaub schwitzend machte ich meine Koje. Sie war voller Späne, die von meiner Kattunhose abgefallen waren. Dann mußte ich ein Windenlager abschaben ... «Sieh mal diese verfluchten dicken Farbklumpen; pul sie ab, mit deinen Fingern», sagte der Bootsmann. «Schau mal, so ...» «Jesses, ich kann nicht mehr», stöhnte ich. Der Sack, auf dem ich lag, schien meinen Magen zu versengen; kein bißchen Platz, um mit meinen Handgelenken zu arbeiten, die jedesmal, wenn sie mit dem Zahn des Rückwärtsgangs in Berührung kamen, eingequetscht wurden. Farbe und heißes Öl tropften mir von der Winde ins Gesicht und mischten sich mit meinem Schweiß. Ich sehnte mich nach dem offenen Meer, damit ich mich waschen konnte, meine Kleider waschen konnte – sauber zu sein! Morgen war Sonntag, aber wie würde ich mich dann fühlen? Ah, die kleinen sonntäglichen Idyllen, die man sich mit der Plackerei der Woche verdient hatte! An jenem Sonntag, es ging nach Hongkong, hatten wir uns an Deck versammelt. Wir machten Pause; Gott schickte Wind, Wind! Und Sonne und Wind tanzten durch unsere Kleider, die an der Leine hingen. Um uns war nichts als der blaue Kristall des Morgens; auf dem sanften Gefältel der Wellen glitzerte mit tausend Blitzen die Sonne. Die Sonne schien auf das Deck, als ich meine kohlenschwarze Kattunhose wusch und rubbelte, sie war starr von Staub und Asche, von Mennige und Rost und Schmiere; vom Heck organisierte ich mir ein Hievtau, und dann baumelte meine Wäsche an der Leine, so daß die Back ganz dunkel war. Aber machtvoll kreiste die Sonne weiter zum bewölkten Land des Abends, die Atmosphäre wurde abendlich vom Glimmern bleichroter Sterne – in jener Nacht hatte die *Ödipus Tyrannus* einen neuen Hafen erreicht, Hongkong. Am Abend bei vier Glasen glitt sie ruhig hinein. An der Wasserkante schwangen Laternen, ein Lichterheer marschierte den Abhang zu den Kasernen hoch, ein paar Eingeborene, die riesige beckenförmige Hüte trugen, kamen an Bord. Hinter dem Schiff türmte sich düster das Peninsula Hotel von Kaulun, doch auf dem Schiff herrschte Totenstille, außer dem Zischen des Wassers, das von der Schiffswand in die Dunkelheit fiel und Teil dieser Stille war. O Gott, o Gott, wenn das Leben auf See doch nur immer so wäre! Nur das offene Meer, der Wind jagt durchs Blut; ewig das Meer und die Sterne!

Aber obwohl die Dinge nicht so waren, der Gedanke daran machte mir Mut und bald war ich mit der Winde fertig – nur um herausgerufen zu werden, um mit dem Lampenputzer zentnerschwere Öl- und Farbfässer in der Lampenkammer zu verstauen. Mein rechter Arm tat mir von Wasserblasen entsetzlich weh und ich hatte ihn mit einem Schweißlappen, der einem Heizer gehörte, umwickelt. Überall war sandiger Kohlenstaub, Fliegen wogten und zischelten und brüteten auf den Spanten. Kohlenstaub geriet mir in die Augen und machte meine Nasenlöcher schwarz, während der Schweißlappen um meinen Arm sich mit einem schwarzen Film überzog. Die stark riechende Lampenkammer lag gleich vorne beim Kettenkasten, da, wo normalerweise die Back ist; anfangs hatte ich mich gefragt, warum sie nicht als Mannschaftsraum benutzt wurde. Später hatte ich herausgefunden, daß dort fünf chinesische Deportierte untergebracht waren, und die sind da bis Schanghai geblieben. Manche Ölfässer waren so unzugänglich, daß wir sie mit einem Flaschenzug verladen mußten; andere trugen wir und stapelten sie ordentlich in den Ecken. Mit nur drei von den eben verladenen klemmte ich mir vier Finger im Fußblock ein. Die Öltrommel fiel auf einen Kalksack, den sie aufschlitzte, und dann auf meine Füße. Der Lampenputzer brauchte drei Minuten, um mich zu befreien. «Und jetzt verzieh dich hier schleunigst», sagte der Lampenputzer.

In der vorderen Kajüte lachten drei Schiffsjungen, die den Namen des Schiffs auf Rettungsringe pinselten. «Was du brauchst, ist eine gute starke Frau!» Ich wankte nach hinten, kalkbedeckt, meine Schläfen hämmerten, die Finger umgebogen, betäubt, und ich zitterte an allen Gliedern. In der Back stand der Geruch feuchten Strohs, der von den Windenmatten ausging, die die Schauerleute über Nacht dagelassen und durch das Oberlicht der Back runtergeworfen hatten. Auf dem Tisch lagen zwei Briefe für mich, einer von meiner Mutter und einer von Janet. Mein Herz zerschmolz, meine ganze Kraft floß aus mir heraus wie Wasser, als ich ihre knabenhafte Handschrift sah. Und dann schnitt ich ein komisches Gesicht. Wie verflucht lustig! Mich kannst du nicht veräppeln, du kleines Biest. Was sollte das jetzt noch? Ich hatte meinen Entschluß gefaßt. Und plötzlich haßte ich sie wegen dieses Briefs!

Jetzt würde sie mich also quälen und trösten, was?, genau im richtigen Moment; mich quälen und davor warnen, was auf mich zukäme, wenn ich ihr nicht treu bliebe; aber diesmal sollte sie enttäuscht werden. Bei Gott, ich würde ihr beweisen, daß nichts heimatloser war als dieser Brief! Und ich vergaß meine ganzen Schmerzen, wie ich dastand und stupide immer wieder die Anschrift las. Der Brief war also von Singapur aus weitergeleitet worden? Ha, sie hatte sich noch nicht einmal dazu herabgelassen, sich die Postzeiten anzusehen, die ich ihr angegeben hatte. Sie hätte es ja wenigstens auf sich nehmen können, das Schiff im *Journal of Commerce* nachzuschlagen –

Stöhnend und fluchend ließ ich mich auf die Koje fallen. Dann sah ich nach meiner Hand. Aus den Fingern meiner rechten Hand war alles Blut gelaufen, und sie waren alle irgendwie zusammengeflochten wie die Stränge eines Hievtaus bei einem unfertigen Augspleiß. Mit der linken Hand löste ich sie einzeln voneinander. Bald strömte das Blut wieder zurück; keine ernsthafte Verletzung. Reiß dich gefälligst zusammen. Draußen ertönten schwere Schritte ... Der Bootsmann kam in die Back. «Also! ...» er atmete tief ein. «Also du bist der seltsamste Vogel, der mir je begegnet ist, und ich kenn einige. Was zum Teufel erlaubst du dir denn eigentlich?»

«Mir ist eine Öltrommel auf den Fuß gefallen», sagte ich.

«Und, kannst du nicht gehen?»

«Natürlich kann ich gehen.»

«Na schön. Dann komm. An die Arbeit.»

Weiter sagte der Bootsmann nichts, vielmehr verließ er augenblicklich die Back, so daß mir nichts anderes übrigblieb, als ihm nachzugehen. Draußen war das eiserne Deck so heiß, daß ich es durch die Sohlen meiner Schuhe brennen fühlte.

«Könntst ein Ei auf diesem Deck braten», sagte der Bootsmann.

«Nun denn, mein Sohn» – er wies auf die Lumpen der Schauerleute, die unter dem Hahn beim Brunnen liegengeblieben waren –, «wirf das über Bord – auf den Kai. Wenn sie ins Wasser fallen, um so besser. Wird wohl kaum einer denen nachschwimmen.»

«Dann gibt's hier wohl Haie?».

«Ja, da kannste Gift drauf nehmen ... Also, bring das in Ordnung», sagte der Bootsmann großmütig, «und wenn du mit dem Abwasch fertig bist, kannst du dir was Sauberes anziehen und an Land gehen.» Der Bootsmann zwinkerte boshaft. «Es muß ja nicht unbedingt sein», fügte er hinzu. «Hab für'n Augenblick vergessen, daß du einer von denen bist, die ihre rechte Hand vorziehen –»

Beim Aufräumen stob eine Dampfwolke Fliegen aus den Kleidern, und ein Ding, das aussah wie eine fliegende Walnuß, huschte mir ins Gesicht. Die verschwitzten, ekelhaften Klamotten flatterten in einer Fliegenwolke auf den Kai runter, einige fielen in die Wasserlücke. Auf die, die auf dem Kai landeten, stürzten sich nackte Jungen und kämpften um sie. Nachdem sie ausgemacht hatten, wer sie haben sollte, schrien sie weiter um Essen; also warf Andy ihnen eine verdreckte Brotkruste runter, die in Öl und Kohlenstaub und Wasser gefallen war, und darum kämpften sie auch.

Ich räumte zu Ende und ging dann zum Waschhaus, meinen Eimer holen. Drinnen war kein Platz. Von da, wo jemand seine Kattunhose schrubbte, rann ein dünner Strom blauen Wassers die schmutzigen Fliesen hinab und über die Schwelle. Ich blickte, mit dem Eimer am Arm, in die Kabine der Stewards. Taff und Ginger schliefen fest. Vom Gang aus konnte ich raus auf das Brunnendeck sehen und die Kombüsentreppe hoch. Der Lampenputzer, tatenlos mit dem Ankerlicht in der Hand, lehnte über der Kombüsenreling. Andy hing ein Unterhemd an eine Leine. Draußen fand ich die Mannschaft, die ein in den Hafen einlaufendes Schiff beobachtete.

«Ein P. & O.-Schiff da hinten.»

«Garn, das ist kein P. & O.-Schiff. Das ist 'n verdammtes B. I.-Schiff, herrgottnochmal.»

«Das ist ’n verdammtes P. & O.-Schiff.»

«Und ich sage, es ist ’n verdammtes B. I.-Schiff.»

«Dann hast du keine Ahnung, du blöder Arsch. Siehst du etwa nicht seine Hausflagge?»

«Das ist keine verfluchte Hausflagge. Das ist die verfluchte Kattunhose vom Oberchinesen, die zum Trocknen raushängt.»

«Ach zum Henker mit euch allen», sagte der Lampenputzer, der mit dem Ankerlicht runterkam. «Ich hab grad ’n paar Überstunden gemacht. Was soll das Ganze? ... Ah, das ist ’n P. & O.-Schiff.»

«Ich sag’s euch, das ist ’n British India-Schiff. Himmelnocheins, Schnauze jetzt, laßt einen doch mal ’n Nickerchen machen –»

«Eh du hast recht, Lamps. Es ist ein P. & O.-Schiff.»

Als ich mit dem Abwaschen fertig war, sah ich Lichtfurchen am Himmel, vor denen die vergitterten Kräne sich senkten und nickten. Komm. Komm. Komm. Die Nacht glitt auf die *Ödipus Tyrannus* hinab, und nachdem endlich das Geschirr eingeräumt war, ging ich wieder in die Back, um mich umzuziehen. Dort holte ich meinen blauen Anzug aus meiner Seekiste. Während ich mich umzog, dachte ich daran, wie ich eben diese blauen Hosen in der ersten Nacht auf dem Schiff gefaltet hatte, unters Kinn geklemmt, sie ein über das andere Mal übereinanderschlagend, und sie dann mit solchem Bedauern in meine Seekiste legte; ein Teil meines Lebens war weg. Das Ende eines Kapitels. Saubere blaue Kattunhosen, fast ganz ihrer ursprünglichen Farbe beraubt, und braune Schuhe waren die Standardausrüstung, wenn die Bande von der *Ödipus Tyrannus* an Land ging. Doch jetzt war genau die richtige Zeit, wieder meinen blauen Anzug zu tragen. Meine beiden Briefe steckte ich in die Innentasche – ich würde sie an Land lesen, mehr waren sie nicht wert! Dann wurstelte ich meine Arme in die Ärmel und ging an Deck, wo Drahtläuferringe und Ladebaumblöcke und Lukenkeile überall herumlagen, und alles war ein lärmendes Durcheinander. Eine Minute lang spähte ich in den tiefen rechteckigen Schacht von Luke sechs hinunter, in dem eine Menge Lampen sechs Schauerleute grell beleuchtete, eine neue Schicht, ihre Rücken schimmerten wie Maulwürfe, und ich sah ihnen zu, wie sie Kisten an ihren Platz wälzten. Einer der Schiffsjungen, die mich in der Vorderkajüte ausgelacht hatten, hatte da unten Wache und kauerte im Halbschlaf auf einem Bündel getrockneter Ziegenfelle. Ich machte eine zotige Geste zu ihm hin. Ade, Schiff, für eine Weile. Neben mir erhob ein großer Ladebaum langsam seinen langen Hals in den dunklen Himmel.

Ich kam mittschiffs bei den kreischenden Kulis mit ihren Säbelbeinen an, sie kippten aus ihren Körben Kohle in die Bunker. In nie endender Prozession liefen sie die schwankenden Planken hoch. Ich patschte durch Kohlenstaub und Öl und Wasser. Überall wirbelte von den polternden Kohleneimern, die in die Bunker geworfen wurden, Staub auf und blieb an der weißen Farbe kleben, die klamm war vom Tropentau. Vom Kai wehte die Einsamkeit herauf, so schmerzlich neu wie nie zuvor, und Schritte, Schatten, Bogenlampen, das Summen der dunklen Stadt. Dort begegneten sich die Menschen mit einem Ruf, einem Blick, einem Lächeln –

Nie zuvor hatte mein Herz in dieser Einsamkeit geliebt!

Es war, als ob die Luft vor elektrischer Spannung bebte, vor unschlüssigem, gespanntem Verlangen, vor Hohn und versteinerter Lust. Meine Sehnsucht fuhr über das Meer, den Abend, die Dämmerung; und zum erstenmal spürte ich, daß ich um den Sinn der Stadt wußte, in der jede Nacht berauschen und aufwühlen konnte und sich alle Herzen aufs Licht zubewegen und sich in seinem Feuer verzehren, deren Lebenskraft sich zu Tode vergnügt hat und trotzig und in schmerzlichem Frohlocken singt wie Geigen, denn wir sind ja noch da –

Ich blieb einen Moment am Kopfende der Gangway stehen, sah den Kai entlang, und dann ging ich runter. Der Quartermeister, der gerade auf der Gangway angekommen war, rief mir liebreich zu, «Komm nicht so übel zurück, daß wir dich mit dem Kohlenkran reinziehen müssen.»

Die letzten paar Stufen der verrückten Gangway hinunterschwankend, rief ich dem Quartermeister über die Schulter zu,

«Na, wenn du die Gangway wegen der Flut nicht weit genug runterläßt, werd ich sowieso im Hafenbecken landen.»

Ich sprang auf den Kai, dessen unnachgiebige Festigkeit meinen Füßen ganz fremd vorkam. Nebenan jammerten die Kohleträger, wenn sie die Planken zu den Bunkern hochliefen. In ihrer Nähe stand, neben einem Haufen Kohle, der Erste Maat. Er drehte sich eine Zigarette und betrachtete die rostige, verdreckte Schiffswand. «'ne dreckige alte Kuh, was», meinte er fröhlich zu mir, als ich vorbeikam.

«Na, was anderes können Sie auch kaum erwarten, Sir, wenn Kohle geladen wird.» Ich blieb verlegen stehen.

«Bevor wir in Liverpool anlegen, müssen wir sie von oben bis unten saubergemacht haben. Vorher haben wir noch einen Winter in New York. Aber leider bekommen wir keine Kulis, um sie hier streichen zu lassen. Nein Sir», sagte der Maat. «Wir haben keine Zeit. Na, ich sehe, du bist ganz in Schale, um an Land zu gehen. Den Mädchen mal was einheizen, wa?»

Ich beschloß nachzugeben. «Ein Spaziergang ist mir lieber als alles andere.»

«Hast du etwa auf dem Schiff noch nicht genug Bewegung, himmelnochmal? Den Ladebaumpfosten abschaben, wa? Ich wünsch, deine Mutter hätte dich gestern sehen können.»

Ich überlegte, sagte aber nichts, der Brief fiel mir ein.

«Na, geh mal an Land und vergnüg dich», schwatzte der Maat und fügte mitteilsam hinzu, «Das Trocadero ist 'ne feine Sache. Und die Miki Bar oder das Baikine; du wirst 'ne Menge Tiger mit Bubiköpfen in diesem Kaff finden.»

«Na hoffentlich. Gute Nacht, Sir.»

«Viel Glück!»

Ich ging schnell weg. Der Maat soll sein Geschwätz beim Kapitän loswerden!

Seamen's Temperance Restaurant ... Der Hafen war erleuchtet wie eine Stadt. Das Dock war ein Sarg aus geschmolzenem Eisen, an dem lange weiße Kerzen brannten. Von einem einlaufenden Schiff erscholl eine heulende Sirene. Huu! Ahuu! Und zur Anwort wurde das dünne Stottern von Winden in verschiedenen Betriebsstadien, das wie eine Anzahl Nähmaschinen klang, von der Reede her übers Wasser getragen. Als ich weiterging, blickten mich Reihen um Reihen eckiger Schuppen finster an, und in einer Lücke zwischen ihnen sah ich das ausgedehnte purpurne Flechtwerk, das in schwebenden Lichtbalken aufs Wasser geworfen wurde. Kai Nr. 1. Kai Nr. 2. Kai Nr. 3. Kai Nr. 4. Ich begegnete einem Priester, der ein russischer Jude sein mochte, mit langer schwarzer Robe, sein Bart ging ihm bis auf die Brust. Auf seinem Gesicht lag ein verzücktes Lächeln, als er den Kai entlangschritt, und ich dachte, der sieht aus wie Unser Erlöser. Über ihm schwenkten verzerrte Gigantenskelette von Kränen ihre stählernen und bronzenen Arme. Donnerrhythmen schlagender Hämmer tönten umher, grell widerhallender Stahl. Eingeborenennachtschicht. Aufreizend begleitete der Gesang des Metalls meine Schritte, bis ich bemerkte, daß ich beim Restaurant in die falsche Richtung eingebogen war und mich zu sehr bei den Docks hielt, um in die Stadt zu gelangen. Es wurde finster und muffig, so ganz hinter einem Warenlager, und ich hatte mich gerade entschlossen, wieder umzukehren, als mich eine Stimme grüßte, «Abend.»

«Hallo!»

Der Mann hatte pfeiferauchend auf einem Poller gesessen und erhob sich, um mir entgegenzugehen. Neben ihm kauerten Eingeborene auf ihren Hintern; sie angelten im Hafenbecken.

«Was kann ich für Sie tun?» fragte ich höflich.

«Sie sind Engländer?»

«Ja.»

«Ich bin Deutscher. Ich fragte mich, ob Sie mir sagen könnten, wo ich ein Bumboot zu meinem Schiff bekommen kann. Ich bin hier mehr oder weniger gestrandet. Allerdings ist das letzte Boot bestimmt schon weg, scheint mir jedenfalls.»

«Ach so», sagte ich. «Sie liegen im Hafen fest, und Sie können kein Boot bekommen. Zu dumm. Ich bin auf einem englischen Schiff, der *Ödipus Tyrannus*. Zum Glück liegen wir längsseits. Nein. Ich glaube kaum, daß Sie jetzt noch ein Bumboot bekommen», fügte ich hinzu.

«Nein?» Der Deutsche schüttelte seinen Kopf.

«So spät –»

Im trüben Licht der Kerosinlampen der Fischer sah der Deutsche verwegen und ziemlich schmutzig aus. Welchen Rang er auch bekleiden mochte, er trug Zivil – einen blauen Anzug, der meinem ähnlich war.

«Ich bin ein Matrose», sagte ich. «Und Sie sind ein – Heizer, nicht wahr?»

Der Deutsche grölte vor Lachen. «Das muß ich dem verdammten Käptn erzählen», prustete er. «Ein Heizer, ein Heizer, sagen Sie? Nein, nein, ich bin der – zum Beispiel – ich bin der, wie sagt man, Funker, nicht? Ein Heizer! Gut! Gut! Fabelhaft! ... Ich bin auf der *Wolfsburg*.»

«Also *das* tut mir leid! Entschuldigen Sie, mein Herr. Es tut mir leid.»

«Es tut mir leid.»

Wir lachten fröhlich, und einen Moment lang hörten alle Hafengeräusche auf, so daß wir das Rauschen und Plätschern des grünen Wassers auf den Kaitreppen hörten. Von irgendwoher draußen im Hafen schlugen acht Glasen, und dann noch einmal, doch mit einemmal setzte der Titanendonner der Eingeborenennachtschicht wieder ein. Es roch nach Fisch und Seetang und starkem Tabak.

«Das da ist die *Wolfsburg*.» Der Deutsche zeigte mit dem Finger.

«So.» Weit draußen sah ich eine Silhouette, mit tanzender Spiegelung von Mastlichtern im Wasser.

«Hm, was meinen Sie, wollen Sie die *Wolfsburg* nicht fürs erste ihrem Schicksal überlassen und mit in die Stadt kommen?»

«Wie?»

«Kommen Sie mit, einen trinken», sagte ich.

«Ich habe aber schon so viel, verstehen Sie! Auf dem Schiff!»

«Och», sagte ich lachend. «Bloß Pilsner, Münchener; wir wollen uns einen prächtigen Abend machen, uns amüsieren.»

«In Ordnung», sagte der Deutsche. «Gehen wir. Hat keinen

Zweck, hierzubleiben ... Da lang also, an den ganzen Tramps vorbei. Passagierschiffe, *ja*, Atlantikroute. Aber seit dem Krieg haben wir keine Handelsflotte mehr. Die *Wolfsburg* ist ein Trampschiff, immerhin.»

«Schrecklich, es ist schrecklich.»

Ich nickte.

Wir gingen zusammen los. Ein fiebriger Gestank stieg aus den Docks. Vor uns erhob sich ein Heck: *Matsuye Maru – Osaka*. Es war ein alter Passagierdampfer mit schrägen Masten und einem schwarzen Schornstein mit einem weißen O drauf. Unter trüber Deckenbeleuchtung spülten der Bootsmann und seine Leute die Decks ab, und der Schlauch verspritzte Wasser bis auf den Kai. Mit so was beschäftigten sich also nachts die Japaner. Ein Heizer mit Schweißlappen um den Hals, nicht auf Wache, grinste uns über die Schiffswand an. Weiter vorne war ein anderer von der Mannschaft, der unter einer Lampe, die so gelb war wie sein Gesicht, in einem Eimer Unterhemden wusch.

Noch ein abgeschrägtes Heck ragte vor uns auf. *Jefferson – Seattle*. Ein scheußliches Monstrum, aus dessen Seitenwand sich Asche ergoß.

Seattle – wo lag Seattle? Doch über ihrem Heck schwamm und flappte schlapp das Sternenbanner.

«Amerikaner», sagte der Deutsche.

Matrosen mit weißen Mützen, rauchend, lehnten über der Reling. Hinten zogen drei Männer ein Sonnensegel auf. Der Deutsche und ich entzifferten gemeinsam *Maharaja – Liverpool*, und ich erklärte fröhlich, ja stolz, daß dies ein Schwesterschiff der *Ödipus Tyrannus* sei und daß die beiden, die da bei der Achterhütte standen und redeten, der Koch und der Kombüsenjunge sein müßten. In der Kombüse war Licht und ich sagte, «Da macht bestimmt einer Kaffee.» Das letzte Schiff an diesem Kai war die *Martensen* aus Oslo. Aber die *Martensen* war still wie ein Friedhof auf einem toten Planeten.

«Ich bin in Norwegen geboren», sagte ich, «und unser Koch und der Kombüsenjunge sind beide Norweger. Ich wurde in Oslo geboren, als es noch Kristiania hieß, und so kann ich, wenn mich jemand fragt, immer sagen, daß ich ein Junge aus Kristiania bin –»

«So.»

«Ist das hier so ein bißchen wie Hamburg?» fragte ich.

«Ja. Oder London. Oder Liverpool.»

«Oder Saigon. Oder Trapezunt. Oder Samarkand», sagte ich.

Wir kamen zu einem anderen Kai und gingen langsam an anderen großen Schiffen vorbei: *Petropalovsk*, *Erzherzog Franz Ferdinand* –

Wir erreichten die Straßenbahnschienen, und gleich darauf fuhren drei Bahnen, voll bis zum Überlaufen, kreischend vorbei, als sie in rascher Folge die Schienen entlangschwankten ...

Während wir schweigend weitergingen, dachte ich an die Straßenbahnen von New Brighton – an andere Bahnen in anderen Städten: der Spaziergang mit Janet drüben hinter Sandvika. Leise hatten die Kuhglocken die Waldstraße hoch geklingelt. Die Frau beim Beerenpflücken – rote Johannisbeeren. Grillen zirpten. Löwenzahn – wilde Gartenwicken – Kornblumen – Hafer. Klingel klongel klengel klang. Dingel dongel dengel. Das Schwein hetzte den Hund um die Wiese. Im Gras war eine Schlange ... Sieh mal, das ist Orion. Und das ... Cassiopeia ... Und das? Das nennen wir die Milchstraße ... Und wir nennen es Wintergarten. Hm, wo ist denn Saturn? ... Eine Ziegenglocke hatte ihren Teil des Lieds vom Schrecken der Wälder gebimmelt, und wir liefen Hand in Hand durch den Wald, um Saturn zu suchen –

«Es ist gut so», sagte ich zu dem Deutschen.

Rikschas eilten vorbei, ein eingeborener Kommis radelte auf einem blanken neuen Fahrrad vorüber, ein Sikh-Polizist – war es ein Sikh? – auf einer Kreuzung sah uns geringschätzig an. Wir passierten den Süd-Bahnhof der Stadt, ein anatomisches Museum und ein skandinavisches Seemannsheim.

Auf einem Plakat der *Free Press* stand in Englisch: KONKUBINE DES SCHWAGERS ERMORDET ... Bar. *Boston Bar. Café Baikine. Bar und Kabarett. Trocadero. Satsumaware. Gala Wiederaufführung – Richard Barthelmess in «The Amateur Gentleman». Miki Bar. Tanz. Norddeutscher Lloyd Steamships.*

«Da», sagte ich, «eure große Linie, Norddeutscher Lloyd –»

Wir blieben vor den hellerleuchteten Fenstern stehen, in denen sich zwei Modelle von Schiffen der Gesellschaft sowie Fahrpläne und ein grelles Plakat befanden.

«Ja», sagte der Deutsche.

«Ja», lächelte ich.

«Das könnte unser Schiff sein oder eures.»

«Unsere haben immer nur einen Schornstein. Das da hat zwei.»

«Na, gießen wir uns ein paar Whisky hinter die Binde, und Sie werden drei sehen.»

«Ich glaube, Sie wollen mich betrunken machen», lachte er.

«Nein, gar nicht. Es ist einfach so, daß ich verdammt einsam bin.»

«Einsam», seufzte der Deutsche, «ich auch.»

«Ich auch.»

Cabaret Pompeia ...

Wir betraten eine kleine Bar und setzten uns. Wir waren die beiden einzigen da. Ein Eingeborener kam wie eine Spinne unter ihrem Blatt hinterm Tresen hervor.

«Was trinken Sie?» fragte ich. «Pilsener, Münchener; keine Ahnung, was die hier haben.»

«Nä, nä, Gin.»

«Gin. In Ordnung. Ober, drei dreistöckige Gins, bitte.»

«Dreistöckige –?»

«Bringen Sie sechs Gläser Gin. Unsre Freunde kommen noch.»

Der Ober brachte sechs Gläser Gin auf einem Tablett und die Karte des Hauses. Ich gab ihm einen Zehnyenschein und ein paar durchlöcherte Münzen, die mir der Zahlmeister als Teil der Hafenauszahlung gegeben hatte.

«Prosit.»

«Prosit», sagte der Deutsche. «Das paßt gut zusammen. Es ist gut so.»

Den ersten tranken wir ex.

«Drei?» sagte der Deutsche. «Alle – für mich?»

«Ja, ja», sagte ich. «Sie werden betrunken sein.»

«Ich bin nie betrunken», sagte der Deutsche.

«Wir wollen uns richtig besaufen», sagte ich.

«Ich war schon blau, als Sie mich getroffen haben.»

«Sie werden noch betrunkener sein.»

«Okay, trinken wir die beiden auf einmal.»

«Alles Gute.»

«Alles Gute.»

«Und jetzt, was wollen Sie jetzt trinken?»

«Bier. Wir wollen uns richtig besaufen.»

Der Ober brachte Pilsener und etwas Kleingeld. Einige durchlöcherte Münzen und einen Fünfyenschein. Das Bier schäumte köstlich im Glas.

«Salzige Luft macht durstige Männer», sagte ich. «Wo sind Sie auf dieser Fahrt gewesen?»

«Oh, wir waren lange unterwegs, über ein Jahr», antwortete er. «Diesmal hatten wir 'ne Fahrt nach Südamerika – Santos und Paraguay, San Francisco, Florianopolis – Port Allegre. Wir sind um die ganze Welt geschippert. Ach! Aber es ist überall das gleiche – Prosit.»

Ich nahm einen tiefen Zug, hob das Glas, bis sein Rand sich gegen meine Nase preßte. Von vielen dieser Häfen hatte ich noch nichts gehört, und es kam mir so vor, als ob einige davon gar keine Häfen, sondern Länder waren. Aber was spielte das für eine Rolle? Wir waren an Land! Und plötzlich fühlte ich mich glücklich und zufrieden. Ich würde Janet aus meinen Gedanken verbannen. Trinken *konnte* ich jedenfalls; damit gab es keinerlei Schwierigkeiten. Hier war – und was konnte erfreulicher sein? – der Vertreter einer anderen Gesellschaft, einer anderen Welt, und trank; der Funker einer Welt, die meiner glich, mit einem Heizraum, einer Kombüse und einer Back. Es war wie bei Homer, und man trank mit einem Äthiopier. Oder «Ben Jonson empfängt einen Mann aus Stratford».

«Ihr Englisch ist ziemlich gut», sagte ich.

«Ja, nicht übel. Als ich in Bonn war, kannte ich eine Menge Engländer.»

«Sie waren in Bonn?»

«Ja. Vor dem Krieg.»

«Ich war in Cambridge. Nach dem Krieg.»

«Darf ich fragen, wie Sie heißen?»

«Hilliot. Dana Hilliot. Und Sie?»

«Hans Popplereuter.»

«Ha, hurra!»

«Hurra!»

«Das ist ein lahmer Laden», sagte ich. «Mal sehen, was auf der Karte steht. *Cabaret Pompeia und erstklassiges Restaurant»*, las ich. *«Essen rund um die Uhr, beste Schnäpse aller Art. Auf der Bühne die besten Tänzerinnen. Vorzügliches Jazz Orchestra Pompeia. Tanz. Zeigen Sie diese Karte bitte dem Rikschakuli. Einen Block entfernt vom Yamato Hotel, 45 Naniwa – cho 2 – chome. Eigentümer und Manager: A. J. Fourmanento.»* Ich rief den Ober. «He Konfuzius! Was ist mit dieser Tanzerei?»

«Vorbei», sagte der Ober. «Das war mal. Wir haben's letzte Nacht geschlossen. Miki Bar ist das richtige für Sie. Selbe Firma, Sir.»

Der Ober ging zum Tresen zurück.

«Irgendwann heut nacht gehn wir in die Miki Bar», sagte ich.

«Ja, dir gefällt's hier nicht.»

«Na, so schlecht auch wieder nicht.»

Wir bestellten noch mehr Drinks.

«Warst du denn mal in Bonn?» fragte Popplereuter.

«Nein. Tatsächlich habe ich Deutsch weder in der Schule noch in Cambridge gelernt. Aber ich nahm einmal in den Ferien an einem Kurs teil, an einer lokalen Handelsschule. Nicht, daß ich irgendwas gelernt hätte. Weißt du, ich war verliebt, und kam immer zu spät –»

Plötzlich dachte ich daran, wie ich den Herrn Professor für Janet nachgemacht hatte.

«Der Herr Professor pflegte zu sagen, ‹Ah, Herr Hilliot kommt zu spät›», fuhr ich fort. «‹Ich habe auf Sie gewartet. Ein Vater, Herr Hilliot, und ein *Sohn* dienten bei demselben Regiment-Corporal, nicht wahr? Auf Französisch, n'est-ce pas? Die beiden Ausdrücke bedeuten genau dasselbe ... Kann der Mann wegen des Obersts nicht antworten, werde ich seinen Mund für ihn öffnen. Nein. Ein Vater, Mr. Echtwarts ... Ich warte, Mr Echtwarts. Der Vater des *Unteroffiziers?* Nein. Sehr schlimm, sehr schlimm ... Würden Sie bitte alle das folgende mitschreiben – alle, Sie auch, Mr Hilliot. Sie lobt ihn. Nein, nein. Sich wenden. Ich diktiere Ihnen jetzt eine Anzahl Wörter und Sätze von mir. Sie kennen das ja!› Hab nicht das geringste gelernt.»

«Wie geht's?» sagte Popplereuter. «Du bist verliebt.»

«Ich war verliebt.»

«Auch nicht übel.»

Wir erhoben uns und gaben uns feierlich die Hände.

«Salzige Luft macht durstige Männer.»

«Salzige Luft macht durstige Männer», stimmte Popplereuter zu.

«Bist du», er lächelte, «wie man so sagt, ein alter Seebär?»

«Nein. Das ist meine erste Fahrt zur See.»

«Hm, das ist interessant. Warum bist du zur See gegangen?»

«Tja, hm. Da haben wir's. Keine Ahnung.»

«Du warst in Cambridge?»

«Ja. Aber ich wurde heruntergeschickt.»

«Was wurdest du –?»

«Heruntergeschickt. Entlassen. Gefeuert. An die Luft gesetzt. Herausgeschmissen!»

«Mein Gott, genau wie ich. Vor dem Krieg besuchte ich als Student die Universität Bonn. War auch in einer guten Verbindung. Aber beim Kölner Karneval hab ich einen Mann in den Rhein geworfen. Auch ... die Funkerei hat's mir schon immer angetan. Ich wurde dann Funker bei der Marine. Als der Krieg vorbei war, habe ich mich verliebt, und's gab noch mehr Ärger.»

«Damit fängt der Ärger immer an.»

«Und dann immer noch mehr Ärger.»

«Zum Teufel! Bei mir ist es dasselbe. Ich ging ganz und gar nicht zur See, weil ich heruntergeschickt wurde.»

«Und dein Vater, was hat der denn dann zu dir gesagt?»

«Mein Vormund? Der hat mich gut behandelt. Sieh mal, ich

hatte nur ein Jahr in Cambridge. Er nahm mich mit ins Kino, in die Lichtspiele, gleich am ersten Abend, den ich wieder zu Hause war. Er sagte, am besten läßt du dich jetzt nieder und nimmst eine Arbeit an ...»

«Warum wurdest du, wie du dich ausdrückst, heruntergeschickt?»

«Das war gar nichts, überhaupt nichts. Ich bin im einjährigen Examen durchgefallen, verstehen Sie, wir nennen das ‹Mays›. Und einmal wurde ich drangekriegt, weil ich erst nach zehn aus einer Kneipe gekommen bin – ihr nennt das wohl Weinlust. Und am fünften November wurde ich festgenommen, weil ich einem Polizisten den Hut runtergeschlagen hatte. Alberne, alberne, alberne Sachen. Der Rektor des College ließ mich rufen und sagte, ‹Sie reiten nicht, rudern nicht, und lesen nicht –›»

«Schrecklich», nickte Popplereuter. «Schrecklich.»

«Aber das war's eigentlich nicht, weshalb ich zur See gegangen bin.»

«Bei mir auch nicht.»

«Es ist die Hölle.»

«Gab's in Cambridge hübsche Weiber? Nicht zu kaufen, was? Haha!»

«Weiß nicht. Ich bin, seit ich sechzehn bin, einem einzigen Mädchen treu gewesen.»

«Treu, hm», sagte Popplereuter. «Was heißt das?»

«Virgo intacta.»

«Gesundheit.» Popplereuter erhob sein Glas.

«Chimborazo, Popocatepetl ...» toastete ich.

Wir sangen. Wir sangen *Drei Segelmann*, das ich nicht kenne, aber den Refrain sang ich mit. Wir sangen *Mademoiselle from Armentières*, *Deutschland über alles* und *Lisa; For He's a Jolly Good Fellow* und *God Save the King*; dann wieder *Lisa* und *The Bastard King of England*, das Popplereuter unbekannt war, aber er schwenkte sein Glas und sang, «Back to the Bastard King of England», immer wieder, zu Konfuzius' unergründlichem Vergnügen.

«England gutes Land. Wunderbar», hickste Popplereuter.

«Deutschland verdammt gutes Land», hickste ich.

«Wir haben gekämpft, weil wir mußten», fuhr Popplereuter fort, «für das sogenannte ‹Gleichgewicht der Kräfte›.»

Ich vergaß zu erwähnen, daß kaum einen halben Golfschlag entfernt ein Krieg stattfand, es war schließlich der Juni 1927, aber das hat in dieser Geschichte nichts zu suchen.

«Krieg ist eine verdammt gute Sache», sagte ich. «Ich würde gern gegen Belgien kämpfen. Ich mach euch keinen Vorwurf, daß ihr gegen diese Bastarde marschiert seid.»

«Krieg ist schrecklich, schrecklich. Man muß gekämpft haben, um das zu wissen.»

«Ja, Krieg ist schrecklich.»

«Vielleicht wirst du ein Buch über deine Erfahrungen schreiben.»

«Ja, vielleicht», sagte ich. «Das spielt sicher eine Rolle. Aber das Verlangen zu schreiben, ist eine Krankheit wie jede andere Krankheit auch; und was man schreibt, muß, jedenfalls, wenn man gut sein will, fest in einer gewissen Art von Autochthonie verwurzelt sein. Und da geb ich's auf. Ich kann genausowenig schöpfen wie fliegen. Was ich zustande bringen könnte, wäre der übliche eingebildete erste Roman, der in der Leichenhalle des *Times Literary Supplement* als eine ‹unausgegorene und unerfreuliche Arbeit› rezensiert würde, so was von der Art, wo die Hauptrolle nicht mehr und nicht weniger, ob beim Schnaps oder bei der Liebe, der abscheuliche Autor selbst innehat. Des weiteren fürchte ich, daß dies eine kindische Krankheit ist, einfach Diarrhoe scribendi. Aber ich erwarte nicht, daß du mir folgen kannst. Tut mir leid. Ich rede immer so, wenn ich voll bin.»

«Nein. Ich versteh dich nicht.»

«Es hat mir sehr weh getan, als mein Lehrer in seiner letzten Unterredung mit mir, bevor ich das College verließ, zu mir sagte, ‹Sie sind nicht annähernd ein so außergewöhnlicher Typ, wie Sie es sich einbilden!›»

«So.»

«Hart, so was zu sagen, was?»

«Ich weiß nicht... Herr Ober!»

«Heil, Konfuzius!»

«Noch ein – zwei –»

«Noch zwei –»

«Nein –»

«Nein, Moment mal – wir nehmen zwei Starboard Lights. Du verstehen Starboard Lights?»

«Ich verstehen.»

Die Drinks wurden gebracht, und ich mußte Popplereuter den Unterschied zwischen einem Starboard Light und einem *crème de menthe* erklären. Als wir ihn probiert hatten, fragte er, was meine Mutter von meinem Weggehen gehalten hätte.

Ich antwortete nicht, der Brief fiel mir ein.

Dann fiel mir Janets Brief ein. «Vergiß es, du Hurensohn», sagte ich laut.

«Wie?» sagte Popplereuter.

Ich tastete in meine Innentasche und zog die Briefe heraus. Mein Herz schien im Takt meines Körpers und mir aus dem Hals zu schlagen.

«Ich kann das nicht lesen», sagte ich zu Popplereuter. «Lies du.» Ich übergab ihm die beiden Briefe.

«Lies zuerst den oberen», sagte ich. «Er ist von meiner Mutter.»

Er öffnete ihn und las: «Mein liebster Sohn – Nur ein kurzes Briefchen, um dir zu sagen, Gott möge dich schützen und auf dem rechten Pfad erhalten. Ich hoffe so, daß du dich wohl fühlst und dich *sauber* hältst, denn ich möchte nicht, daß mein Sohn von einem Haufen Halunken verdorben wird. Meine Zeit reicht nicht für mehr, denn, wie du weißt, meine Augen sind so schlecht in letzter Zeit. Sehr viel Liebe von deiner dich liebenden Mutter.»

«Sagt sie das wirklich – ‹Ich möchte nicht, daß mein Sohn von einem Haufen Halunken verdorben wird›?»

«Ja. Der andere Brief ist von deinem Mädchen. Soll ich ihn dir nicht vorlesen?»

«Noch nicht, nein.»

Ich machte aus dem Brief meiner Mutter einen Trichter und goß den Starboard Light da durch in ein halbvolles Glas Bier.

«Sie liebt mich nicht», sagte ich. «Ich wünschte, es wär so. Was hat das alles für einen Zweck.»

«Wer – deine Mutter?»

«Ja – und jetzt spüre ich irgendwie, daß ich mich nicht traue, den Brief meines Mädchens anzuhören – sechs Wochen sind doch eine lange Zeit, und sie hat noch keinmal vorher geschrieben.» Ich begann, mich selbst zu bemitleiden und mich ziemlich betrunken zu fühlen.

«Also, ich weiß nicht.» Popplereuter nahm einen langen Atemzug. «Ich denke, du bist sehr glücklich dran, und jung. Ich muß dir gestehen, ich versuche zu vergessen. Ich habe hier die Nachricht erhalten, mein kleines Mädchen, mein kleines Liebchen, Tochter des Hauses, vom Hotel Rheinischer Hof. Sie hat neulich geheiratet. Oh, Hans ist so unglücklich, sehr, sehr unglücklich.»

«Na, dann sind wir ein Paar, was soll's», sagte ich. «Ich hab auch ein Mädchen im Kopf – Ich wollte grade erklären –»

«Ja, aber du bist zu jung für so einen großen Kummer.»

«O Teufel.» Ich seufzte. «Was ich hätte erklären sollen, ist folgendes: dein Beruf, deine Profession, ist die See, wohingegen meine es einfach nicht ist. Ich werde nicht dableiben und Winden abkratzen, glaub das bloß nicht. Ich kann mir einfach nicht vorstellen, warum ich hier bin, so viele Meilen weg in diesem gottverlassenen Nest. Wenigstens werde ich versuchen zu erklären –»

«Prosit.»

«Prosit.»

Ich merkte, wie meine Augen sich trübten, meine Augen ruhig wurden. Ich wollte gar keine Erklärung versuchen. Ich starrte auf die tausend Bläschen oben auf meinem Bier. Ich hatte vorgehabt, Popplereuter zu erklären, warum ich zur See gegangen war, aber das war bestimmt unmöglich. Und falls eine Erklärung möglich war, hätte er sie genausowenig verstanden wie ich es nicht verstanden hätte, warum Popplereuter zur See gegangen war. Schließlich konnte ich es mir selbst nicht erklären. Ich war schon schwierig genug gewesen für einen Abend, wie immer. Ein

Bläschen gleich ein Sandkorn. Auf jeden Menschen 60 Sterne. Geräuschvoll stellte ich mein Glas ab und nahm es dann wieder und starrte traurig in mein Spiegelbild. Narziß. Bollocky Bill the Sailor. Bollocky Bill, aufstrebender Schriftsteller, auf wundersame Weise von Poseidon vom Musenhain geholt. Aber war Poseidon dabei so wichtig gewesen? Ich blickte noch tiefer in mein Glas. Jesus, war ich das? Was war da? Traurigkeit! Elend! Selbst-Ekel! Schrecken! Keine Fluchtmöglichkeit davor, keine Fluchtmöglichkeit vor dem glücklosen Hilliot, dieser starken Kreatur mit dreckigem verpestetem Haar auf dem Kopf und einem madigen Gehirn und einem vermodernden Bewußtsein, die von archetypischen Ideen träumt; diese trübe Tasse, Eugene Dana Hilliot. Eure Hand, großer Anarch, böser Geist, der mir folgen muß, wohin auch immer ich gehe! Höre, Chaos! Höre mich, Du Stinktopf voller Kot, voll von Verderbnis, Unrat und Gestank! Jesus aus Stanniolpapier, gekreuzigter Homunculus (der auch das Kreuz ist), aufgespießt am Haken eines imaginierten Galiläa! Der die Dornenkrone ist, die rote Blüten vertropft, und die blauroten Nägel, die Dreschflegel und die blutenden Wunden. Die Tränen, aber auch die Lippen, die sich wölben, um sie aufzufangen in ihrem Fluß; die Geißeln, aber auch das Fleisch, das ihnen zukriecht. Das Netz und das silbrige Gewimmel in den Schlingen, und alle Fische, die im Meere schwimmen. – Das Zentrum von Charing Cross, ABCD, der Cambridge Circle, der Cambridge Circus, ist Hilliot – aber jede Nacht steigt er ungesehen hinab und kehrt in sein Hotel zurück – während die beiden großen Achsen, die Propellerachsen, die Achsen des Geistes, blutverschmiert, AB, CD, die Durchmesser sind.

Nun, mit seinem Nabel als Mittelpunkt und dem halben CD als Radius, beschreibe einen Teufelskreis! Ein dringend gegebener Befehl! Höre mich, Janet, Erzeugerin all dieser Gedanken und Worte, dieser beschränkten Albernheiten und Grübeleien, eine Zauberformel für dich selbst, unseren ungeborenen Sohn und mich. Sage sie dir langsam und liebevoll auf, als ob du sie liebtest ... Wußtest du, daß ich zu Stigmen neigte? Ja, mir fließt das Blut aus den Füßen, vom Rist wie von der Sohle, und aus meinen Handtellern und Handrücken. Meine Stirn wird feucht von Blut, und auch dort fließt Blut. Ich liege auf dem Rücken, meine in Tücher gehüllten blutenden Hände auf den Knien. Und gleichzeitig sickert aus den Stigmen meiner Seite und meiner Füße Blut, und es tröpfelt mir über die Schläfen, die Wangen und den Hals. Mein Kopf fällt auf die Seite, meine Nase fühlt sich an, wie bei einem Mescalrausch, wie Wachs; meine Hände sind Eiszapfen ... Auf meinem ganzen Körper bricht klebrigkalter Schweiß aus. Und das ist nur *eins*! Es gibt noch tausend andere, bedeutsamere Enthüllungen, die ich über mich machen könnte! Wonach – könntest du noch an mich glauben, noch an die Vorstellung glauben, daß meine Reise etwas Columbianisches und Herrliches an sich hat? Noch an meine selbstauferlegte Buße glauben? An dieses Getue, mit dem ich mich in undurchdringliche und furchtbare Schranken begab, damit ein allmählicher Prozeß der Rechtfertigung vor dir seinen Gang nehmen konnte? Sehr schön, dann bereite dich darauf vor, desillusioniert zu werden; denn ich werde wie Melville mein Motiv wie eine Zwiebel schälen bis zur innersten Knolle der Erniedrigung; höre dir, wenn du meine Liebe achtest, die Geschichte meiner benebelten Einfalt an, meines besudelten Idealismus; meiner makellosen Heuchelei ...

«Ich weiß nicht, Hans», sagte ich. «Ich weiß nicht, was ich dir von meinem Leben erzählen könnte, das dich interessieren würde, oder wenn es dich interessierte, was du davon verstündest. Zunächst mal bin ich ein seltsamer Mensch, das heißt, ich wäre gern ein seltsamer Mensch, das kommt der Wahrheit näher – das wirst du bemerkt haben: manche könnten fast sagen, ein Idiot. Ich bin in Kristiania geboren, in der Christian den 4 des gade, gefährliche Namen für mich! Meine Jugend wurde durch eine merkwürdige Leidenschaft, neben anderen Dingen, Universitäten zu sammeln, zerstört. Ich spielte zum Beispiel in Harvard Baseball und setzte Brattle Square in Brand. In Princeton habe ich mich fast zu Tode gesoffen. In Moskau war ich unter Pudovkin Kameramann. In Oxford, Missouri, schrieb ich ein Lied. In Yokohama lehrte ich Botanik. Als Kristiania Oslo wurde, verkaufte ich in meiner Verzweiflung das *Dagbladet* und hielt Vorlesungen über die Okkupation Grönlands. Von Cambridge, Engl., wo ich zehn Jahre lang als Fellow of Westcott House weilte – am Jahrestag des 11. November spielte ich die Mandoline –, wurde mir ein Ehrentitel verliehen. In Cape Cod verwaltete ich gleichzeitig die Ämter des Stadtpolizisten, des Kartenabreißers im Kino und des Ortsschmugglers; dort beging ich auch meinen ersten Mord, in einer Windmühle. Auf Barbados, in Bridgetown, blieb ich eine Woche und spielte in einem Bordell meine Taropatch. Indem ich auf das Angebot der fünfzehnjährigen Tochter des Hauses einging, verkaufte ich sie für eine Flasche Gin an den schwarzen Türsteher. Ich befand mich jedoch in einem zu schlappen Zustand, um sie trinken zu können. In Tsingtau betrog ich einen Chinesen um eine Flasche batavischen Arraks und weinte hinterher, als er sich öffentlich weigerte, mir die Hand zu geben. In Stambul spielte ich Schach mit der Schwester des Sultans. Ich laufe den Frauen von Straße zu Straße nach, von Laterne zu Laterne, von Petty Cury bis zu Old Chesterton, und bleibe immer eine Jungfrau. Wenn sie mich ansprechen, laufe ich weg. Aber wozu weitermachen? Ich habe gelebt. In Saigon und Singapur habe ich in Blut gebadet. Wie Masefield trug ich mein Taschenmesser in der Mütze, um bei Kap Horn den Blitz zu erwischen – was meine Schiffskameraden ‹auf dem Horn einer Demelia sein› nannten. Einmal, als wir eine Woche lang hilflos in einem offenen Boot umhertrieben, stärkte ich den Mut der Mannschaft, indem ich auf der Taropatch spielte. Am Ende mußten wir die Saiten essen. Aber nicht doch, interpretieren Sie mein Verhalten bitte nicht als unkonventionell oder schizophren. Nein, und tausendmal nein. Bei Offiziellen war ich schon immer beliebt. Ja. Männer von Ansehen, viele hundert, haben mich betrunken nach Hause geleitet. Auf Honolulu war es der Hafenmeister. In Yokohama war es der Hilfshafenmeister. In Bombay war es der stellvertretende Direktor des Hafenkonzerns. In Neapel war es der capitano del porto. In Konstantinopel war es der captein port. Die türkischen Zeitungen beschrieben meine Verhaftung wegen der unbedeutenden Sache mit der

Schwester des Sultans als ‹une fantaisie bien américaine›. Der Polizei hatte ich meinen Namen als Whitman angegeben ...

In Batavia sah mich keiner, aber in Kalkutta fragten sich Hunderte von Menschen, warum ich das heilige Wasser des Ganges zu mir nahm. Barcelona kannte ich so gut wie Rangun. Piräus wie Gibraltar. Manila, Surabaya? Das ist für mich alles dasselbe. Sie wissen, was in der Bibel steht ... ‹Von Ezjon-Geber brachen sie auf und lagerten sich in der Wüste Zin, das ist Kadesch. Von Kadesch brachen sie auf und lagerten sich bei dem Berge Hor an der Grenze des Landes Edom ... Von Zalmona brachen sie auf und lagerten sich in Punon. Von Punon brachen sie auf und lagerten sich in Obot ... Von Almon-Diblatajim brachen sie auf und lagerten sich am Abarimgebirge, dem Nebo gegenüber.›

Tja, das bin ich. Der Almanach. Und in all diesen Orten habe ich geweint; geweint um meine verlorenen Gelegenheiten und um meine gefundenen Gelegenheiten, um meine gründlich verlorenen und meine gründlichen Gelegenheiten, um meinen Mangel an Verstand und meinen Überfluß an Kraft, um meine Zartheit, meine übersinnliche Grausamkeit, um meine verlorene Kindheit und meine außerweltliche Intelligenz; und dann, als der Lärm einer Million Städte über meinem Geist zusammenschlug, habe ich um das alles geweint, denn ich war immer völlig betrunken. Ja, Hans, ja, auch in der Literatur ist mein Name kaum weniger bedeutend. Das *Honolulu Star Bulletin* schreibt ‹Ein Name, mit dem man sich verschwören muß.› Du sichst, lohnlos, aber kolossal. Als ich vierzehn war, stand ich ein Jahr lang unter dem Wahn, ich sei Thomas Chatterton ... irre? Nein ... nicht eben das. Ich war vielmehr eine Art Halbirrer, verderbenbringend, provozierend und gefühllos bis zum äußersten, für den im Wahnsinn, wie im Tod für den Impotenten, der einzig würdevolle Ausweg besteht. Nein, nein, nein, nein. Ja, ja – und doch, nach all dem, was kümmert's mich, wenn mir keiner glaubt?

Lies erst einmal meine gesammelten Werke, einige tausend Bände, worin auch der vieldiskutierte ‹*Othello*› enthalten ist, alle in festem Einband, und widme besondere Aufmerksamkeit dem Meisterwerk ‹*Wie man, obzwar tot, glücklich werde*›. Zugegeben, manche sagen, das wäre alles Dünnbier, aber das gibt's in jeder Menge; ein freundlicher Rezensent, J., schrieb, ich hätte Mücken geseiht und den Round Pond verschluckt; ein anderer erwähnte, Hilliot hätte tausend Zeilen geschrieben, und fügte hinzu ‹Hätte er sie doch alle gestrichen›. Zweifellos sind diese Bemerkungen bis zu einem gewissen Grade berechtigt, und meine Kritiker im Recht; aber alles in allem genommen, im großen und ganzen, reicht das nicht, um jeden beliebigen Mann in die Back zu treiben, oder in den Suff?»

«Du lügst mich an», sagte Popplereuter verwirrt, vornübergelehnt, das Glas in der Hand.

«Ja», sagte ich. «Allerdings. Tut mir leid, du weißt nicht, wie wenig. Aber selbst wenn ich den Kasus klarer darstellen sollte, wenn ich eine spürbare Anstrengung in Richtung Klarheit unternehmen sollte, eine nüchterne Zusammenstellung der Nachrichten – ich weiß, du verstehst mich nicht, aber ich bin jetzt allmählich besoffen genug, um dich unbedingt zu Tode langweilen zu wollen – ich kann auch ein Grab sein! Der springende Punkt ist, daß die offenbaren Tatsachen weitgehend imaginär sind. Ich unterstelle die Schuld einer Mutter, eines Vaters, oder der Vererbung, stelle sie mir vollständig vor, um einerseits eine adäquate Erklärung meiner weniger erklärlichen Handlungen geben, und andererseits, um mich in finstre, blutbefleckte Würde hüllen zu können. Einige dieser Punkte stehen fest, und du hast vielleicht selbst etwas darüber in meinem vielgeschmähten und sicherlich gefährlichen und irreführenden Werk ‹*Hamlet*› gelesen. Die Vorstellung, mein Vater sei wahnsinnig, erfreut mich, auch wenn er in Wirklichkeit nur mit einem Nierenstein in einem Pflegeheim ist; die Vorstellung, daß meine Mutter, die gelegentlich an Konjunktivitis leidet, erblindet, erfreut mich. Doch bin ich es, der der Vater ist, oder der Vater wäre, die Mutter, und der die Verantwortung für beide verlangt; es ist klein Dana, der dem Heer der Blinden und Stummen angehört. Ich versichere dir, es *gibt* diese Sache mit meinen Tanten, die alle wegen einer Reihe

Milchflaschen auf dem Friedhof von Oslo umgehauen wurden, aber das war nicht die Folge eines schrecklichen physischen Kataklysmus, soweit ich das beurteilen kann, sondern es war die Folge einer unglücklichen Vermählung von titanischer Kraft und unzerstörbarer Dummheit mit moralischer Schwäche. Wenigstens hoffe ich, daß die Sache damit erschöpfend behandelt ist. Aber hieraus ergibt sich etwas Einfacheres. Ich bin krank vor Liebe zu einem Mädchen. Sie trägt einen weißen Rock, eine weiche Bluse und eine braun abgesetzte Schuljacke.»

«Ah, ich liebe sie! Du liebst mich! Ist doch gar nicht so übel. Hahaha!» gluckste Popplereuter.

«Mein Großvater mütterlicherseits war ein Kapitän zur See, er ging mit seinem Schiff unter. Er hat meiner Mutter einen Kakadu mitgebracht. Prosit.»

«Für das Gleichgewicht der Kräfte», sagte Popplereuter.

«Folglich sitzt in mir eine angeborene Gier nach der Ruhelosigkeit der See. Meereinsamkcit. Oh, aber diese Gier war nicht, ist nicht bewußt genug, um, wie Petit der Dichter sagte, vom Verstand zu einer bloß vagen Wanderlust abgemildert werden zu können ... Nein Sir. Na! ... Gute Nacht, Konfuzius; ich beneide dich um dein außergewöhnliches Glück!»

Norddeutscher Lloyd Steamships: Miki Bar – Tanz; Richard Barthelmess in «The Amateur Gentleman»

Wir blieben, auf unseren Absätzen schwankend, vor der schneeweißen Fassade des Theaters stehen. Vor dem Kassenschalter torkelte ein Matrose rum.

«Holla», sagte ich, «das ist nächste Woche. Mal sehen, was es heute gibt, herrgottnochmal. Olga Tschechowa in *‹Love's Crucifixion›*. Was schließen Sie daraus, Watson?»

«Olga Tschechowa in *‹Love's Crucifixion›*», buchstabierte Popplereuter. «Richard Barthelmess in *‹The Amateur Gentleman›*. Ein hinreißendes Drama aus der guten alten Zeit von Merrie England! Nächste Woche!»

Als wir auf die Kasse zugingen, sah ich, daß der betrunkene Matrose Norman war. Er trug nichts als ein Unterhemd und eine Kattunhose. Ich schätzte, er war noch betrunkener als ich. Auf einmal stieß Norman seinen Arm durch das Drahtgewebe des *Guichet* an der Kasse und ließ seine Faust poltern.

«Einmal Dritter nach Birkenhead Hauptbahnhof, Tagesrückfahrkarte», grölte er.

«Hallo, Norman», sagte ich.

Er wandte sich um, drehte sich aber wieder aus eigenem Entschluß weg, bevor er sein Gleichgewicht wiedererlangte. Es sah so aus, als ob ihm langsam die Erkenntnis durch die Adern sikkerte, wer ich sei.

«Hallo, Kumpel! Kommt ihr mit mir mit, Schiffskameraden? Ihr kommt? Gut!» Er wankte wieder zur Kasse. «Drei, vier, fünf, fünfzehn Tagesrückfahrkarten nach Birkenhead Hauptbahnhof. Hören Sie mich? He, wo 's Andy, Leute? Ich hab Andy verloren. Wißt ihr, wo Andy ist?»

«Ich hab ihn nicht gesehen, Norman», sagte ich.

«Ich hab ihn verloren. Keine Ahnung, wo ich den Mistkerl verloren hab. Hast du den mistigen Mistkerl irgendwo gesehen?»

«Nein, hab ich nicht. Wie wär's, kommst du mit ins Kino?»

«Nä, ich muß diesen Mistkerl finden.»

«Ach laß ihn zur Hölle fahren.»

«Ja, zur Hölle fahren», grunzte Norman und ließ Andy für eine Weile ein bißchen links liegen.

«Sollen alle zur Hölle fahren.»

Während wir redeten, riß sich Popplereuter, der bis dahin auf dem Bordstein gesessen hatte, plötzlich zusammen und stand auf; er ging die ganze Stufe entlang und stieß gebieterisch einen Geldschein in den Kassenschalter.

Man ließ uns ein. Drinnen glühte das Kino in rötlichem Licht. Die Wände waren völlig glatt, und die abgedeckten roten Lampen ließen es mir wie eine Gruft oder eine von Fackeln erleuchtete Katakombe vorkommen. Es zu betreten, war das Betreten einer mephitischen Back, denn es schien mir, daß der Laden voller Matrosen und Heizer war. Das Publikum bewegte sich, rauchte, hustete und murmelte wie eine einzige Masse, farblos und stumm. Ein langer Ton des Orchesters zog die beiden Hälften eines Gazevorhangs lahm über die Leinwand, bis sie sich in der Mitte trafen. Betrunken. Wir waren alle betrunken.

«Andy sagte, er wollte mich im Seemannsheim treffen», lallte Norman, der nirgendwo einen Sitz finden konnte.

«Und, warum gehen wir nicht hin?»

«Nein, bleiben wir hier.»

«Ist es das englische Seemannsheim?»

«Das skandinavische.»

«Im Dock liegt ein Schiff aus Norwegen, Norman», sagte ich.

«Da gehn wir hin. Welches Schiff?»

«T. S. *Martensen.*»

«Da gehn wir hin.»

«Wir bleiben jetzt erst mal hier und sehen dann, ob sich da was tut.»

«Norwegen, wa?»

«Ja. Das wär was, wieder in Norwegen zu sein», sagte Norman.

Ich begrub mein Gesicht in meinen Händen. Woran dachte Norman? Janet kam mir über den Schnee entgegen. Schnell wechselten die Jahreszeiten: in Tvedestrand starrten Frühlingsblumen in die Sonne; in der sturmgebeutelten Wäsche staken kahle Äste; die lautlosen schwarzen Tiefen eines Fjords schlossen sich über meinem Kopf. Heimat. Ja, jeder wollte nach Hause gehen. Aber nach Hause wohin? Ein bißchen Einbildungskraft, und *das* hier war die Heimat! Einer dieser Samstagabende mit Janet im Birkenhead-Hippodrom. Zweimal abendlich, 6:30, 8:40! Bitte zwei zu zwei-vier! Das erste Haus. Das Orchester beim Stimmen, wie müde Männer, die in verschiedenen Tonlagen schnarchen. Das anschwellende Brausen des fallenden Vorhangs. Wenn sich an der Öffnung der Vorderbühne eine feuerfeste Schutzwand befindet, muß diese mindestens einmal während jeder Vorstellung heruntergelassen werden, damit festgestellt werden kann, ob sie in ordnungsgemäßem Zustand ist ...

«Schläfst du?»

«Bitte?»

«Am Schlafen?»

«Nä, nä. Besoffen.»

Der Vorhang teilte sich, und die beiden Hälften knarrten in die Kulissen zurück. Wem gehörte diese Insel? Das American Hatoba, das Oriental Hotel, und das Kyo-Bashi ... O diese infernalische Reklame auf der Leinwand! Kai Nr. 1. Kai Nr. 2. Kai Nr. 3. Kai Nr. 4. O Hiro Bar Yamagata-Dori. Telefonnummer Sonnomiya 2580. Wahrscheinlich war Äschylus' Geographie auch nicht chaotischer als meine eigene. Janet hatte sich, indem sie einfach an die Schiffsmakler in Singapur schrieb, noch nicht einmal die Mühe gemacht herauszufinden, wo das Schiff sich befand, was sie leicht hätte tun können, wenn sie sich das *Journal of Commerce* gekauft hätte. Ich hatte ihren Brief noch nicht gelesen. Ich spürte ihn in meiner Tasche, warm an meinem Herzen. Hilliot invictus, Prometheus absolutus, Dana solutus. Die Lösung auf meiner Brust. Keine schlechte Geographie im *λυόμενος*, Desmotes. Da heulten die zunglosen Höhlen der klippigen Berge Trübsal; die hohlen Himmel antworteten Trübsal; die purpurnen Wogen des Ozeans stiegen an Land, heulten die peitschenden Winde an, und die bleichen Völker hörten es, Trübsal!

Zwei Shilling bitte. Hier lang, Janet. Die Metallscheibe pakken, dann gemeinsam an die Galerie lehnen, während unten ganz Liverpool hustete.

«Des flammes déjà!» schrie ich, als in dem Theater plötzlich die Lichter für die Pause aufflammten und zwei Matrosen von der *Ödipus Tyrannus* lautstark hereinkamen. «Das erinnert mich an die alte Bermondsey Music 'All Bill.» «Nein, Junge, die ist nicht zu schlagen.» Sie fingen an zu singen. Das Publikum protestierte mit tausend Pschten; hörte sich an wie eine Art einstimmiges Orgelpedalgetrete; ich dachte, mein Gott, man könnte genausogut wieder im Central Cinema, Hobson Street, Cambridge, sitzen! Jedenfalls ist die ganze verfluchte Angelegenheit ein Rückschritt. Ein kleiner, von Furien gehetzter Junge. Lieber Gott, lieber Gott.

Sudoh und Co. – Hersteller und Exporteur von Kuriositäten und Vasen, Porzellan und Satsumawaren, Teegedecken, Wandschirmen, Bronzeartikeln, Perlen ... Cloisonné-Lackwaren,

Schildpattwaren. 10, 11 und 12 Chickaramachi 4-chome, Nagoya, P. O. Box Nr. 2 Akatsuka. Tel. 586 Higashi. Fabriken in: Chikusacho, Nagoya und Mino, Seto, Owari ... Wir handeln mit unseren eigenen Produkten Allround Qualität Rufen Sie an und überzeugen Sie sich Alles 1 A, wir werden Sie voll zufriedenstellen Besichtung erbeten Rufen Sie an und überzeugen Sie sich. Das ist die Gelegenheit.

Ich fing an zu klatschen, und das Publikum machte mit. Sie klatschten und stampften, grölten und spuckten und rülpsten. Das Gestampfe machte einen furchtbaren Lärm, und wieder dachte ich an die Pedale von tausend atemlosen Orgeln, auf denen rhythmisch herumgetrampelt wird –

Mano Hotel ideal und schön gelegen am romantischen Meer. Das Haus bietet exzellenten Service. Jeden Abend Musik und Tanz. Der imposante Ballsaal wurde soeben wiederaufgebaut. Bietet eine schöne Aussicht auf die Bai von der Veranda aus. Unser Autodienst steht Ihnen jederzeit zur Verfügung. Bad jederzeit benutzbar. Schwimmöglichkeit direkt von Pier. Radio neu. Wir bedienen Sie mit bestem Bier und Schnaps und anderen Erfrischungen.

«Wir wollen den Film», grölte ich ... Langsam verloschen die Lichter. Ein Kapitän trat auf. Jeder liebte Mary Lou, das netteste Mädchen von Oshkosh ... Mary Lou erschien auf einem Balkon und legte den Kopf auf die Seite; sie klatschte in die Hände und sprang vor Begeisterung herum, als sich ein Fuhrknecht, dem ein Jüngling in einem glänzenden Zweisitzer folgte, in einem weißen Wirbel körnigen Staubs näherte ... «Wie kommst du an den süßen Buggy?» fragte sie. Das Publikum brüllte und trompetete und hupte. «Was kommst du hierhin? Es war nicht mein Gatte. Sondern dieser menschliche Ballon da hinten.» Ziellos, sinnlos ging das Lustspiel weiter, klägliche Bilder von der perfekten Absurdität des Lebens. «Kannst du nicht mal einen Augenblick warten, nur einen Augenblick? Also dann, hört alle gut zu, wenn die Menschen Dominosteine wären, ha, dann wärst du die Doppelnull!»

Doch auf einmal setzte die Maschine mit einem Surren aus, die

Leinwand wurde hell, die Lichter gingen an. Und wieder fing das Klatschen an.

«Kommt, gehn wir», sagte ich ungeduldig. Wir zwängten uns auf den Gang und stolperten die Stufen runter auf die Straße.

Weiter – weiter zur *Martensen.*

«Wir sind genau auf dem Weg zum Kai», sagte Norman. Sandalenklappernd kam ein Eingeborener vorbei, er zog einen Karren an den Griffstangen. «Rikscha!» rief er. «Rikscha, Rikscha, Rikscha!» Er sprang wie ein aufgeregter Hund um uns herum.

«Ja», sagte ich. «Fahr uns erst mal zum skandinavischen Seemannsheim –» Jetzt brauchte ich mich vor Andy nicht zu fürchten!

«Nix verstehn.»

«Irgendwo da lang», sagte Norman besoffen.

«Los, fahr schon!» schrie ich.

«Ich nix sprech Englisch.»

«Mach schon, Mann. Fahr gradeaus, herrgottnochmal.» Irgendwie quetschten wir uns alle rein. Der Rikscha-Wallah lief mit uns los, seine Sandalen patschten; die Sternennacht war erfüllt von klack-ack-ack und dem sanften Geräusch der Räder. Nicht gerade wie das Lake Isle in Innisfee, dachte ich, als wir an einem hellerleuchteten Hotel, dem Oriental, vorbeikamen. Die Räder klangen weich, wie raschelnde Blätter. Ein wohlhäbiger Chinese rauchte eine Zigarre. Ein Schauer kalter Funken ging auf Popplereuter nieder. Der Fahrer spie verächtlich. Weiter – weiter – weiter. Drei Heizer wankten die Straße entlang und sangen *Seraphina.* «Seraphina trägt kein Höschen, ich war da und sah sie nah, Seraphina», brüllten sie glücklich.

«Halt!» schrie Norman. «Wir sind da.»

Ohne es zu merken, waren wir beim Seemannsheim angekommen. Norman kletterte heraus und torkelte die Straße runter, um nachzusehen, ob es geöffnet wäre; Popplereuter legte seinen Arm um meine Schulter.

«So läßt's sich leben, wa?» grinste ich.

«Mein lieber alter Freund», gluckste Popplereuter zärtlich.

«Hat der verfluchte Laden auf?» sagte ich.

«Nordiskt Lasrum for Sjömaen. Oppnaski ... Ingang till Lasrummet. Oppet fra KI 5 tell KI 9 im ... Lasrum Skandinaviska Sjomans-Hemmet ... Foreningen for de Skandinaviske Sjømannshjem», las ich.

«Ich kann die verdammte Tür nicht finden», sagte Norman.

«Zum Teufel mit dir», sagte ich. «Beeil dich.»

Popplereuter und ich brüllten, wir feuerten ihn an. Der Rikscha-Wallah stand zwischen seinen Griffen und sah mit schweigender Verachtung zu.

«Da 's ne Kirche. Gustaf Adolf Kyrkan», sagte Norman.

«Laß das, da kannst du nicht rein.»

Wir beide, Popplereuter und ich, lachten. Er holte seine Pfeife hervor und begann sie aus einer Dose Brinkmann's Standard Mixture zu stopfen.

«Du kannst doch nicht zur Kirche gehen, Norman», sagte ich.

Norman schlingerte wieder zu uns. Seine Züge zerfielen plötzlich.

«Ich weiß gar nicht, warum ich diesen blöden Scheiß überhaupt mitmach –»

Wieder fuhr die Rikscha mit uns los, und jetzt wurde mir zum erstenmal bewußt, daß ich schwitzte. Wir hielten am Südbahnhof an und pöbelten am Fahrkartenschalter rum.

«Dritter Rückfahrt nach Birkenhead Hauptbahnhof», sagte Norman.

«Dritter Rückfahrt nach Port Sunlight», trumpfte ich auf, denn heute nacht sollte mich keiner überbieten.

Schließlich wurden wir aus dem Bahnhof hinauskomplimentiert. Wir zahlten den Rikscha-Wallah aus. Die Straßen strömten wie verrückte Lichtkanäle dahin, während Autos und Straßenbahnen wie brennende Hausboote irr auf ihnen segelten. «*Free Press,* Konkubine des Schwagers ermordet», kreischten die Plakate. «Tennisschuhe für die ganze Familie.»

Dann standen wir am Kai und sahen am wuchtigen Heck der S. S. *Leeway* aus Swansea hoch, die gleich vor der *Martensen* angelegt hatte. Zwei Stewards standen da oben, ganz hoch auf dem Heck, ihre Spüllappen über den Armen.

«Habt ihr Andy gesehen?» schrie ich zu ihnen hoch. «Ihr hättet ihn nicht übersehen können. Das ist ’n großer Kerl ohne Kinn, zeigt den Einfluß von Whisky.»

«Nein. Wir sind grade erst angetreten. Der Käptn gibt ein Essen», sagte einer der Stewards. Er spuckte; die Rotze landete auf dem «Y» von *Leeway* und geiferte langsam in den Hafen.

«He, habt ihr ’ne Taube verloren», fragte ich.

«Komm, laß das doch», sagte Norman. «Ich will meinen verschissenen Micky nicht loswerden.»

«Gibt’s hier irgendwelche Bumboote», winselte Popplereuter.

«Also los, gehen wir alle zur *Martensen.*»

Aber die *Martensen* schien noch immer verlassen. Wir zerrten uns japsend die Gangway hoch und stahlen uns in den Maschinenraum hinunter. «Fuld, Halv, Sagte. Vel. Stop. Klar. Sagte», lasen wir. Aber aus der Dunkelheit kam uns ein Quartermeister entgegen.

«Wir sind bloß hier, um zu fragen, ob ihr ’ne Taube verloren habt.»

«Wir wollten fragen, ob ihr Andy gefunden habt.»

«Bumboot.»

Der Quartermeister stierte uns schläfrig, vom Donner gerührt, an. Plötzlich kamen wir uns idiotisch vor und rissen aus. Wir rannten die Gangway runter und liefen zusammen am Kai lang, bis wir außer Atem waren. Wir tanzten auf der Straße. Oh, wir fühlten uns stark genug jetzt für alles!

Das nächste, was wir mitbekamen, war, wie uns ein Strizzi durch eine finstere Seitenstraße führte. Auf beiden Seiten liefen Urinbäche herunter. Auf den Treppen der Häuser hockten Frauen, die, wenn wir vorbeigingen, wie mechanisch ihre Röcke hochklappten. Irgendwo lief ein Grammophon, es spielte *My Sweet Hortense.* Die Straße war so gut wie unbeleuchtet, abgesehen von trüben Lampen in einigen Fenstern. Im Vorübergehen riefen uns Mädchen zu. Wir wurden durch eine Schwingtür und dann durch einen dunklen Flur in einen hellen Empfangsraum geführt. Im Haus ging ein ständiges Lärmen vonstatten, eine Art Kläffen. Dann sahen wir, daß der Raum voller Pritschen war und die Pritschen voller junger Hunde, drei junge Hunde pro Pritsche. Wir drehten uns um und sahen eine abgetakelte Vettel mit struppigem Gesicht, offensichtlich eine Europäerin, die in Salonschluffen ranschlurfte. Ihre Beine waren nackt, aber behaart. Rechts von der nächststehenden Pritsche zog sie einen Vorhang zurück. Dann gingen wir alle in ein Schlafzimmer. Ein großes Bett, über dem ein Jesus mit vielen Heiligenscheinen hing, drang in mein Bewußtsein, und direkt neben Jesus lugte ein sanftes Kätzchen – ein Kalenderbild – unschuldig von der Wand. Der ganze übrige Raum war voll mit Bibelzitaten und Bildern von der Jungfrau Maria und Maria Magdalena. Neben dem großen Bett, das mit einem einzigen Laken bedeckt und mit Fußspuren befleckt und bekleckert war, stand noch eine Pritsche voller Pinscher.

«He, wo geht ihr hin?» schrie die Vettel.

«Raus», sagte ich.

«Du hast recht», stimmte Norman, schon nüchterner, zu. Weiter, mehr Kneipen, mehr Drinks, mehr Rikschas.

«Hans sehr unglücklich, sehr betrübt. Hans großes Heimweh», murmelte Popplereuter.

«Na schön. Komm mit hier rein und Kopf hoch.»

Wir drückten uns durch das Drehkreuz in ein kleines anatomisches Museum ...

«Diese einmalige Sammlung», lasen wir, «mit all ihren Neuerwerbungen, umfaßt mehr als hundert Modelle und Abbildungen, einzigartig in ganz Asien ... *An diesen Modellen sieht der Besucher die schrecklichen Folgen für den MANN der ein LASTERHAFTES Leben führt wodurch die Sünden des VATERS an den KINDERN und KINDESkindern bis zur dritten und vierten GENERATION gestraft werden ... Modell eines gutentwickelten neuGEBORENEN KINDES all seine Proportionen müssen das HERZ der Mutter vor DANKBARKEIT für solch eine Gnade höher schlagen lassen ... Obstetrische Präparate. Die*

Zangen ... Phimose und Paraphimose ... Das Gesicht eines alten JUNGGESELLEN, er wurde SCHWACHSINNIG und verfiel rapide in eine zweite KINDHEIT; welch ängstliche Rechenschaft wird er am TAG DES JÜNGSTEN GERICHTS ablegen müssen ... SIEBENUNDDREISSIG Modelle in ACHT Glasbehältern zeigen die sekundären Symptome alle nach dem LEBEN modelliert. Einige dieser Erkrankungen wurden durch den Gebrauch von QUECKSILBER enorm verschlimmert und ferner werden durch falsche Behandlung namentlich eitrige Blatternpusteln und Tumore ... Supinator lungus; pronator radii teres; flexor carpi radialis ... fasculi des flexor sublimis digitorum. KOPF und HALS zeigen den schrecklichen und WÜRDELOSEN Zustand in den MÄNNER geraten, wenn sie die GEBOTE GOTTES mißachten; der Lohn der Sünde ist der TOD.

Außergewöhnliche Superfoetation bei ZWILLINGEN, eins der KINDER war weiß, das andere schwarz ... Embryologie und fötale Entwicklung. ELTERN leben immer und immer wieder in ihren KINDERN weiter, denn sie gleichen ihnen gewiß nicht nur im Gesicht und in der KÖRPERFORM, sondern auch in den Hauptzügen ihrer SEELEN und ihrer Tugenden und LASTER ... Wenn sie verwahrlost und geisteskrank ist, müssen seine Lebensfunktionen Schaden nehmen; üppiges Essen macht es SCHLAPP. Wenn sie nicht ausreichend atmet, wird es SCHWÄCHLICH und BLUTLOS werden; wenn sie Drogen nimmt, wird es SCHLECHTE Gewohnheiten annehmen; wenn sie mit Quecksilber oder Antimon behandelt wird wird es für SCHWINDSUCHT prädisponiert sein ... Möge der unbesonnene Mann hier innehalten und einen Spruch aus der Bibel lesen; wer den Tempel Gottes vernichtet, den wird Gott vernichten; denn der Tempel Gottes ist heilig, UND DER SEID IHR ...»

Wir machten, daß wir wieder auf die Straße kamen. Sturmverkündende Totenstille lag in der Luft. Ein zottiger Büffel griff mit gesenktem Kopf den Mond an. Wir liefen, bis wir außer Atem waren und Schluckauf hatten.

«Was für ein höllischer Laden!» explodierte Norman, dann erbrach er sich, wobei Popplereuter ihn stützte.

«Alles Quatsch», sagte ich. «Völlig veraltet; Beschiß. Um ehrlich zu sein, ich hab jetzt richtig Lust auf Frauen.»

«Nachdem man das gesehen hat, kann man nicht mehr.»

«Sicher kann ich. Der Laden ist doch völlig bescheuert.»

«Du hast ja überhaupt keine Ahnung davon. Dazu mußt du erst mal Frauen gehabt haben.»

«Ach was. Macht nicht so 'n Wind um die Sache», sagte ich.

«Nein, bitte, tu's nicht. Mir zuliebe, Söhnchen», redete er, weinerlich werdend, weiter. «Deinem Schiffskameraden zuliebe, tu's nicht. Halt dich sauber für dein Mädchen.»

«Ich an deiner Stelle würde nicht gehen», sagte Hans teilnahmsvoll.

«Ich gehe», sagte ich und stakste los. Norman lief mir nach und packte mich an der Schulter.

«Hau ab, du feiges Karnickel», sagte ich und hieb wüst nach seinem Arm. «Du bist betrunken.»

«Mir zuliebe!» heulte Norman.

Aber jetzt war ich dran, die Marsstenge hochzuklettern. Ich schüttelte Norman ärgerlich ab. «Kümmer dich um deinen eigenen Scheiß.»

Sailor's Temperance Restaurant ... Soldier's Canteen Bar ... Boston Bar ... Café Baikine ... Bar und Kabarett ... Trocadero ... Satsumawaren ... Richard Barthelmess in «The Amateur Gentleman» ... Bar und Kabarett ... Satsumawaren ... Norddeutscher Lloyd Steamship Company ... Miki Bar ... Tanz ...

«Ah!»

«Womit kann ich Ihnen dienen, Sir?»

«Einen Drink, bitte.»

«Mit Vergnügen, Sir. Aber ich denke, Sie werden morgen einen schlimmen Kopf haben.»

«Nein. Über dieses Stadium bin ich hinaus. Aber sie meinen wohl, ein feuchter März gibt einen schlechten Herbst.»

«Nun, was soll's denn sein?»

«Ein Gin, bitte. Mit Bier drin. Danke. Ich nehm's mit hier rüber. Was ist das eigentlich für ein Laden? Ich hab mich anscheinend ins europäische Viertel verirrt.»

Hinterm Tresen hing das Foto eines Ruder-Achters aus Kalkutta.

«Verirrt stimmt schon. Aber von wegen europäisches Viertel! Immerhin –» Von oben kam ein Krachen synkopierter Musik, eine Tür knallte, dann war alles wieder so ruhig wie zuvor.

«Immerhin – was?»

«Nun, bei uns kommt alles mögliche rein, Amerikaner, Engländer, Norweger, Deutsche. Alles mögliche.»

Ich nippte an meinem Gin.

«Na, jedenfalls gibt's hier Tanz.»

«O ja. Möchten Sie raufgehen und sich mal umsehen?»

«Ja.»

«Na, hier die Treppe hoch.»

Ich trank aus und ging aus dem Raum, wobei ich fast über eine rote Waage stolperte, auf deren Glasfront stand: «Prüfe dein Gewicht.» Das hatte ich nicht vor, ich ging vielmehr die Treppe hoch. Eine Tür aufstoßend, betrat ich den Tanzsaal. Es waren einige Gäste da, die aber nicht tanzten, sondern angetrunken an ihren Tischen mit ihren Partnern knutschten. Sie sahen aus wie skandinavische Seeleute. Ich wartete an der Tür und taxierte den Haufen. Die Band fing an, ein Lied zu spielen und dudelte sich schwunglos aufs Geratewohl durch. Die meisten von den Frauen lungerten herum und sprachen mit müdäugigen Kellnern. Sie spielten noch ein Stück, diesmal eine halbwegs lebhafte Tanznummer, doch nach einem Dutzend Takten erschlaffte das Ganze zu einem trägen, lustlosen Gerappel. «Tam-tam-taratatam», dröhnten die Becken. Die Animiermädchen – wenn es welche waren – und die Huren teilten sich paarweise mit den Kellnern und Eckenstehern auf und begannen einen leblosen, trägen Tanz ... Ein Mädchen kam zu mir rüber und zog meinen Schlips auf.

«Hallo Darling.»

«Hallo Schätzchen», ich kam mir galant vor. «Lust zu tanzen?»

«Klar. Na komm.»

Sie machte einen merkwürdigen Eindruck auf mich, genau wie Janet, als ich ihr das erste Mal begegnet war; es war etwas Geheimnisvolles um sie, wie Sterne. Ich sah an ihr herunter und dachte, daß sie auch in ihrem Aussehen Janet außerordentlich ähnlich war. Ich schloß die Augen und stellte mir vor, es wären tatsächlich Janet und ich, die im New Brighton Palais de Danse tanzten. Dann fiel mir der Brief ein. Aber das Mädchen sagte etwas zu mir.

«Ich nett Mädchen; sehr nett sehr sauber sehr billig fickifick sehr süß sehr hygienisch.»

Lachend wurde ich auf die Erde zurückgeholt.

«Ja, das glaube ich», sagte ich. «Wie heißt du? Oh, du hast eine Karte – was für eine lustige Stelle, sie aufzubewahren! Na, dann will ich mal sehen – falls ich was sehen kann. ‹Olga Sologub›. Olga Sologub. Nicht etwa mit Olga Tschechowa verwandt? Nein? Nicht Olga Sologub – Love's Crucifixion? ‹Olga Sologub, Königin der Liebe. Spezialität Nachtarbeit.› Ja, das glaub ich auch. Aber gibt's da nicht einen Romancier? Einen Russen? Nicht verwandt? Ja, das ist wirklich sehr geschickt. Sie haben dich das drucken lassen, gut, gut. Ja. Und wie alt bist du, wenn ich fragen darf?»

«Sechzehn. Tatsache!»

«Ja?»

«Ich mag dich – irgendwie!»

«Ja, ich mag dich auch. Kannst du den Titel dieses Stücks auf der Partitur erkennen?»

«Dead Man Blues.»

«Na, das ist hübsch und eng. *Dead Man Blues*, ein extravaganter Hit. Großer Gott! Das Stück lief in meiner Bude in Cambridge auf'm Grammophon – auf Parlophon.»

«Tatsache.»

«Wie?»

«Du hast hübsche Augen – Matrosenjunge.»

«Nein, nein. Großer Gott nein.»

«Schöne Zähne. Ich mag deine Zähne – Matrosenjunge.»

«Nein, großer Gott, das darfst du nicht sagen! Du hast hübsche Augen.»

«Du hast hübsche Hände – Matrosenjunge.»

«Nein, nein. Also wirklich, das hat noch nie jemand gesagt. Übrigens kannst du nur eine sehen, weil ich die andere um deine Taille habe. Und was meine Augen angeht, die sind grün. Grün!»

«Sie sind schön.»

«Bist du eine Russin?»

«Ja.»

«Flüchtling?»

«Ja. Russische Flüchtling.»

«Großer Gott. Die einzige Russin, die ich je kennengelernt habe, war eine Studentin in Newham; das war ein gräßliches Weib. Aber du verstehst natürlich gar nicht, wovon ich rede. Kennst du dich mit diesem Kauderwelsch aus?»

«Japanisch, Chinesisch – oder was meinst du?»

«Tja, äh – Japanisch wird hier wohl hauptsächlich gesprochen, oder?»

«Ich kann dir alles Japanisch beibringen, das du jetzt brauchst. Hör zu. Guten Morgen heißt Cha-yo. Guten Tag Konnichiwa. Guten Abend Konbanwa. Auf Wiedersehen Sayonara. Bringen Sie mich zum Katayama Store Katayama e tsure te yu ke. Zeigen Sie mir Kimono Kimono wo misete kudasai. Wie teuer? Ikura? Zeigen Sie mir einen besseren Motto yoinowo misete. Der ist sehr schön Korewa taiken kireida –»

«Mein Gott, hab Erbarmen.»

«Bitte unterbrich mich nicht, bitte!»

«Oh, verstehe!»

«Ich *nehme* ihn Sore ni shimasko. *Zu* teuer Amari takai. Zeigen Sie mir einen *billigeren* Motto yasuinowo misete. Geben Sie mir *Kleingeld* Tsuri kudasai. Das ist alles Shimai –»

Wie überdrüssig hörte die Musik auf einmal mit drei gedämpften Beckenexplosionen auf.

«Den Tanz wollen wir gleich noch einmal!»

Ich drehte sie herum, streckte meine Arme an beiden Seiten ihres Halses vorbei und klatschte mit ihren Händen. Auch die müdäugigen Kellner, die Animiermädchen und die Eckensteher klatschten. Die Band fing wieder den *Dead Man Blues* an. Die skandinavischen Seeleute und ihre Weiber stimmten irgendein Lied an. Was auch immer es war, es paßte nicht dazu.

«Tam-tam, taratatam; tam-tam-taratatam» dröhnten die Bekken, und «bumm bomm» machte die Trommel. Bumm Bomm! «I've got them! I've got them! I've got those Dead Man Blues, yes Sir!» schnulzte ich, während ich auf Olga heruntersah und in ihren Augen ertrank.

Wir schwangen rhythmisch immer wieder herum, bewegten unsere Körper mal in kurz schnell hektischen Vibrationen, mal in langen, ausschwingenden Schleifen.

«Amüsierst du dich?»

«Sure.»

«Warum ‹sure›? Was soll das amerikanische Zeugs?»

«Och, du bist albern, wirklich, Jungchen.»

«Ich bin in 'ner albernen Stimmung, Schatz. Ich habe nicht oft Gelegenheit, an Land zu gehen. Mein Lehrer hätte entschieden was dagegen. Von den Proktoren ganz zu schweigen!»

«Na, willst du mit hochkommen?»

Wieder fiel mir der Brief ein, und mich überkam eine tiefe Woge von Schwermut und physischer Übelkeit, so daß ich stolperte und fast hinfiel. Ich fühlte, daß ich gleich umkippen würde.

«Und ob», kam es aus mir heraus. «Aber gib mir noch eine halbe Stunde. Ich will mir ein bißchen den Kopf abkühlen und nachdenken.»

«Och, was willst du gehen und nachdenken?»

Ich nahm sie beim Hals.

«He, liebst du mich?»

«Klar liebe ich dich. Liebst du *mich*?»

«Ziemlich. Ich bin in einer halben Stunde zurück. Ich muß mir ein bißchen den Kopf abkühlen und nachdenken. Wirst du auch auf mich warten?»

«Ja. Ich liebe dich.»

«Sag ‹Ich verspreche es›.»

«‹Warum warum ist die Banane krumm.›»

«Sag ‹Ich verspreche es›.»

«Ich verspreche es.»

«Also dann», sagte ich. Ich stolperte zur Tür. Als sie zuschwang, wurden die letzten Töne des *Dead Man Blues* abgeschnitten. *Prüfe dein Gewicht.* Das hatte ich nicht vor, ich ging vielmehr die Treppe runter. «Gordon's Old Holland Gin.»

«Sie gehen nach draußen?»

«Ja, ich bin völlig groggy. Ich muß raus und nachdenken.»

«Sie scheinen mir reichlich blau zu sein. Aber Sie haben da oben einen feinen Vogel erwischt. Olga, was?»

«Ja, aber ich sag Ihnen, auf dem Schiff haben wir noch einen viel feineren Vogel. Ein feiner Vogel. Yes, Sir.»

«Ja?»

«Ja. Sämtliche Matrosen und Heizer kommen und sehen zu, wenn sie ihr Bad nimmt. Ich bringe sie auch ins Bett; geht zu Bett ohne einen Mucks.»

«Ach? Sie täuschen mich nicht. Es ist der Kanarienvogel vom Käptn.»

«Ah, Sie sind zu schlau. Ist es nicht. Es ist eine Taube.»

«Tatsächlich? Und wo habt ihr sie her?»

«Sie flog an Bord. Ist aus Swansea.»

«Nein so was!»

«Also, bin gleich wieder da.»

Richard Barthelmess in «The Amateur Gentleman»; Satsumawaren; Trocadero; Bar und Kabarett; Café Baikine; Boston Bar; Bar.

Der Nachtwind zauste mein Haar. Es war ein lauer Wind. Ich machte den Mund auf und schluckte ihn. Aber die Nacht war finster und der Himmel stürmisch. Olga mochte meine Hände! Seltsam ... mein ewiges Schuldgefühl wegen meiner Hände! Na, wieder an der Luft, fühlte ich mich besser. Aber angenommen, Janet hätte eines Tages gesagt – verkündet, wie beiläufig: «Was für hübsche Hände du hast, Dana ...» Dann hätte die Sache ganz anders ausgesehen – ganz anders. Nachdem ich mich übergeben hatte, ging ich noch mal ins Yumato Hotel. Ich betrachtete nervös drei Amerikaner (waren es Amerikaner?), die sich in einem Winkel des Foyers zankten. «Une fantaisie bien américaine.»

«Bitte, Sir?»

«Einen Starboard Light. Verstehen Starboard Light?»

«Ich verstehen.»

Ich machte meine Pfeife an und setzte mich in den Sessel. Jetzt konnte ich in aller Ruhe Janets Brief lesen.

Irgendwie war er weg.

Wie zum Teufel – wie zum Teufel – wie zum Teufel! Ich kann ihn nicht verloren haben. Ich konnte ihn wahrscheinlich nicht verloren haben, wahrscheinlich. Aber's hat keinen Zweck zu suchen, Dana, er ist nicht da. O Mutter, was habe ich getan? Mein Gott, bin das ich? Ja? O vergebt, vergebt, vergebt, Mutter und Vater, vergebt. Laßt mich nicht sterben, nein, nein.

«– warum hast du dann nicht zu mir gehalten?–»

«– wie käm ich dazu, zu dir zu halten –»

«– du tickst nicht richtig –»

«Du bist auch mal so und mal so!»

«'ne verflixte kleine Hure, basta!»

«– Das ist nicht fair. Das hast du schon mal gesagt. Ich finde einfach –»

«– hat sie gesagt, und ich finde auch –»

Es waren Amerikaner. Passagiere? Ja, offensichtlich – von der *Jefferson*. Hier fand also noch ein Alptraum an Unentschlossenheit statt; noch ein Disput über ein P. & O.-Schiff; vielleicht sogar noch ein verlorener Brief.

Wie lächerlich das Ganze war! In allen Dingen stecken alle Wahrheiten; weder beschleunigen sie ihre Entbindung, noch leisten sie ihr Widerstand; sie brauchen die Geburtszange des Chirurgen nicht; das Unbedeutende ist für mich so groß wie alles andere. Und so weiter, und so weiter ... Die Erhaltung der menschlichen Subspezies. Ich habe Janets Brief verloren. Ob das Leben lebenswert war oder nicht, war eher für einen Embryo als für einen Mann ein Problem. «Post coitum omne animal triste est. Omne? Supinus pertundo tunicam.» «Denn danach strebt mein Herz, wenn mir die Stunde naht, laß mich in der Taverne sterben, mit dem Trinkkrug in der Hand, die Engel solln herniederschaun, und fröhlich über mir singen – ‹Deus sit propitius huic potiori!» Wie sagte doch mein Lehrer? «Dana Hilliot ist ein schwafelnder Schwätzer.»

«– hat sie gesagt, und ich finde auch –»

Angenommen, ich böte Olga an, sie zu befreien, und sie wäre einverstanden. Was dann? Ja, was! Ich könnte sie in einer Rikscha zum Schiff bringen. Auf der Gangway dürfte sich eine kleine Reiberei mit dem Quartermeister ergeben. Aber wenn schon. Falls nötig, würde ich ihn mit einem Kuß bestechen. Sie in meiner Koje verstecken. Doch wie würden die anderen das aufnehmen? Um sie losen; sich untereinander streiten. Mord! Wir wollen uns 'ne eigene Bettanwärmerin halten, genau wie jeder andre Mann, verdammt. Ich habe den Brief verloren ...

«Du bist auch mal so und mal so, Kenneth.»

Meine Mutter seifte mir das ganze Gesicht ein; meine Mutter machte mir die Ohren sauber. Meine Mutter trennte jeden einzelnen meiner nichtssagenden Zehen. Eine Schnake schwirrte ums Licht; die weiße Decke schwitzte; finster schwankten die Schatten der Bäume auf dem Milchglasfenster. Plötzlich zog es vom Abzugsrohr her. Später, als ich im Altenpflegeheim das Bild meines Großvaters betrachtete, fiel mir zum erstenmal auf, was für unendlich blaue und ein bißchen obszöne Augen er hatte; feucht, als hätte er nie die salzige Gischt aus ihnen gewischt. «Wieso bist du so schmutzig, Dana? Mein Vater war stets so sauber, so schmuck. Er hatte sein Kapitänspatent, noch bevor er dreiundzwanzig war. Wenn er an Land kam, kam er immer in einer Droschke und trug einen Zylinder. Immer trug er eine Hirschledermütze; so was bekommst du heutzutage nicht zu sehen. Er war ein Engel vom Himmel. Er hat mir einen Kakadu mitgebracht.» Und das Auge meines Großvaters auf dem Bild wurde sichtbar feucht und schien zu sagen: «Hör nicht auf das, was sie sagt, mein Sohn. Das Meer wird dich kriegen, wie es mich gekriegt hat.» Verloren. Verloren. Der Brief! Die ganze Zeit nach irgendwas suchen, tasten: nach Tatsachen, nach Briefen, nach Verabredungen, nach Schönheit, nach Liebe. Und nie zu wissen, wann wir es gefunden haben. Wenn wir es jemals finden. Absolute Schönheit, absolute Wahrheit, gab es das? Natürlich, unbedingt. Könnte jemand gleichsam in Reichweite der einen, der höchsten, unfehlbaren Wahrheit sein und sie dennoch niemals erkennen, niemals begreifen? Wenn es eine solche Wahrheit gab, war je einer unverhofft auf sie gestoßen und vom grellen Licht der absoluten und stechenden Wahrhaftigkeit geblendet worden? Christus? Buddha? Konfuzius? Und wenn ja, war das Wahrheit? Absolute Wahrheit, absolute Schönheit, absolut Gutes, absolut Alles – waren sie alle eins? Was zum Teufel! Liefen sie alle auf eine einzige Großmastspitzenkreuzblume der Absolution hinaus? Man wußte es einfach nicht. Aber immer bestand diese vage Hoffnung, diese schattenhafte Erwartung, daß eines Tages – wenn man das Deck abschabte oder einen Draht spliß, oder *The Blue Peter* las – aus diesem Nichts von Unwissenheit jene bewußte Erkenntnis der einen Wahrheit auftauchen würde – was absolute Macht, absolutes Glück bedeuten würde.

Aber wenn das geschähe, was konnte man damit anfangen? Nichts. Überhaupt nichts. Nimm Zuflucht zu einem Comic strip, dann assoziiere zur Makrele die Gans, zum Gänseblümchen den Schwan; träume von Lauten, Lorbeeren, Milchseen und Ambraschiffen; beachte, daß das «hoffnungslose Fließen und die zeitliche Anordnung der Dinge lediglich zu den materiellen Angelegenheiten gehören, auf die die Substanzen wieder zurücklaufen, oder zum Geflatter der Aufmerksamkeit, die wie Motten um Lichter schwebt, die ewig sind.» Befrage das Mittelhirn, das Misencephalon. Backbord und Steuerbord – die misencephalonischen Lichter. Auf deinen Posten, Lampenputzer! Phlebas, geh weiter zum Vorderdeck, das Fernglas in der Hand! Du, Zimmermann, an die Ankerwinde, und warte auf deine Befehle. Der Ausguck berichtet von einer großen Seemotte, zwei Strich Steuerbord voraus, die sich in östlicher Richtung bewegt! Bootsmann, sieh zu, daß in zehn Minuten alle Mann an Deck sind mit ihren Ölhäuten, Seestiefeln und Schmetterlingsnetzen ... Weg. Weg. Wenn der große Tag kommt, werde ich mein Segel anschlagen; Deine Küsse auf meinem Gesicht – und Wut und Trauer werden schwinden, und in Deiner wollüstigen Umarmung wird nichts mehr von dem, was ich mit all meinem Verstand wußte, Platz haben; die öden Pfade der Menschen und eine Frau werde ich vergessen …

Janet Rohtraut. Schöne Rohtraut, höre mich an. Ich bin der Stechpalmenzweige so müde und überdrüssig des strahlenden Buchsbaums. Was dich betrifft, Andy; deine öden Angewohnheiten, ich werde ihnen ein Bad brodelnder Hornissen bereiten, und dazu muß durch das Mansardenfenster der Duft von Winterlevkojen wehen; zum letzten-, zum hundertunderstenmal werde ich die Geschichte, die einzige Geschichte lesen, von Apuleius lesen, während man aus der Ferne Mikhail Kuzmins Flöte hört, sanft spielt sie –

Soldaten-Kantine.
HiERr UheAUS imfre Und
Eskr Eisg Esel LigfRoh
VErg Nücht SeifRE
Und Lic hOffENDE mutsVoll
Nu Rböse srEden IchT.

He, Kumpel, komm und setz dich. Ist noch Platz für dich da … Aber sicher setz ich mich. Eh, kein Platz mehr. Dann tu deine fetten Knie weg, Alf. Eh, du hast Nasenbluten, Kumpel, mit wem hast du dich angelegt? Was haste gemacht, geheult oder was? Na du bist 'ne Marke, wirklich 'n toller Hecht, ehrlich. Weiß nicht. Muß irgendwo gegengeknallt sein. Ich hab 'n Brief von meinem Mädchen verloren. Zeig ma, ja so. Will dir 's Gesicht abwischen. Er hat 'n Brief von seinem Mädchen verloren. Och, er ist ja noch 'n Kind. Geht's so? Ja ist gut, schmerzlichen Dank. Möchtst was trinken? … Lust auf 'ne Partie Darts, mein Sohn? Mann, in diesem Drecksladen versteht man sein eigenes Wort nicht mehr. Und atmen kann man auch nicht, verflucht. Scheiße, nicht mal bewegen kann man sich, also wirklich. Hahaha! Hahahaha! Warst du bei dem Kricketspiel? Nein, davon wußte ich gar nichts, verstehste? Möchtest du eine Konzertina kaufen? Möchtest du einen Kakadu kaufen? Nein, unser Kombüsenjunge hat 'ne Taube … Also rück schon raus; was haste bloß mit dir angestellt, he? Besäufst dich, wa? Ich bin besoffen. Bist du nicht, bist du auf keinen Fall. Sag Lake Chagogawogmanchogomogchawgohuatungamog. Wenn du das sagen kannst, biste nicht betrunken. Also ich geb mich geschlagen. Ich bekenne mich schuldig. Das macht drei Monate Ausgangssperre für dich, mein Sohn, betrunken und verwahrlost. Wir stecken dich ins chinesische Arbeitslager. Der Orden der aufgehenden Sonne – hihi! – für gemeinsame Artigkeiten. Was hast du da gesagt? Steck meinen Jungen nich ins Gefängnis, das war doch sein erstes Verbrechen ... Die Gläser reichen nicht für alle. Nicht? Na ja, nimm meins, Söhnchen. Was bist du, du redest wie ein Oberst. Nein, ich bin Quartermeister. Nicht etwa Quartermeister auf der *Ödipus Tyrannus*? Das will ich genau wissen. Bist du Soldat oder Matrose? Tja, manche sagen Soldaten-Matrose, aber wir sagen Matrosen-Soldat. Seiner Majestät des Königs? Ja – Seiner Majestät des Königs. Und gegen wen kämpft ihr? Gegen wen wir kämpfen? Verdammt, wir kämpfen für nichts und niemand. Wir kämpfen gegen China. Mit Bambusknarren. Du hast ja einen kleben! Wir sind in Japan. Na und wenn schon! Ist an der chinesischen Küste. Du bist nicht besoffen. Sag perturbatantus Constantinopolitani innumerabilibus solicitudinibus. Wenn du das sagen kannst, biste nicht betrunken. ... Mach weiter, haste noch mehr davon? Und ob ... Überleg mal folgendes. Die Engländer sagen *ivory*; die Franzosen sagen *ivoire*; aber die Deutschen sagen *Elephantumbeinstein*! War grad mit einem zusammen, daher weiß ich's. Eher die Trümmer als die Früchte meines Wissens. Das macht die Hitze, da fühl ich mich oft so. Ja und von wo bist du überhaupt entsprungen? Ich bin von einem Schiff entsprungen. Was – ein Fußballboot? Nein, ein Kaffeepott. Längsseits und sechs Ladebäume. Dann biste also heut abend bloß 'n Landgänger, wa? Ja, nach Manila fahren wir wieder nach Hause. Du solltest dir mal unser Museum ansehen. Ist eins der sieben Weltwunder. Ich war in *einem* Museum. Der beschissenste Laden, den ich je gesehen hab. Unser Kombüsenjunge hat gekotzt, als er rauskam – noch schlimmer, als wie er damals die Fehlgeburt in Laderaum sieben entdeckt hat. Teufel – seid ihr dann etwa ein Pilgerschiff? Ja, auf der letzten Fahrt, und irgendwie ist die liegengeblieben. Also das ist 'n Laden. Rares Fleckchen. Extra zu deinem Wohl.

Du bist dabei! Hahahaha. Hier beachtet man dich! Wo kommst du her? Liverpool. Liverpool; sagtest du Liverpool? Das ist meine Heimatstadt, fast jedenfalls. Deins; meine Güte, wo bist du denn dann her? Woher? New Brighton. Kennst du's? Da wohnt mein Mädchen. Ich bin aus Port Sunlight ... In Liverpool gibt's auch ein Museum; wußtest du das? Nein – wo? In der Paradise Street. *As I was walking down Paradise Street* ... Also dieses gottverlassene Nest hat ungefähr drei Namen, und wir können nicht einen davon aussprechen. Aber darauf müssen wir noch einen heben. Her mit dem Eimer. Also, auf Port Sunlight! Auf New Brighton! ... He, raus hier, Gandhi! «Mich anhören, ich euch wahrsagen.» Wir wollen nichts wahrgesagt kriegen. Hau ab! ... Nein, hier ist einer aus Port Sunlight, der will sich wahrsagen lassen. Na mach, Matrose, und er wird dir erzählen, wie die Tranmere Rovers in dieser Saison abschneiden. Also gut. «Hören, ich dir wahrsagen. Nix wie teuer. Soviel du willst. Danke vielmals. Ich reden Englisch bißchen. Du ein interessanter, sehr interessanter Fall. Zeig mir deine Hände. Deine Hände – o arme arme Hände – waren nicht gewöhnt an harte Arbeit; nicht bis jetzt, aber jetzt du arbeitst hart. Du kommen zurück und dann wirst du reich – uuuh sehr reich, reicher und reicher, tagein tagaus, Stück um Stück, langsam aber sicher. Du spiel gut auf dem Instrument. Was bist du – Amerikaner?»

«Engländer», sagte ich interessiert. Es tat gut, dieses Wort zu sprechen, wenn man betrunken war.

«Hier! Misch die Karten. So ist gut. jetzt mit der linken Hand abheben, so. Dreimal ... Nein! So, gut, gut, *also*: du kennst einen Kreuz-Mann, und wenn ich sag ein Kreuz-Mann, mein ich eine *dunkler* Mann ... er hält nichts von dir; meide ihn. Er macht sich nicht den Teufel aus dir. Kennst du ihn?»

«Weiß nicht», sagte ich. «Könnte keiner sein.»

«Aber der ist nicht so wichtig. Du hast ein Kreuz-Mädchen! Und wenn ich sage Kreuz-Mädchen, mein ich ein dunkles Mädchen. Sie hält sehr viel von dir. Sie macht sich den Teufel aus dir. Kennst du sie?»

«Schätze, das hat nichts zu bedeuten, Schmalztopf.»

«Sie hat einen Kreuz-Mann, an den sie auch ein bißchen denkt ... Aber du bist ein Musiker. Sehr sehr gutt – alle dich mögen, wenn du spielst. Wie spielst du?»

«Schlecht.»

«Ah, nix verstehen spielen Tipperlairley, he?»

«Sag das noch mal, Bruder.»

«Nix verstehen spielen Tipperlairley?»

«Ach *Tipperary*. Ja, ja.»

«Dein Vater ist Kreuz und deine Mutter Herz. Sie würden gern alles für dich tun, aber sie wissen nicht wie. Deine Mutter liebt dich, als du ein Baby sein, aber jetzt nicht so sehr. Sie möchten, daß du besser bist. Du bist kein guter Mensch.»

«Mucho bueno. Du kannst mich mal!»

«Bald wirst du an Bord von ein Schiff sein. Ich sehen einen Freund an Bord von Schiff, einen richtigen Freund. Er ist kein Kreuz- und auch kein Herz-Mann. Er hat ein komisches Gesicht. Du kennst ihn nicht sehr gut. Aber er ist auch dein Vater. Und ich sehe noch einen Mann, einen größeren Mann, einen starken Mann, einen Freund an Bord von Schiff. Und ein Freund von andren Freund. Du kennst ihn nicht sehr gut. Ihr werdet zusammen über tiefes Wasser fahren.»

«Ich hoffe bloß, daß ich nicht mein ganzes Leben in diesem Loch verbringen werde», sagte ich lachend. «Herrgottnochmal!»

«Du wirst über tiefes Wasser fahren. Du bist zarter Mann. Du hast zartes Herz. Du bist sanft. Du bist *guter* Mann. *Guter* Junge.»

«Ich bin kein guter Mann.»

«Du bist ein *guter* Mann, *guter* Junge.»

«Ich bin ein guter Mann ... guter Junge.»

«Du bist ein guter verdammt reicher Mann. Du wirst reich, Stück um Stück, tagein tagaus, langsam aber sicher.»

«Liebt mich denn irgendwer richtig, um Himmels willen?»

«Ich sehe zwei Männer auf dem Schiff, die werden deine aufrichtigen Freunde sein. Das Mädchen sie denken an dich die ganze Zeit und sorgen sich für dich. Aber du bist guter Mann, guter Junge –»

Yumato Hotel. Yumato Hotel. Bar. Bar. Bar. Bar und Kabarett. Café Baikine. Boston Bar. Richard Barthelmess in «The Amateur Gentleman», Richard Barthelmess in «The Amateur Gentleman.»

«Rikscha! Rikscha! Rikscha! Hi tiddy wing tilly willy wong! Rikscha! Hi tiddy wing tilly willy wong –»

«He! Bist du ein Proktor? Falls du kein Proktor bist, hast du eine Taube verloren?»

«Hi tiddy wing tilly willy wong.»

«Du siehst aus, als ob du eine Taube verloren hättest. Du siehst aus wie ein Proktor. Mußt ein Proktor sein.»

«Rikscha! Rikscha!»

«Komm, laß mich mal da ran. Ich fahr dich was spazieren!»

«Nein, bitte, bitte.»

«Steig ein!»

Richard Barthelmess in *The Amateur Gentleman*.

Erst kam der Wind langsam, wie mein eigener japsender Atem, als ich zwischen den Griffstangen der Rikscha die Yamagata-dori herunterlief. Wie der Anfang von Debussys *‹Hommage à Rameau›*. Dann kam er in schnelleren Stößen; und schließlich brüllte er, als ob er aus dem Rachen eines Drachens geschleudert würde; er pfiff durch die Zähne des Rikscha-Wallahs und durch meine Zähne, und ich stemmte mich ihm entgegen in das Gestänge wie ein scheuendes Pferd. Er schnappte nach den Füßen der Laternenpfähle und wirbelte alte Ausgaben der *Singapore Free Press* über die Gleise. Der heilige Chor fegte die lodernden Straßen hinab, hoch standen ihm die schwingenden Ladenschilder entgegen und knarrten. Die Plakate schrien: *Free Press, Free Press*, Konkubine des Schwagers ermordet. Grelles Licht flackerte hinter schummrigen Scheiben, wo Kimonos und weiche Stoffe schliefen. Der Wind stürzte die Straßen hinab und zerknitterte ihre Pfützen. Die Nacht, glanzsternig bepockt, verzerrte ihr Gesicht und zog sich schwarze Laken drüber. Ach Mutter, Mutter, was ist dieser Mann, Dein Liebling, den Du küßtest und knufftest, den Du zeugtest mit Lust, auf daß sein Stolz und sein Versagen mit aller Ehre und Scham gekrönt werde? The Amateur Gentleman? Das Yumato Hotel, neunmillionenzweihundertvierzehn Badezimmer, w & k? Ich nett Mädchen sehr nett sehr sauber sehr süß sehr hygienisch? Ich möchte nicht, daß mein Sohn von einem Haufen Halunken verdorben wird? Meinen Sohn, den Du zeugtest mit Lust? O Jammer, du, die du die erhabne Leidenschaft aus dem Auge des Falken nimmst, aber deinen Sohn nicht annehmen kannst, weil er von einem Haufen Halunken verdorben wird. Ach Zeus, erhöre mich. Zeus. Zeus. Dis. Dios. Dii. Deorum. Deis oder dis. Dais. I. S. R. Miles, der Mathematiklehrer, wie er am Kopfende des Saals sitzt, die Hausaufgaben beaufsichtigt, seine Augen wollüstig und rollend, die Augen eines Spitzels. Man hatte ihn schon immer in Verdacht, homosexuell zu sein. Er sah aus wie Herodes. Herodes in Betrachtung Salomes. Unter ihnen wirst du wirken wie ein Mond, der sich in einer weißen Wolke bewegt, doch fordre nicht den Kopf dieses Mannes! Männliche Salome. Satsuma-Krug. Salome trug – was? Und sie durchbohrten seine Füße seine Seite seine Hände, und se hörtn den Krach im Jerusalemjelände ... Mein Herrin ist fest gebunden, ganz fest gebunden. Als Harry Weldon das 1925 im Derby Castle sang, holte ihn sein Publikum immer und immer wieder vor den Vorhang.

Zweimal abendlich 6:30–8:40 ... Verwurzeltes Rieseln männlichen Bluts, gleichen die Meereswogen aus; unstete Welt, sie kommt und geht, verwurzelt bleibt der Geliebte zu Haus. Hüte dich vor dem hübschen Gesicht, mein Sohn, und meide das tolle Plappermaul. Und doch, noch sind wir frohgemut, und süß erpicht auf einen Kuß.

Freundlich schaukelte eine elektrische Straßenbahn vorbei, mit blauen Blitzen im Kielwasser. Ja, ja, ja, sagte sie, als sie über die Weichen ratterte, sei zur Hochzeitsnacht zurück, sieh, dein Bräutigam kommet! Sieh, dein Bräutigam kommet! Post coitum omne animal triste est ...

Huu-ah-huuuuu, heulte vom Fluß eine Sirene. Doch wozu all dies Aufhebens? Tu es. Lach drüber, denn es ist komisch; weine, denn es ist schön; lächle, denn es ist unvermeidlich. Bewahre es für immer in deinem Herzen wegen seiner Köstlichkeit; sei stolz darauf, prahle damit bei Janet. Nun, es *war* Janet, etwa nicht? Aber wenn ich doch nur vorher gereinigt werden könnte, wäre ich nur sauberer, schöner, wieviel reizender wäre es dann!

Wie ansprechend die einfache Schwermut der Szene, wenn nur der verdreckte Narziß namens Hilliot von himmlischem Regen gewaschen werden könnte ... Herzen, die weiß sein sollten, zu roten gemacht ... Und das ganze Elend ihrer arbeitenden Hüften. Nordwind, weh südlich über meine Weinberge, Nordwind bringt den Schnee; ich glaube nicht, daß das der Nordwind ist. Schnee auf dem steilen Dach und der Turmspitze des Münsters; Schnee auf den entlaubten Zweigen der Linden; Schnee auf den stillen Straßen und Plätzen, die sich vor Kälte winden. Unter den Fittichen der Nacht daunt er nah und näher herab. In Schnee getaucht sein; geräuschlos und ohne Schmerz in eine Substanz gebettet, die so kalt ist wie Janets Wangen damals im November; kalt wie die Dämmerung; oder ein trockenes Lakenbad. So kalt wie grünes Gras früh an einem Märzmorgen, oder wie die See unter einer vorübergehend wolkenumhüllten Sonne, wie ein Öltuch nackten Füßen; moralisch tiefgekühlt zu sein und schließlich ohne Ausflüchte von einem lustlosen Eskimo gegessen zu werden. Trüb brennen im schattigen Chor der Kirche die Lämpchen wie Lichter auf dunstiger See. Die Töne leiriger Litaneien sind zerdöst. Unscharf wie im Traum die Stimme von Priester und Mönch. Kälte stumpfte den Sinn hier zu schlummern!

Nein – nein – nein, sagte leer eine Bahn, der Schaffner sprach von hinten mit dem Fahrer, über seine Schulter gelehnt; sie rappelte in Richtung des Yumato.

Ich lief mit dem Rikscha-Wallah die Straßen entlang. Sanft fiel Schnee durch meinen Traum und alte Glocken schlugen dumpf. Der kalte Wind, an den ich dachte, vereiste mich bis auf die Knochen und blies mir durch die Zähne; eine Reiterschar prozessierte in hohen weißen Hüten vorbei; rhythmisch schlug mein Herz im Rhythmus der Reiter; *πολλὰ δ' ἄναντα κάταντα πάραντά τε δόχμιά τ'ἦλθον*; mein Herz schwang und sprang zum Gang des Pferdes, mein Herz sprang bergab wie ein Stein! *Αὖτις ἐπεῖα πέδονδε κυλινδετο λᾶας ἀναιδής.*

Später freilich, im Stall, später im traumwarmen Stall sah ich sie allein. Wonnig über die hellen vertrauten Felder. Ist das der Frühling, wo bist du, Olga Liebling, Frühling mit der Musik schmelzenden Schnees, Frühling auf den russischen Steppen und Frühling in deinem Herzen? Frühling auf den Golfplätzen von West Cheshire, mit ihrem Hintergrund von zylindrischen ziegelroten Gaswerken, und die Gänseblümchen blühen (unschuldig!) im Wind hinter dem zum Verkauf stehenden Land, hinter der Kettenfabrik. Ich träumte an einer Kette von Tagen zurück. Vor ihr lief Olgas Schatten über den Schnee. Ich sah sie im Samowar rühren und die Küche fegen und Eis brechen, um mehr Wasser zu holen. Ich sah, wie ihre Mutter im tiefen kalten Winter Holz in den Zentralofen nachlegte und ihren Wolfsfellmantel auf das Bett ihrer Tochter warf, um sie zu wärmen. Ich hörte den Ruf ihres Bruders, als er Holz hackte, und ich sah ihn sich in die Hände pusten. Ich hörte das Klingeln von Schlittenglocken und ich sah Schnee, der leicht wie Wolle von den Dachkanten fiel. Kälte stumpfte den Sinn hier zu schlummern! Denn horch, wie eine Lerche schwingt sich ein hurtger Sopran empor, schlägt Schiff und Gewölbe an, schallt dumpf von köstlichem Verlangen; pocht diese Feuerseele, höher, höher, und schmachtet in stechender Pein unsagbarer Begier; *Café Baikine. Richard Barthelmess in «The Amateur Gentleman»; Bar und Kabarett; Satsumawaren; Norddeutscher Lloyd Steamships; Miki Bar – Tanz.*

«Hallo!»

«Hallo. Sie also kommen zurück nach dem Denken, eh? Na, da oben sind ganz schön bei der Sache. Sie gehen hoch.»

Prüfe dein Gewicht? Nein. Ich kletterte unsicher die Treppe rauf und stieß die Schwingtür auf. Ich sah, daß alle Mädchen besetzt waren und mit Soldaten oder Matrosen tanzten. Gleich rauschte Olga vorüber; ein Matrose, schlechter Tänzer, dessen Züge im Duster nicht zu erkennen waren, hing über ihr.

«Du hast hübsche Hände, Matrosenjunge», hörte ich sie zu dem Mann sagen. «Du hast hübsche Hände, Matrosenjunge.»

Sie tanzen ausgelassen heut nacht, ausgelassen im Dorfe Czernoffs – ein schwarzer Heizer hatte sich die Schuhe ausgezogen und führte auf seinen enormen nackten Füßen einen verrückten Tanz auf, mit Kokosnüssen in jeder Hand und einer Zigarre hinterm Ohr. Die Musik schwoll zu einem schaurigen Schmerzensschrei an. Ein anderer Neger stieg in den Tanz des ersten ein. Modo und Maha. Olga kam wieder mit ihrem Matrosen an, und als sie vorübertanzten, schassierten sie ungehobelt unter einer Lampe, wobei ich den Matrosen, mit dem sie tanzte, erkannte. Andy.

Der Pfeil zeigt Ihr genaues Gewicht nur dann an, wenn sie so lange ruhig auf der Plattform stehen, bis der rote Zeiger stillsteht. Dann erst Münze einwerfen. Patent Nr. 1546553. Die unübertroffene Waagen-Hersteller Ges., Detroit, Mich. 186 lbs. Sie sind von einfachem Gemüt, ruhig und häuslich.

Bim. Die helle Wachlaterne der Matrosen brennt; der Hafen ist erleuchtet wie eine Stadt …

4

«Ich sag's euch kein Wort erlogen also dieser Yankee kommt auf mich zu und er sagt Stuard sagt er magste Zigarren und ich sag Ja ich mag Zigarren – als ob's einen auf diesem Nullachtfuffzehnpott gäbe, der nicht. Noh sagt er nimm die da – haufenweise von wo die kommen. Und er gab mir 'ne große Kiste Zigarren. Tja.»

«Ja, aber das waren bloß Zigarren. Dieser Typ war Journalist oder so was ähnliches bei 'ner Zeitung in Australien. Reiste für die um die Welt und sang Lieder am Klavier. Der sagt, wenn Sie mit mir reden –»

«Du grüne Neune! Mit dir *reden*. Glaubst du etwa, der hat dir dieses Essen ausgegeben, nur weil du mit ihm geredet hast?»

«Aber *sicher*. Der war immer dran, also wiederholen Sie das. Und die ganze Zeit war er in einem kleinen schwarzen Notizbuch am Schreiben.»

«Und, was hast du ihm erzählt?»

«'abt ihr das mit Hilliot schon gehört, Leute? Andy hat ihm heut morgen fast eins mit der Bratpfanne aufs Dach gegeben. Die Wache vom Sieben-Glasen-Essen hat ihn in die Kombüse raufgeschickt, um ihm zu sagen, das Sea Pie wär lausig.»

«– Guano –»

«Ja, so war's auch, lausig.»

«– Passe –»

«Ich mag ihn nich; geschieht ihm recht; 'nen Kerl wie den, so was nennt man 'nen Trampel.»

«Wo steckt er jetzt?»

«– ein Nicht-Trumpf –»

«Och, der is auf'm Heck und träumt; der geht da immer rauf nach dem Essen.»

«– Trupp –»

«Wahrscheinlich hört er am Oberlicht alles, was wir sagen.»

«Dreimal Herz.»

«Wahrscheinlich –»

«Romeo; zu welchem Ende seid Ühr Romee Deibel O –»

«Aber ich wußte gar nicht, daß es heute ein Sieben-Glasen-Essen gegeben hat – doch nicht am Sonntag.»

«Das is nich dein verfluchtes Herz! Das 's mein verfluchtes Herz!»

«Ja. Heut abend legen wir ab. Der Maat kam runter und verzapfte 'nen Haufen Quatsch von wegen wir müßten noch mehr Post aufnehmen. Und so mußte Mister Hilliot ein Sieben-Glasen-Essen ranschaffen.»

«Und Andy hat ihm fast eins aufs Dach gegeben, weil er ihm gesagt hat, es wär lausig. Aber ich sag euch, das is doch der Job von diesem Typ. Die Putzliese kriegt immer vom Bootsmann die Order, sich übers Essen zu beschweren; verstehste, wenn's beschissen ist –»

«Ja. Aber der dumme Teufel hat's falsch angepackt. Weißt ja, wie der da raufgeht. Schießt immer daneben, sozusagen. Kennst ja seine Art ... Also, es ist ja nicht meine Sache, aber diese Kerle – diese *verdammten Matrosen* behaupten, dein Essen ist beschissen. Kein Wunder, daß Andy da aus der Haut gefahren ist.»

«Ts, um Himmels willen. Aber Andy is in Ordnung, wa?»

«Guanotrupp –»

«Und, was hat Hilliot gemacht?»

«He, du mischst die Karten nicht richtig, und überhaupt.»

«Verdammt noch mal. Er hat verdammt nichts gemacht. Gut für Andy, schätz ich, aber jedenfalls sagte Hilliot bloß, nur damit du's weißt, Andy. Und ging raus.»

«O, was für ein Rindvieh!»

«Hallo, der Zweite Steward.»

«Wie steht's, Zweiter?»

«*Mein* Trick –»

«Zweiter, wo du schon mal dabei bist, du könntest unserm kolossalen Putzlieschen mal einen sauberen Spüllappen geben.

Das Ding, was er hat, wäscht er nie: und es ist ungefähr so weiß wie ein Zigeuner –»

«Zieht ihr immer noch über den Jungen her? Ich persönlich mag ihn, sozusagen. Der hat Schneid, dieser Hilliot. Hab ihn auch oben, da auf der Vormarsstenge, gesehen; er schaukelte auf der Leiter und lachte wie ein Hurensohn.»

«Und von unten schnauzte ihn der Bootsmann an.»

«Guano –»

«Ja, Mister!»

«Ein Kreuz –»

«Und was sagst du zu diesem Spüllappen, Zweiter?»

«Passe.»

«Erinnert mich an die Geschichte mit dem schwarzen Heizer auf einem von der Lamport and Holt's. Hab nix gegn dreckige Hände: Hab nix gegn dreckigs Gesicht: aber ich mag saubres *Essen*!»

«Hahaha!»

«Passe –»

«Na ja, wir doch auch –»

«Aber Andy mag ihn nich, Zweiter.»

«Trupp, Guano –»

«Nein, meine Güte.»

«Heut morgen hat Andy ihm eins mit der Bratpfanne aufs Dach gegeben. Oder hätte er jedenfalls, wenn Hilliot sich nicht verzogen hätte.»

«Hab ich gehört.»

«War recht gut, dachte ich. Das wird ihn lehren, daß nicht jeder kleine Jesus Christus im Tempel was auf Frachtschiffen zu suchen hat.»

«*Mein* Trick!»

«*Hm*, nein. Aber daß er überhaupt zur See gegangen ist, zeugt von der richtigen Einstellung.»

«*Mein* Trick! –»

«Er ist mit 'nem Auto vorm Schiff vorgefahren, stimmt's? – nein – weiß nich – aber der chinesische Lageraufseher hat's mir gesagt.»

«Also Jungs, vorige Nacht ist er nicht mit 'nem Auto vorm Schiff vorgefahren; genau gesagt ist er aufs *falsche* Schiff gestiegen.»

«Aufs falsche Schiff? Wie das, Zweiter?»

«Die *Hyannis*. Ein Schwesterschiff von diesem, kam letzte Nacht rein. Er war sternhagelvoll, und so konnte er den Unterschied nicht erkennen.»

«– *mein* Trick –»

«Aber die *Hyannis*, die hat doch die Back vorn? So, wie's sich für jedes verfluchte Boot gehört, statt wie hier wie 'n Haufen blöder Lüftungsklappen irgendwo reingequetscht zu sein.»

«Ja. Das war ja der Witz. Er ging direkt nach hinten, suchte nach der Back und konnte sie natürlich nicht finden; und weil er ziemlich besoffen war, schlief er auf dem *Heck*.»

«Und, was hat er dann am Morgen gemacht?»

«– *mein* Trick –»

«Einfach aufgestanden und weggegangen. Keiner hat ein Wort zu ihm gesagt.»

«– du liebe Zeit –»

«– du liebe Zeit –»

«– hat er selbst mir heut morgen erzählt, als er an Bord kam. Ich stand auf der Gangway –»

«Der verdammte Narr – wa? Darum ist er jetzt auf dem Heck. Hat Angst, der Käptn sagt's seiner Mama.»

(Aber, ach was, eine Pfeife mußte gestopft werden, damit diese Szene mit schärferem Verstand betrachtet werden konnte, und eine dicke dreckige Hand fuhr auf der Suche nach dem Tabaksbeutel in meine rechte Kattuntasche, den schenktest du mir zu meinem vorigen Geburtstag, Janet ... erinnerst du dich? Es war im Central Park, morgen vor einem Jahr, als wir stehenblieben, um den Kindern beim Spielen auf den Schaukeln zuzusehen, und dann «Schau, kannst du damit etwas anfangen, Liebling? Ich wünsch dir noch viele glückliche Geburtstage ...» Loews Orpheum. Rubys Fischereigeschäft. Weißt du noch, wie du da hingingst, um die Kabeljaufilets für deine Mutter zu kaufen? Na, jetzt habe ich meinen Beutel, den ich herausgezogen habe, knisternd und gelb, und er verstreut Tabakkrümel um mich herum. Und jetzt brennt meine Pfeife. Der Tag? Was vom Tag? Nun, der Himmel ist von der Art Schwärze, die in England im Februar Gewitter ankündigen würde. Letzte Nacht war es windig; und obendrein habe ich auf dem falschen Schiff geschlafen. Doch es liegt ein kommendes Unheil in der Luft, ein schrecklicher Sturm, und meine eigene Stimmung, eine von heiterer Morbidität, birgt ebenfalls etwas in dieser Richtung. Es ist zwecklos, daß ich dir davon erzähle. Statt dessen – wovon soll ich dir erzählen? Von der Dschunke, die sich auf die Reise macht? Von dem japanischen Zerstörer, der am Morgen einlief? Von deinem Brief, den ich verloren habe, indem ich ihn in den Händen eines betrunkenen deutschen Funkers ließ, und wie ich die ganze Nacht beim Gedanken daran weinte, durch ein Teleskop nach Liverpool spähte und die Wellen zählte? Oder soll ich die fühlbare Anstrengung unternehmen, meinen Geist im verschlampten Zustand zu überraschen, und dir eine nüchterne Zusammenstellung der Neuigkeiten geben? Nein. Laß mich dir also von dem Wahrsager erzählen, der sagte «Alle dich mögen, wenn du spielst Instrument, keiner dich mögen, wenn du nicht spielst ...» Die Taropatch? Tarock Packen. Oder, als eine letzte Zuflucht, von der Mannschaft oder jedenfalls von denen, die ich durch das Oberlicht sehen kann. Zum Beispiel Mcgoff, der alte Teufel, stopft da unten auch, mit fahrigen zitternden Fingern, seine Pfeife; Ted, der sich den Schorf aus den Fingernägeln pult: ha, ein Detail, ein sichtbares Detail! Horsey: liegt, mit dem Gesicht auf seinem Arm, überm Tisch. Der breite Rücken des Zweiten Stewards und der Flicken auf seiner Hose; Andy hat auch einen Flicken auf seiner Hose ... Aber der Witz zielt auf mich. Ich muß gestehen, daß ich von diesen Männern, die Tag für Tag verwickelter und intensiver ein Teil von mir werden, nichts weiß. Überhaupt nichts! Sogar von Andy, dem großen Tattoo, der zwar nicht anwesend, aber noch mehr ein Teil von mir ist als der Rest, weiß ich nichts. Dieser scheußliche Vorfall in der Kombüse – alle sprechen sie davon. Warum schlage ich mich dann nicht mit Andy? Etwas zu kennen, heißt, es zu töten, ein Prozeß post mortem! Warum sollte ich nicht? Unwürdig? Zu sehr Richard Barthelmess? ... Möglich, aber ich hätte verlieren können, und ich weiß weniger als nichts. Es gibt aber keinen Grund zu kämpfen, sogar was die letzte Nacht angeht! So schlimm, entsetzlich schlimm das auch war. Mein Fehler. Aber wie kann ich das hinnehmen, wie kann ich, zusätzlich zu der Usurpation der letzten Nacht, wo ich von einem blöd grinsenden kinnlosen Pfauentreiber aus dem Feld geschlagen wurde, diese weitere kleine Stichelei in der Kombüse dulden, die noch zu einer Beleidigung hinzukam, deren er sich gar nicht bewußt war? Bei Gott, ich werde das nicht hinnehmen. Liebes Christkind, nein, wie Taff sagen würde! Aber vielleicht würde Andy nicht kämpfen wollen, selbst wenn er es deutlich genug herausgefordert hat. Dann ist es nicht heldenhaft, und darin liegt der Witz. Den Feind zu scheun, da Furcht die Stärke hemmt, das gibt dem Feinde Stärk in seiner Schwäche! Und so ficht seine Torheit wider ihn! Argol. Wir wollen in der Taurolle eines Matrosen Zuflucht suchen, eine Welt von Winden als eine Welt von Maschinengewehren betrachten: laß einen Sabbat von Regenwürmern erstehen, eine Symphonie von Skorpionen, eine Prozession fliegender Konzertflügel und Kathedralen, und die Idee, das Absolute, ist voll Schmutz. Drinnen ein Trompetentusch und eine Hurenfanfare. Paß bloß auf, Andy! Wie ein Gespenst mache ich mich an die Ausführung meiner Ränke mit den Gewaltschritten Tarquins ... Nichtsdestotrotz scheue ich in einer emotionellen Krise von Format eine entschlossene Tat zu sehr; und ich will mir auch nicht zugeben, daß ich Andy für genügend wichtig halte; aber das ist, wie du sagst, ein ziemlich klarer Fall von Selbstverteidigung –)

«– ein Kreuz –»

«– ein Herz –»

«– ein Karo –»

«– ein Nicht-Trumpf –»

«Also ...!»

«Ach du allergrünste Neune eh.»

«Von mir aus soll er doch, Kumpel.»

«Ach du allergrünste Neune, eh.»

«Dieser Erste Maat ist ein Typ; der steht mir bis *hier.*»

«– Spüllappen –»

«– he, du schummelst! –»

«Nein. Tu ich nicht.»

«Tust du wohl.»

«Ja, ich tu's auch.»

«Er hatte das As in seiner Schanghai-Jacke.»

«Nein, ich sag euch, der arme Heini hat überhaupt nichts gesagt. Er hat bloß gesagt, nur damit du's weißt, Andy.»

«Diese ganzen blöden Trampel sind doch alle gleich.»

«Darauf kannste Gift nehmen. Wir hatten da mal so einen – sagte, er wär im Krieg Hauptmann bei der Royal Air Force gewesen. Doller Hauptmann. Wie er's erste Mal nach oben ist, hat er sich fast in die Hose gemacht.»

«Ich frag mich, wieso dieser Vogel 'Illiot zur See gegangen ist; nimmt 'nem guten Mann den Job weg, sag ich –»

«Andy sagt das.»

«Wir alle sagen das, schätz ich.»

«Nein. Du tust dem Burschen unrecht. Du kannst ihm doch daraus keinen Vorwurf machen. Ist doch jedermanns eigene Sache, den Job zu bekommen. Und wenn nicht, na ja, ich glaub, er tut's nicht.»

«Dieser Grünschnabel hat Einfluß bei der Behörde.»

«Er ist mit 'nem Auto am Schiff vorgefahren. Weißt du das?»

«Ach vergiß es! Reden wir von was anderem.»

«– und hört mal, dieser Maat, er, er sagt – Air Force Offizier oder kein verflixter Air Force Offizier, du wirst nicht noch –»

«Weiter, du hast doch wohl keinen Schluckauf, Maat?»

«Nicht noch einmal in dieses Nest klettern, sonst verlier ich meine Prämie. Mit Anstreichen is nix mehr für dich, Mister Offizier, sagt er; das nächste, was du anstreichen wirst, ist –»

«Ach halt die Klappe, Zweiter, du wirst noch in der *Koje* von dem Jungen landen.»

«Dieser Air Force Offizier, von dem ich euch erzählt hab, ist andauernd von den Ladebäumen gefallen. *Hallo*, Andy.»

«Hallo, ihr.»

«Ich sag's euch kein Wort erlogen also dieser Yankee kommt auf mich zu und er sagt Stuard sagt er magste Zigarren und ich sag Ja mag ich Zigarren – als ob's einen auf diesem Nullachtfuffzehnpott gäbe, der nicht. Noh sagt er nimm die da – haufenweise von wo die kommen –»

«Hallo, Andy, Wie steht's?»

«Alles klar. Aber wißt ihr das schon? Wir übernehmen 'ne Fracht Löwen und verdammte Tiger und Elefanten nach London. Dann fahren wir nach New York, und keiner darf abheuern. Aber Elefanten – Jesses, wo soll das mit diesem Schiff nochmal enden. Ich weiß es, weil mir gesagt wurde, der Koch müßte die verdammten Viecher füttern.»

«Na, das kann uns nicht weiter kratzen. Davon steht nichts im Vertrag. Bloß keine Angst!»

«Na ja, der Kapitän meint, er kriegt den Griechen, daß der dem Wärter was hilft.»

«Na, der hat's mit Tieren. Nehme an, Pedro der Spanier wird mit ihm gehen. Aber ich glaube nicht, daß das viel für die Mannschaft zu bedeuten hat.»

«Hallo, ihr ... hallo, Zweiter; hallo Mcgoff.»

«Wie war's letzte Nacht, Andy. *Wir* haben dich gesehen.»

«Ach, tatsächlich. Ihr habt mich vielleicht um halb zehn gesehen – aber ihr habt mich nicht um halb drei morgens gesehen. Oder wenn, dann hättet ihr's besser gelassen.»

«Hmh – ich auch nicht.»

«Ich auch nicht.»

«Und ich erst recht nicht.»

«Und, was hast *du* getrieben, Lofty?»

«Wo denkt ihr hin? Ich war überhaupt nicht an Land. Ich bin ein gottesfürchtiger Mann und laufe nicht den Frauen nach.»

«Ach vergiß es. Na, jedenfalls haben wir heute Sonntag.»

«Von mir aus soll er doch, Kumpel. Ist meine ständige Rede. Ich bin auch so einer, mir ist es *egal* ... Immer jedem 'nen Gefallen tun wollen, so bin ich. Von mir aus soll er doch.»

«Russin, wa?»

«Zweiter – können wir 'n neues Kartenspiel haben – der König, die Dame und das As in diesem Spiel sind alle völlig vermurkst, und man kann sie erkennen, verstehste.»

«Mal was andres letzte Nacht, wa? Wird da deine Stammbraut nicht eifersüchtig?»

«Sicher. In der Wäschekammer ist noch ein Spiel. Hier sind die Schlüssel.»

«'ne feine Frau.»

«Also, bevor ich bei dem Guanotrupp war, war ich bloß ein Lehrjunge, sozusagen, Lehrjunge, und wir fuhren zur Walfish Bay, unser ganzer Verein, mit 'ner Ladung Leichter in Einzelteilen, obwohl, bei Cape Cross mußten sie uns von Brandungsbooten aus lotsen, weil die Leichter alle kaputtgegangen waren –»

«Sechs Pfund im Monat, Kumpel, und Unterkunft und Verpflegung.»

«Also, ich kann's nicht genau sagen, schließlich war ich auch noch nie auf 'nem Schiff mit Tieren, aber soviel will ich sagen, und ich sag's euch kein Wort erlogen, ich war mal auf 'nem verfluchten Schiff, das transportierte 'n ausgestopftes *Nilpferd*, Herrjesses! Es hieß Huberta oder so ähnlich, war in Cape Province geschossen worden, jaja, King Williamstown. Dieses Nilpferd war ein ganz dolles Ding in Südafrika, klar? Die dachten da, es wär zehntausend Meilen gelaufen und die Eingeborenen hielten es für 'ne Göttin oder so was und opferten ihm Rinder. Und ich sag's euch, kein verdammtes Wort erlogen, es kam ein Sondergesetz raus – keiner durfte es schießen, klar? Es ist dann den ganzen Weg von Vongolosi und dem Lake St. Lucia runtergegangen bis nach Durban rein; da ist es dann in ein Konzert, wo sie grade Tschaikowskis *1812*er oder so was ähnliches spielen wollten, und durch die Hauptstraße von diesem Drecksdurban ist es auch gegangen, bloß am Ende wurd's von vier Bastarden von Farmern erschossen –»

«Tatsächlich –»

«– tatsächlich –»

«Karibische See, ein Guineaschein –»

«Von mir aus soll er doch, Kumpel –»

«Schätze, sechs Monate oder so waren wir in Zelten sozusagen, und ich sag euch, es war ein Schnapsladen. Einer unserer Burschen, wir nannten ihn *Deaffy* –»

«Was hältste davon statt 'ner Kakerlake?»

«– das ist besser, was? Du mischst –»

«– König der Schaben, wa –»

«Alles weiß, ne, hübsche Häuser, wirklich sehr nett.»

«Und eines Nachts kommt dieser Bursche Deaffy in die Messe oder wie soll ich's nennen, ja. Und er sagt, hört mal Leute, kommt mal mit, da is 'n riesengroßes *Faß Wein* uuuuuhih. Eben an Land gespült worden. Wir schnappen uns also unsere Tassen und 'nen Korkenzieher und ziehen hinter ihm her – stockfinster war's draußen – und kommen zu der Stelle, wo das Faß war – einer hatte 'ne *Schüssel* mitgebracht –»

«– du gibst –»

«Könnt ihr nich 's Wassa kochn sehn, sag ich; und dieser verfluchte alte Käptn dreht sich zu mir rum und sagt, Lampenputzer, sagt er, auf diesem Schiff pflegen wir Hochdeutsch zu reden –»

«Und's war überhaupt kein Wein, sondern 'n Rachenputzer, was wir Rachenputzer nennen – reiner Spiritus gottverdammich. Puh, also wißt ihr, wir sind alle verrückt geworden, *verrückt*, und Deaffy mußten sie am Ochsenbalken festbinden.»

«– zwei Karo von wegen verdammich! –»

«– zwei Karo von wegen verdammich! –»

«Ja. Und der Witz an dem Ganzen war, daß es gar nicht an Land gespült worden war, sondern Deaffy hatte's aus dem Laden gefilzt, klar.»

«Großer Gott!»

«Und da haben wir dann alle unsere Strafe abgebrummt und Wellenbrecher ums Haus des Richters gebaut verdammt.»

«Seht mal, in der *Free Press* hier, zwei Frachter im Nebel zusammengestoßen, kaum hundert Meilen von hier ... Nicht besonders witzig, wa, wenn wir mit diesen blöden Tieren an Bord in'n Nebel geraten.»

«Ach hör auf zu mosern, jessesnocheins!»

«Tja, um das Haus des Richters.»

«Stell dir das mal vor.»

«Das erinnert mich an die Zeit in –»

«Chamäleons. Die Jungs hielten die als Haustiere und machten sie mit Rachenputzer betrunken. So lang waren die, weißte. Schöne, hübsche Dinger. Sie rollten sich dauernd zusammen und nahmen alle Farben an: es war, als ob man bei Masculine und Debutante wäre, nun ja, und ich hatte da auch eins als Haustier, und eines Tages hat das so 'n blöder Heini mit Muttern und Schrauben gefüttert. Muttern und Schrauben, jawoll. Oh, wir hatten 'ne einmalige Zeit da, sag ich euch ... trugen keine Schuhe! O nein, keine Schuhe; wenn wir über die Salzwüste gingen, hatten wir was an, das wir Veldshols nannten. Als ich eines Tages vom Zelt des Burschen aus Westindien kam – ich hatte so ein zwei drin, ja – hab ich mich die ganze Nacht in der Salzwüste verirrt, und da waren Schakale und Skorpione, 'ne Menge von dem Zeugs –»

«Skorpione. Ihr habt ja gar keine Ahnung. Ich will euch mal was sagen, als ich in Belawandelli war, das war auf 'nem norwegischen Bastard aus Trondheim, der *Hilda* –»

«– Reiher, Wodka Brennerei –»

«Dein Trick, Ted.»

«Wir hatten da einen beim Guanotrupp, gehörte nicht zu den Leuten von den Brandungsbooten, sondern hat Säcke verladen. Der arbeitete immer von fünf Uhr morgens bis ungefähr neun, das war ein Arschkriecher, ein richtiger Arschkriecher, und ein frommer Halsabschneider auch, weißte ... ging andauernd zum Boss, sich beschweren! Wir selbst hatten kein Geld, spielten immer um Stückchen Tabak, und ihr wißt, wie teuer Kleider da draußen sind – also der bekam immer Kleider von zu Hause geschickt und verkaufte die dann an uns weiter, zu reichlich überhöhten Preisen, sozusagen, der Halsabschneider. Schließlich haben wir ihm eines Tages weisgemacht, es stünde eine Attacke der Vompas – ein Stamm – bevor, wir nannten die *Vompas*, tja – sind aus Vompaland, und wir machten's ihm weis und machten's ihm weis und eines Nachts, also, er war in seinem Zelt –»

«– sie hat bloß eine Titte, doch ich lieb sie trotzdem sehr –»

«Eine Titte –»

«Doch ich lieb sie trotzdem sehr.»

«– ein Herz! –»

«– zwei Karo! –»

«Und ihr wißt, wie kalt es da nachts ist, die Zelte waren gespannt fest wie 'n Trommelfell; und wir standen alle draußen und schossen mit Büchsen in die Luft; und schmissen Bohnen ins Zelt, und der dachte natürlich, das wären *Kugeln*, und dann gingen wir ins Zelt rein mit Assagais – davon lag immer 'ne Menge rum – und 'n paar von uns taten, als ob sie verwundet wären und dieses und jenes, und dieser Halsabschneider da lag die ganze Zeit unterm Bett und betete, himmelschreiend!»

«– himmelschreiend –»

«– betete!»

«Nigger. Ja. Kraushaarige Nigger waren da immer, lockenköpfig. Schmutzig? Mein Gott, ich hab gesehen, wie sie die Eingeweide von 'nem Schaf gekocht haben und wie sie den Driss da rausgequetscht und gegessen haben, als wenn man den Mund untern Wasserhahn hält, und wenn man sie was fragt, sagen sie Wo! auh! Wolla wolla! Sehr gut! Sehr gut!»

«Ja? –»

«Ja? –»

«Deaffy wurde aber schließlich verrückt von der Einsamkeit; und man brauchte neun oder zehn starke Männer, um ihn festzuhalten; lag oft auf'm Boden rum mit weit aufgerissenen Augen und ließ die Fliegen über seine Augäpfel kriechen ... tja, und eines Tages hatte er die Aufsicht über 'nen Eselskarren mit Guano; der Esel verreckte; und er legt sich neben den Esel und verreckt auch; und so, als wir sie am Morgen fanden, hatten die Schakale *beide völlig kahlgefressen* –»

«Meine Fresse eh!»

«Also apropos Nigger, im Miki waren letzte Nacht auch zwei enorme Niggerbullen; waren Heizer, und als ich Olga erzählte –»

«Nein, sag's bloß nicht, um Himmels willen, Andy.»

«Um Himmels willen.»

(ἐπὶ δὲ τῷ τεθυμένῳ
τόδε μέλος, παρακοπὰ,
παραφορὰ φρενοδαλὴς,
ὕμνος ἐξ Ἐρινύων.)

«Und wißt ihr, was sie darauf sagte? Hihi!»

(ἐπὶ δὲ τῷ τεθυμένῳ ...) Wenn ich doch nur meine Ohren davor verschließen könnte, und meine Augen, und mir diese ganze garstige Angelegenheit nicht in all ihrer erschreckenden Lebendigkeit vorsetzen lassen müßte; wenn ich ertrinken oder wegfliegen könnte; wenn ich nur wieder die Bateman Street, Cambridge, Eng., heruntergehen könnte, an jenem Tag Ende Februar, der Frühling kam näher, und die grauen Vögel sausten und tauchten in Kurven und Spiralen um die singenden Telegraphendrähte – oder waren da keine? – und später, wie die beiden Studenten sich vor der ‹Red Cow› prügelten. Und die grünen Busse. Bahnhof–Postamt–Chesterton, die stets so überraschend hinter Straßenecken hervorpreschten, als ob sie irgendeine wichtige Botschaft zu übermitteln hätten! ... In Tokio genauso wie am Leicestersquare. New Brighton. Halb sechs an einem feuchten unbeständigen Maiabend, vor drei Monaten ... Eben ist die Sonne herausgekommen. Die zwei Gestalten, das Mädchen mit den braunen Augen in Schuljacke und einem weißen Rock, Janet Travena und ihr Liebhaber gehen langsam durch den nachmittäglichen Sonnenschein. Auf halbem Wege in den Town Gardens bleibt er stehen, um seine Pfeife anzumachen. Ein Rauchwirbel ergießt sich in die dunstige Luft. Das verkrümmte Streichholz fällt in eine Pfütze. Die zwei Gestalten, jetzt triumphierend Arm in Arm, gehen durch das offene Tor zur Linken der verwaisten Drehkreuze hinaus. Langsam schlendern sie in Richtung der Egremont Fähre, die verlassene Promenade entlang und an den triefenden Mauern vorbei, an denen wie nasse Lumpen aufgedunsene Plakate pappen. Die Sonne verschwindet hinter einer domförmigen Wolke, erhaben gleitend, kommt aber wieder zum Vorschein, und welche Wärme der Freundschaft und Helligkeit überschüttet dann sie und die beiden Saxophonisten des Palais de Danse, Zes und Mas, die sie kennen und die am Strand entlang zurück zu ihrer Wohnung platschen, hüpfend und lachend zwischen den spinatgrünen Felsen ... Der Himmel ist von all seiner Farbe entleert. «Mas, Mas, Zez!» schreien sie. «Wir müssen sie dazu bringen, *Chloe* zu spielen – aber nein, sie können uns nicht hören. Ist gegen den Wind.»

Mit steifen und regungslosen Körpern blicken die zwei Gestalten hoch ins wäßrige Sonnenlicht, in dem weiße Seemöwen klagend rückwärts treiben, sie lachen zu ihnen hoch und sehen dann hinunter auf die Flut, die gegen den Wind hereinkommt und sich schwächlich auf dem schwarzen Strand verkräuselt. Eine schmuddlige Fischer-Schmacke aus Belfast, sehr niedrig in dieser Flut und unter einem bescheidenen braunen Segeltuch, krängt plötzlich, als sie durch das schlappende Gewelle des schleimigen Mersey schiebt, ihr geflicktes braunes Segel baucht sich ein bißchen leewärts, und sie neigt sich, neigt sich, bis ihr geschwungenes Schanzdeck fast unter Wasser liegt. «O sieh, Dana, sieh, die schlägt glatt um, die kentert gleich, sieh!» «Lieber Himmel, nein», er beruhigt sie sanft mit dem Druck seines Arms. «Das ist mit Absicht so ...» Aber was zählte schon, außer ihrer Liebe? Fröhlich und keck setzt die Fischer-Schmacke ihren Kurs den Mersey hinunter fort. Später jedoch, als sie, indem sie die Egremont-Fähre umgehen, eine auf einem Abhang gebaute Häuserstraße zur Brighton Road, die parallel zur Promenade verläuft, hochsteigen, und als sie vor dem King's Kino mit seinem abblätternden Verputz, wo Donnerstag, Freitag und Samstag ‹*Love's Crucifixion*› mit Olga Tschechowa gezeigt wird, zögernd stehenbleiben und sich in die Menge mischen und von ihr fortgespült werden, erkennen sie mit stumpfem, dunklem Entsetzen, daß, selbst wenn Mas sie gehört hätte, es gänzlich vergebens gewesen wäre und sie nie zu Janets Lieblingslied hätten tanzen können – *Chloe, the Song of the Swamp* –, denn dies ist ihr letzter Tag. Sie scheiden, vielleicht für immer ...

Um halb acht, nach der Uhr am Liver Building, kehrt er auf der Fähre von Liverpool zurück.

Er sitzt in einem verlassenen, halbkreisförmigen und unbemöbelten Salon auf einer harten Balkenbank, raucht seine Pfeife in aller Ruhe und hebt nur einmal seinen Kopf zu dem vielfarbigen Schaubild mit Handelsmarinenflaggen auf der Flaggentafel des *Journal of Commerce*. Draußen hat es wieder angefangen zu regnen, ein farbloser staubiger Regen, und durch die Fenster sieht er zwei Matrosen in glänzenden Ölhäuten unter der Gangway herumlungern. In weitem Bogen rauscht Liverpool von ihm weg. Durch die regennarbigen Fenster sieht er Liverpool sich in Regen verwandeln ...

Um Viertel vor acht, als er am Queen's Park aus seinem Zug steigt, wo er einmal, ihrer Mutter zu Gefallen, Janet zu einer Gebetsversammlung in einer Spielzeugkirche sicher geleitet hatte, treibt jetzt die eine Gestalt langsam unter dem gemaserten Himmel an Morgan Roberts' Osteopathie- und Massage-Behandlung und dem Kinderspielplatz zur Linken vorbei wieder in die Brighton Road hinein. Von dort dieselbe auf einem Abhang gebaute Straße hinunter, die er vor zwei Stunden hochgestiegen war, eine Straße mit ‹Vorgarten›-Häusern, sieht er den Mersey vorbeigleiten wie, denkt er, einen riesigen offenen Abwasserkanal ... Er nimmt zwei Kinder wahr, die oben auf den Stufen spielen, und vermerkt, was sie sagen: «Ich jeh da nich runter!» sagt das eine.

«Ich abba, Jim», sagt das andre.

Dann kommt es ihm so vor, als sei der Mersey ein ungeheurer Film, der sich langsam und unerbittlich aus einer Kamera spult. Bald wird er in seinen Zelluloidschlingen hängen und aufs offene Meer hinausgezogen werden. Die *Oxenstjerna*, die er kennt, wird wieder aus ihrem Heimathafen herausgezogen werden. «Ich besitze die sympathetische Neigung, *simpático*; in mir schwimmen Schwertfische. Ohne zu murren, trage ich die Last von tausend Schiffen. Aber denkst du, ich spiele dieses Spiel um nichts?» scheint die See zu sagen. Simpático, simpático, plätschert sie, trübe ihn neckend.

Und jetzt, ein oder zwei Jahrhunderte älter, lebt diese einsame Gestalt in einer verfaulenden Hohlwelt, sie hat nichts übrig als ein paar weiße Erinnerungsblüten, bis auch diese zu Staub und Verwesung zerfallen. Wenn er doch nur die letzten zwei Monate ungeschehen machen könnte, zurück zu ihr, nie von ihr getrennt zu sein!

Nun kann er sich nur fragen, ob sie die Dinge, die er ihr sagte, vergessen hat; zum Beispiel diese Geschichte, die so unglaubliche und entzückende Geschichte vom armen Harry Crosby, von dem Mann, der die Näherin, die kleine schielende Näherin dazu aufforderte, Nadel und Faden zu nehmen und seinen Mund an den seiner Liebsten zu nähen – der (in der Kotz- und Magendreh-Bar) den Dorfschmied bat, goldene Ketten zu schmieden, damit sie ihre Knöchel aneinanderfesseln könnten, und der mit dem Friseur abmachte, daß er sein Haar mit ihrem und ihres mit seinem zusammenwachsen ließ – jedoch am Ende mit welchem Ergebnis? Die Scheren der Nornen wurden gebracht und schnitten sie auseinander. Eine traurige Geschichte, überlegt er, besonders wenn er an Crosbys eigenes Schicksal denkt. Aber diese Liebenden sind du und ich. Es ist wieder Frühling, die Sonne steht über dem See, die Osterblumen nicken und blühen. Spielzeugboote segeln und tunken ihre kleinen Buge ins kühle Wasser. Nach dem Regen liegen am Fuß der Sanddünen von Wallasey Pfützen, Kreuzkraut wächst auf dem unbebauten Grundstück beim County Inn. Um elf Uhr dreißig kommt Samuel Broster lächelnd aus der Schankstube und bindet sich seine Schürze um. Genau derselbe Tag. Dieselben Menschen sind am Morgen töricht um die Fährschiffe gegangen, auf dem Weg zu ihren Geschäften, pfeiferauchend und die Morgenzeitung lesend; dieselben Rumtreiber werden heut abend die Marktplätze bevölkern und schuldbewußt die Kerosin-Leuchtfeuer betrachten.

Nichts hat sich verändert. Nichts. Nur daß die einsame Gestalt, der Liebhaber, ich selbst, Dana Hilliot – keiner von denen bei dir ist, diese Dinge zu sehen. Das Gelbe Meer, das Schwarze Meer, das Tote Meer, das Rote Meer und sämtliche siebenundsiebzig Meere, und mehr als Meere, liegen zwischen uns. Oder ist das bloß ein Alptraum? ... Ich bin nicht auf einem Schiff. Ich wünsch, ich wär, denn ich weiß nicht, wie das ist. Ich wünsch, ich wär. Ich wünsch. Ich wär – was? Ein paar holprige Sätze, die sich zwischen zwei dunklen Parenthesen davonmachen? Vielleicht bin ich das. Jedenfalls bin ich kein Seemann. Nein. Das Schiff liegt nicht längsseits am Kai in Tsjang-Tsjang. Ich befinde mich nicht auf einem Schiffsheck und lausche an keinem Oberlicht. Eher liege ich zu Hause in meinem Bett – einem kalten trockenen Lakenbad! Neben mir die Leselampe mit dem scharlachfarbnen Schirm. Der kalte Kaminsims aus Marmor mit der Gasflamme darunter, die geheimnisvollen, flatternden grünen Vorhänge! Golfschläger in der Ecke, Tennisschläger oben auf dem Schrank, Zahnbürste, Schwamm und Seife. Die Ausgabe des ‹*Blue Peter*› oben auf meinen gestapelten Kleidern. Hanteln und eine Büchse. Einen Augenblick lang denke ich an das Buch, das ich eben las – Kiplings ‹*Captains Courageous*› – und schlafe, leicht wie ein Kind, ein, einen steilen Abhang in den Schlummer hinabgleitend. Einen Augenblick lang lausche ich, wie Proust, dem Geräusch meines Weinens; dann träume ich einen Traum. In diesem Traum singt Andy – aber wer ist Andy? –, während er zielbewußt die Kuan Tsien-Straße runterschlenkert; fummelt Andy an seiner Eintrittskarte für den Miki Tanzsalon herum; tanzt Andy polternd und besitzgierig mit Olga – aber wer ist Olga? –, wie ein kinnloser Orang-Utan im Wald mit seinem menschlichen Gefangenen; läßt Andy seine Schuhe draußen vor der Tür. Und später, nach der zweiten Flasche, bringt er seine Schuhe vor die zweite Tür. Lehnt Andy in Hemdsärmeln aus dem Fenster und singt den Mond an –)

«Von mir aus soll er doch, Kumpel.»

«Nein. Also, ich hab's jedenfalls gesagt, Andy; ich seh 'nen Ausdruck in seinen Augen, der Ärger bedeutet.»

«Ärger. Ja. Es wird auch Ärger geben, wenn ich damit irgendwas zu tun kriege. Ärger! Da hast du recht!»

«– *drei* Nicht-Trumpf, allmächtiger Gott!»

«Trotzdem, mich soll der Teufel holen, wenn ich versteh, was du gegen den Jungen hast.»

«Na, du wirst noch genug verstehen, wenn der Spaß erst mal losgeht. Was man mit 'nem Burschen wie dem macht, ihm auf'n Fuß treten und – wupp! – diesen. Kinnhaken. Das hat der nötig, den Glasgow-Haken.»

«Ah, das ist tödlich, also wirklich –»
«Schnauze, herrgottnochmal, wir spielen Bridge.»
«Dauernd klaut er mir meine Töpfe.»
«Ach kommt, wozu sollte er so was denn machen?»
«Weiß der Himmel, ich nicht. Aber ich hab ihn mit meinen eigenen Augen gesehen, beziehungsweise hab ich nicht, sondern der Chefsteward, und er sagt, er hätt's genommen, um zusätzliches Soda für die Schrubberei darin aufzubewahren! ... Und mir klaut er Schmierseife. Der würd die Milch aus meinem Tee klauen, der Junge, und so was kommt aus euren Privatschulen. Also, ich weiß wirklich nicht. Wirklich nicht. Ehrlich.»
«Was Hilliot braucht, ist 'ne gute starke Frau!»
«Hahaha!»
«Letzte Nacht war er an Land.»
«Ja, und ihr alle wißt, was passiert ist, oder?»
«Er ist auf die *Hyannis* und hat da geschlafen.»
«Weil er den Weg hierhin nicht finden konnte.»
«– tatsächlich? –»
«Wie hieß denn der Laden?»
«Sapporo Café und Bar. Hier, ich hab die Karte. Hört euch das an. Nette und saubere Umgebung. Schnelle Bedienung. Sapporo Café und Bar, No. 157, Yamagata-Dori, Tel. No. 6705. Weiche und harte Drinks. Alle Seeleute willkommen. Dieses Lokal dürfen Sie nicht versäumen, alles zu sehr mäßigen Preisen.»
«Hallo, Sculls.»
«Wie isses?»
«Alles klar.»
«Alles klar.»
«Ich sag's euch kein Wort erlogen also dieser Yankee kommt auf mich zu und er sagt Stuard sagt er magste Zigarren und ich sag Ja mag ich Zigarren – als ob's einen auf diesem Nullachtfuffzehnkahn gäbe, der nicht. Noh sagt er nimm die da – haufenweise von wo die kommen. Und er gab mir 'ne *große* Kiste Zigarren. Tja.»
«So was ähnliches hab ich auf der *Plato* erlebt – in Manila – auf der letzten Fahrt ...»

«Letztes Spiel –»

«Hört euch das an, hört euch das *bloß* an. Bei uns finden Sie alle Annehmlichkeiten und was dazu gehört, es wird Ihnen bestimmt gefallen. Bei uns finden Sie die besten ausländischen Weine und Liköre, nur Markenware. Verkauf in kleinen Mengen und flaschenweise. *Hihi, hört euch bloß diesen Blödsinn an.* Eine Vielfalt von Magazinen und Zeitschriften liegt zur freien Ansicht in unserer Empfangshalle aus.»

«Hahahaha.»

«Hallo, Lamps, Junge. Wie geht's denn so?»

«Hallo, Jim, Junge.»

«Alles klar, wa, Jock.»

«Alles klar.»

«Das 's gut.»

«Ich nett Mädchen, sehr nett, sehr sauber, sehr süß ...»

(Warum nicht, Janet? Ich stelle es dir anheim; ich meine, Andy *wirklich* zu töten. Jeder weiß, daß er nicht schwimmen kann. Und heute abend stechen wir in See. Diese Angewohnheit von ihm, auf der Steuerbord-Reling hinter der Kombüse zu sitzen! Bevor er sich schlafen gelegt hat, wird es dunkel sein, das macht das Ganze um so einfacher. Gestern stießen, ein kleines Stück die Küste hoch, zwei Frachter im Nebel zusammen. Heute nacht auf See. Mord auf See. Ein Gedankenmörder, in der Tat ein Mörder. Jetzt sehe ich es ganz deutlich. Hör zu. Alles ist vorbereitet. Andy sitzt auf der Reling. Bis jetzt kein Nebel – aber ein Schiff hat ‹Nebel voraus› signalisiert. Im Moment klare, gefährlich klare Sicht. Kaltes Sternenlicht. Warte auf deine Minute. Der Ausguck wird abgelost, aber die Wache unten liegt noch in ihrem tiefen Schlummer; hoch über mir zittert in einer Windbö die Marsstenge, und die Antenne droben stachelt einen sanften Grabgesang; die Deckwache lehnt müßig an der Bunkerluke, bis, als ein Spritzer Regen kommt, einer sich nach hinten begibt, um die Ventilatoren umzudrehen. Dies ist die Stunde der Bewußtheit, die Stunde des Bluts, dem Meerestiger gewidmet. Mein Geist ist prächtig klar, jede Ritze im Schiff, jede Mutter und jede Schraube, jede Schabe, jeder Gedanke und jeder Traum jedes Mitglieds der Mannschaft ist darin genauestens abgebildet und von außerordentlicher Bedeutung. Die gelbrachigen Ventilatoren stöhnen und verstummen wie Kaurimuscheln, die vom Rauschen des Wassers hallen. Der Bootsmann, in seiner engen Koje, schnarcht, wie er noch nie zuvor geschnarcht hat, seine weiße Mütze liegt ordentlicht gefaltet unter seinem schmalen Kopfkissen; der Zimmermann liegt auf der Seite und zählt durch das messingumrahmte Bullauge die schwankenden Sterne; jetzt sind die Sterne Mengen von Hämmern, die er in seiner Werkstatt hat, jetzt sind sie die Markierungen des Kesselstands auf der Tafel im Eingang des Maschinenraums, die Zahl der Stufen von der Kombüse bis zur Rumpelkammer, die Zahl der Hähne unter dem Dampfrohr, Flocken, Flocken, Flocken, Flocken von Spänen, die unaufhörlich herumfallen und flattern. Bumk-bumk. Andy sitzt auf der Reling. Bumk. Warte auf deine Minute ... Die Tür der Kabine des Lampenputzers, mit weißer Schwelle, knarrt im Wind und zieht sanft an der klammen Angel; ein Strahl wilden Mondlichts versilbert die fadgelbe Gardinenstange seiner Koje, die Karaffe mit trübem Wasser klickert in ihrer Halterung, gluck-gluck, und die Kerosinlampe wankt langsam an ihrer Kette mit dem langen Rollen des Schiffs; die Fotografie seiner Frau kam vom Schott her angetrieben und hängt, schlapp flappend, an einem Nagel. Norman schläft, und in seinem Traum sieht er einen Zug Polizisten, die o-beinig und lächelnd idiotisch Knüttel schwingen, während sie in der Nacht des Bank-Feiertags an Scotland Yard vorbeimarschieren, der letzte Polizist ist wahrhaftig Norman selbst. Schaben krabbeln zwischen den geteerten Fugen im Duster unter der Koje des Lampenputzers, die eng ist wie ein Babysarg, und machen in der Stille ein winziges Geräusch wie das Pladdern des Regens draußen, wenn sie verstohlen über das schmutzige abgelegte Unterhemd pirschen, unter dem Holzhammer und den starkriechenden Seestiefeln und den schlaffen Beuteln mit Ätznatron – Höllenstein – und Soogie. Draußen ist es vollkommen ruhig. Es ist die Ruhe des Dschungels, die von einem Lärm tost, schlimmer als der Tod. Bumk-bumk-bumk-bumk-bumk ... auf einmal klingelt der Telegraph, die Stille ändert ihren Ton. Nebel! Er rollt heran in jagenden Fetzen, eine Geisterphalanx, die die Gänge mit weißem Atem erfüllt. Die Sirene sprotzelt, trompetet eine schreckliche Warnung über die graue Öde. Nebelbänke links von uns, Nebelbänke rechts von uns. Alle zwei Minuten muß das Nebelhorn ertönen, gemäß den Regeln der Handelsmarine; warte zwei Minuten; Andy – der auf der Reling sitzt. Jetzt ist es Zeit. Jetzt. Oh, oh, oh ...

Noch einmal, doch mit welch einer Befriedigung jetzt, gehe ich in die Back und entzünde wider die Dunkelheit die Sturmlaterne. Wie die Einsamkeit der freundlichen Lampe mich jetzt durchdringt! Perfekt, genau wie geplant. Nichts hätte seinen Todesschrei besser ersticken können als die Sirene! Ganz genau nach meinem Plan! Im Dunkeln entzünde ich die Sturmlaterne, und sie erfüllt das Dunkel der Messe mit einer Einsamkeit, die meine eigene wird. Ich werde ein Teil der See – Einsamkeit der Sturmlaterne und der Meeresdunkelheit und Gischt flutet über und in das Schiff, ein Teil der Messe selbst – sechsmal sechs Fuß – des Ölofens, des nie benutzten verdreckten Fensters, des Wachstuchstreifens an Deck und der rosagemusterten Baumwollkleider; denn jetzt, im Licht meiner gräßlichen Tat, gibt all dies Antwort wie nie zuvor; und wie nie zuvor fühle ich, daß ich meine Stimmung dem unwägbaren Gang draußen mitteilen kann und dem Meeratmen der Seeleute, dem entrückten Meerschluchzen und dem pochenden Herzen des Schiffs.

Draußen an Deck, wohin ich gehen muß, um meine überschäumende Freude auszutanzen, spüre ich, wie die Stimmung dieser besonderen Nacht sich ausbreitet und ihren Platz einnimmt. Die Stimmung von Zeit, die ihren Regen durch den Nebel tropfen läßt, schwindet, und die Stimmung des brüllenden Löwen und Tigers, die Stimmung des Mörders, ist wieder da. Die Taue sind mit Nebel beperlt; der eiserne Bug hebt sich langsam mit der regenhellen Dünung; die Sirene diapasoniert *AAAAAndy! AAAAAndy!* Und andere Stimmen, jetzt nah, jetzt fern und abnehmend, rufen zur Antwort: *Aaaaaandy! Aaaaaandy!* Die *Ödipus Tyrannus* tastet sich jetzt ihren Weg entlang, im Leichentuch Richtung Grab. Mittschiffs tauchen die freundliche

Kabine und die Deckenbeleuchtung, trüb vom Brunnendeck aus zu sehen, mit einer ekelerregend beschleunigten Bewegung plötzlich ins Unendliche ab; man hört das Krachen und Klappern von Schaufeln im Heizraum, und das Schiff steigt, nach meinen schwankenden Füßen stoßend, nach oben – bebend in die Dunkelheit immer weiter nach oben. Danach brüllt die Sirene auf, mit einem Ton, den Roland auf dem letzten Loch der Malebolge geblasen haben könnte; dann herrscht wieder Stille, die drückende Stille der Wasser.

Niemand sah ihn gehen ...

Am Morgen läßt Norman, dessen Pflicht es ist, Andy aus dem Bett zu holen, nachdem er bei vier Glasen vom Quartermeister geweckt wurde, seine Hände mit ihren brüchigen, schwarzen Nägeln unter seinen schmalen Kopfkissenbezug gleiten und bringt eine halbe verkrumpelte Zigarette heraus, Gold Flake, die an dem Ende, an dem sie vor dem Zubettgehen geraucht worden war, angebrannt und zerquetscht ist. Er springt auf und sitzt auf dem Rand seiner Koje, der unteren, seine Beine baumeln und seine Füße schweben, um sich in senkellose Strandschuhe der Größe sieben zu schieben; er blickt im Raum herum und bemerkt insbesondere Ginger, den Pantryjungen, der mit offenem Mund in seiner Koje liegt, und seine Unterhose, mehr trägt er nachts nicht, die zum Gerumpel der Maschine vibriert.

Zum hundertstenmal wird er die Bilder an der Wand bemerken. Tallulah Bulkhead – oder Bankhead? Gingers Mutter, geknipst mit einem Arm voll schauriger Kinder. Joe Ward, geknipst bei der Polizeiwache. Flint mit seinem Zwillingsbruder. Eineiige Zwillinge. Taff, wie er auf den Bull Bay-Sandbänken, Amlwch, steht und einen Löffler schwingt. Er wünscht sich zutiefst und zum hunderttausendstenmal, daß er noch diesen einen Zoll wachsen möge und betet: «Vater unser, der du bist im Himmel, laß mich noch einen Zoll wachsen und ein Polizist vor dem Herrn werden.» Über die Strandschuhe zieht er sich seine karierte Hose an und dann widmet er sich seinem Unterhemd. Er bürstet sich das Haar – und oh, wie blond es ist! – und putzt sich die Zähne, wobei er in einen Eimer spuckt. Jetzt geht er, seinen

Eimer im Arm, das Brunnendeck entlang, kaum innehaltend, wenn er lauthals in die Speigatts spuckt; jetzt zieht er sich die Kombüsentreppe hoch. Er betritt die Kombüse (in der das Unterhemd eines Quartermeisters zum Trocknen hängt) und kratzt die Herde aus. Es schlägt vier Glasen; er schmeißt seine Zigarette leewärts und zieht los, um Andy zu wecken. Die weiße Kabinentür mit Messingschwelle knarrt am Greifhaken im Wind. Alles genau so, wie es der Chefkoch verlassen hat, als er, gemäß seiner Gewohnheit, mit dem letzten Schlag von acht Glasen Alle-Mann-Ruhe-jetzt schlafen ging. Der Chefkoch schnarcht friedlich – lassen wir ihn bis Dreiviertel sechs liegen. Andy – wo ist Andy? In einem Windstoß durch die offene Luke bewegt sich sein Streichriemen; der Kanarienvogel zwitschert schon fröhlich in seinem hellgerahmten Käfig, fast bricht ihm sein kleines Herz vor Sehnsucht, den blauen Morgen zu sehen. Das schmale Bündel von Laken, bestickt mit den Kronen der Kompanie – 1840 Steam and Sail – unzerwühlt. Andy! Andy! Jemand Andy gesehen! Hat er draußen an Deck geschlafen, hast du 'ne Ahnung? Nein, nich sehr wahrscheinlich, zu klamm, verdammt keine lohnende Angelegenheit, wenn die Tropen von Malaria überquellen! Zu klamm, Norman, sicher, zu klamm. Sinnlos, sich über Andy noch Sorgen zu machen, denk an dich, an deinen Micky, nimm die Hülle von seinem Käfig herunter, als ob du hofftest, Andy dort zu finden und sieh – wie verschmitzt und klug die Taube dich anäugelt! Sie weiß es. Beachte wohl die Ruhe der See, die vom Bullauge umrahmte klare Luft des Sommerhimmels und den frischen Horizont, der ihn langsam durchmessert und wieder versinkt; beachte wohl die freundlichen Schatten, die übers Deck schweben; höre, durchdringender als je zuvor, das Stampfen der Füße über dir, die Befehle des Bootsmanns und das aufdringliche, alles übertönende Zischen des Schlauchs; fülle deine Lunge dankbarer, als du dich je erinnern kannst, mit dem angenehmen Duft des Kaffees, den Dana Hilliot zubereitet. Denn nein – auch keine unendliche Menge verzweifelter Signale kann Andy zurückbringen – und was, ja was, wäre schon, wenn doch? Denn Tätowierungen erzählen uns, wie die Gesichter der Toten, nichts. Der Pfau auf seinem rechten Bizeps, der Adler, die Schlange und das badende Mädchen erinnern sich jetzt an nichts mehr. Wo ist das Sternenbanner jetzt, die Flagge Norwegens, das Kruzifix, die Barke in vollen Segeln! Die Hände haben ein anderes Kreuz umklammert, und die Blumen sind im Salz ertrunken; das Herz erinnert sich an nichts. Drum, Norman, denke immer an diesen Extrazoll, hol die Kartoffeln aus dem Kartoffelkasten und fahre in deiner Arbeit als Küchenjunge fort. Denn wispernd nagt die See an Andys Knochen. Pedro, der Spanier, wird dir jetzt in der Kombüse helfen. Ja, ja, ja, Sculls. O du, der du die Rinde wirfst und nach Steuerbord siehst, «acuérdate de Flebas, que una vez fué bello y robusto como tú» –)

«Hallo, Joe.»

«Wie steht's?»

«Nicht übel.»

«Nicht übel.»

«Und bei dir, Mcgoff?»

«Ah, Jock, ich muß dir 'ne kleine Geschichte erzählen. Ich sag dir kein Wort erlogen, paß auf, also dieser Yankee, du kennst den Burschen, warst ja dabei – hast ihn gesehen, ja? – also der kommt direkt auf mich zu und sagt: Stu-ard, magste Zigarrn. Genau so. Sag ich Yes Sir, ja mag ich Zigarren –»

«Käptn, 'n alter Knacker. Kannt ich mal, muß jetzt Jahre und Jahre her sein –»

«Also natürlich war's seine Aufgabe, Fehler zu entdecken. Und wenn er das tut, freut's ihn, und er macht sich 'ne Zigarre an. Wenn er keine Fehler zu entdecken kriegt, gibt's für den Käptn keine Zigarren an dem Tag, kapiert? Tja, schätze, auf diesem gottverdammten Kanu ist's genau dasselbe –»

«Haufenweise von wo die kommen, haha!»

«Also ich hab's immer mit Aufschreiben gehalten, damit so'n Bursche auch nachlesen kann, daß er mir was schuldet –»

«Hahaha.»

«– Schiffs-Andenken –»

«Chatham –»

«Hab gehört, wie der Bootsmann Hilliot am ersten Tag angefahren hat. Pf, hat ihm bloß gesagt, was er zu tun hätte sozusagen –»

«– noch ein Spiel, also kommt, Jungs –»

«Was gab's da, Andy?»

«Bootsmann, am ersten Tag, sagte Hilliot, was er zu tun hätte. ‹Ich erwarte, daß dieser Raum absolut sauber ist›, hat er gesagt. Na, seht's euch an. Ich wette, der Kielraum ist sauberer als das hier, und dabei klaut er mir genug Seife, um das ganze Schiff damit sauberzuhalten, gottverdammich – und das ist längst noch nicht alles. ‹Du hast dich um meinen Raum, den vom Zimmermann und den vom Lampenputzer zu kümmern›, hat er gesagt, ‹und mußt unsre Waschschüsseln putzen – und das Messingzeug dadrin auch und alles muß jeden Tag geschrubbt werden. Wenn du was ausläßt, prügel ich dich solange, bis du's tust. Du hast alle Mahlzeiten reinzutragen, mußt dich um deine eigene Wäsche kümmern und außerdem den Abwasch machen, und dich selbst hast du auch sauberzuhalten. Ist mein Bier, dafür zu sorgen, daß du das tust. Matrosen sind nicht dreckig. Ihr dämlichen Bauern denkt das ja. Aber sie sind's nicht. Also ran ...› Na, seht euch den Knaben doch an, nie wäscht er sich, und dieser Raum ist 'n Schweinestall, gottverdammich, eh –»

Ödipus Tyrannus – Liverpool.

Matrosen. Boddy-Finch Schwimmweste. Matroser.

Utdrag av Kostreglement for den Norske Handelsflaate.

Zugelassen als Matrosenmesse. Bim.

«Mord auf verdammt leisen Sohlen –»

«He, da ist er ja!»

«Hallo, mein Lieber, was haste getrieben?»

«Wie steht's, Hilliot?»

«Andy, ich hab dir was zu sagen. Hört mal alle zu, wenn ich mit Andy rede. Geht euch auch an. Also, es ist jetzt wirklich Zeit, daß ich das mit dir austrage. Ich streite gar nicht ab, daß ich alles, was du gesagt hast, vom Heck aus gehört habe. Und du kannst –»

«Also, um –»

«– nicht abstreiten, daß du dein Möglichstes getan hast, mir das Leben zu vermiesen, seit wir losgefahren sind. Und mehr noch, du hast 'nen Haufen verdammter Lügen über mich erzählt! Du sagst, ich klau deine Dampftöpfe, und deine Schmierseife – also ich sag dir, tu ich nicht! Nie hab ich –»

«Also, um Himmels –»

«– irgendwem irgendwas geklaut. Du sagst, daß ich bei meiner Arbeit nur Scheiße baue. Also ich glaube nicht, daß das stimmt – dieser Raum sieht doch nicht so schlecht aus. Besser könntst du's auch nicht hinkriegen. Jeder könnte das sehen. Und ich würd mal gern wissen, wie du darauf kommst, ich würd 'nem andren Kerl den Job wegnehmen. Gottverdammt, Mann, ist schließlich Sache von dem Kerl, den Job zu kriegen. Aber wart noch 'ne Minute, ich habe noch mehr zu sagen; bis jetzt wollte ich mich nicht prügeln; aber um ehrlich zu sein, nicht weil ich Angst vor dir und deinen Glasgow-Haken hatte – nein, bloß weil ich dir nicht weh tun wollte.»

«Also, um ... Himmels –»

«Du schwachkinniger Sohn eines singapurischen Seelöwen! Du kriecherischer feiger verdammter Drückeberger! Du hast 'n Gesicht wie 'n schäbiger Schakal, nur Nase und kein Kinn ... Was für ein gehässiges, hinterlistiges, niederträchtiges Wrack der *Hesperus* du bist! Genau das ist es, dein Gesicht. Dein lumpiges, schwaches Gesicht. Ich hatte nur Angst *um* dich, sonst gar nichts! Pah, bei Gott, wenn du ein Kinn hättest, du Minibastard, ich würd dir draufschlagen!»

«Um Himmels willen, laß gut sein, Hilliot.»

«Wozu sollt ich's gut sein lassen? Komm schon, du Schiffskoch, du kinnloses Wunder, du – hoch damit. Hoch, sag ich.»

Bim.

«He ... laß gut sein, Hilliot.»

«Wozu sollt ich's gut sein lassen?»

«Setz dich *hin*, Andy; sei kein verdammter Narr. Setz dich! Setz dich!»

«Was zum Teufel? Wozu soll ich's gut sein lassen?»

«Also – hör mal – das ist so –»

«Was so? Was habt ihr alle? Ihr wißt, daß ich im Recht bin.»

«Na schön, Hilliot, aber dann sei du wenigstens kein verdammter Narr und quassel nicht so 'n Zeug über Andy. Er ist ein älterer und besserer Mann als du.»

«Jau. Der hat zu seiner Zeit schwierigeren Fällen als dir die Flötentöne beigebracht.»

«Ja, laß gut sein, Junge ... Weißt du, wir wissen alle, daß Andy sein Kinn im Krieg verloren hat, er hatte Platten drin und alles, und wenn du ihm draufhaust, könnte er abkratzen. Du darfst nicht so reden. Wir wissen, das ist deine erste Fahrt, und du kriegst genau dasselbe ab wie jeder von uns auf seiner ersten Fahrt. Andy und ich, wir sind jetzt seit zehn Jahren Schiffskameraden. Du darfst nicht so reden. Laß gut sein, Mann.»

«Dreimal torpediert!»

Bim.

«Also da lang, Andy.»

«– also ich werd heut nachmittag im Badeanzug und 'nem Schweißlappen arbeiten.»

«Ich auch.»

«Wo hast du diese verdammten Dinger gekauft – Cebu?»

«Ja, genau. Also ich weiß nich, was ich von diesem Schiff halten soll!»

«Wißt ihr, was der Mann von der Handelsmarine gesagt hat – würde damit nicht mal übern Hafen fahren.»

«Och, ist eben bloß 'n Waschpott, sonst gar nichts, fährt rum und nimmt Wäsche auf.»

«Waschpott, wa? Huh. Das ist 'ne Apfelsinenkiste, ein Ballonboot, ein Heuschober –»

«'ne Stinkbombe.»

«Der Maat sagt, wir kriegen heut nachmittag 'n Haufen Tiere; Elefanten, Tiger, Leoparden und was weiß ich noch alles. Schätze, da wird die Wache an Deck sein müssen. Nehme an, das hat er gemeint mit *mehr Post*, gottverdammich. Weiß nicht, wann wir heut abend weg sind, wirklich nicht. Einer der Elefanten soll nach Rom, den laden wir in Port Said ab; oh, die haben sämtliche Sorten von diesen verdammten Viechern, alle für den Zoo in Dublin, eh, kommt auch 'n extra Wärter mit denen an Bord,

Riesenschlangen und Nonnenwebervögel, Herrjesses – ich nehme an, um damit die Schlangen zu füttern. Was soll man bloß von diesem Schiff halten, mit 'nem Haufen gefährlicher Schlangen an Bord –»

«Drei weiße Leoparden –»

«Also, ich weiß ganz bestimmt nicht, wann wir heut abend weg sein werden.»

«Ja, sag ich, ja sicher mag ich Zigarren.»

«– passe –»

«– passe –»

«– passe –»

«– ein *Pik* –»

(*Und Samson sagt' ihr schneid mir's Haar,*
Wennst mir'n Kopp rasierst
Jenau so sauber wie deins,
Werd ich janz ordentlich stark wer'n,
Un' Gott nimmt uns all die Sorgen weg,
Un' Gott nimmt uns all die Sorgen weg ...)

5

Hilliot stand mittschiffs an der Reling und blickte auf den Kai hinunter. Er hatte noch ein Weilchen frei, bevor er wieder ran mußte. Der Krach der Winden rasselte gegen seine Trommelfelle. Das Gefühl der nahe bevorstehenden Abfahrt schien sogar die da unten arbeitenden Schauerleute durchdrungen zu haben; als ein paar Eilboten eintrafen, brach auf der Pier eine Art Fieber aus; auf dem Schiff aber spürte man wilde Hast – alles klar machen. Würde denn die *Ödipus Tyrannus* überhaupt nicht mehr abfahren? Die ganzen Tiere waren inzwischen sicher auf dem Vorderdeck, auf dem es zirpte und schwatzte wie im Dschungel, und Horsey war unter Murren nach vorn geschickt worden, den Elefanten zu schrubben.

Hilliot begann auf dem Schiff herumzugehen, in der Hoffnung, Andy allein zu finden. Moskitos hatten ihn aus der Back vertrieben; überall sonst schienen Fliegen in jede Ritze gedrungen zu sein. Die Luft war voll davon. Kein Lüftchen regte sich, und der flimmernde Himmel brüllte vor Hitze wie ein riesiger Kessel. Er konnte in dem flirrenden Äther die Sonne nicht ausmachen; das ganze ungeheure Blau schien ihm ein Feuerrad, gigantisch und unsichtbar, das über der *Ödipus Tyrannus* wirbelte und blinkte und kreiselte. Hilliot sehnte sich nach dem offenen Meer.

«Hallo, Norman», sagte er. «Wo ist Andy?»

Norman stand, knöcheltief in Büffelblut, in der Kombüse und spießte etwas an einen Fleischerhaken. In dem Blut ersoff ein Schwarm Fliegen, die surrend übereinanderher krabbelten.

«Irgendwo mit'm Chefsteward», schnaufte Norman. «Was hältst du davon, he? Nichts wie 'n verdammtes Zooschiff. Und die Köche dürfen natürlich den Tiger und alles füttern ... Na, ich muß mal zum Kühlraum jetzt.»

Hilliot lehnte an der Reling und blickte aufs Meer hinaus. Plötzlich hielt er sich die Ohren zu, um den rasenden Lärm der Winden loszuwerden. Es kam ihm vor, als wäre er in einem dunklen Tunnel verschwunden, und auf einmal sähe er Licht an dessen Ende; und das Licht wäre Sonnenschein in einem stillen Garten, voller vom Wind bewegter Rosen und Päonien; und Janet war da und streichelte mit ihren kühlen Händen seine Stirn, während sie dem Murmeln eines Wasserhahns lauschten; und das ganze Blumenbeet war von dem Wasser durchrieselt.

O Jesus! Er war auf einem Schiff; er war bloß ein dreckiger Seemann, der aufs Meer hinausblickte, nichts sonst. Ein dreckiger Seemann, der mitnichten einem laufenden, zischenden Wasserhahn in einem Garten lauschte, sondern dreckigem Schlagwasser, das sich sinnlos aus einer Schiffswand ergoß.

Aber sein Herz war voller Reue über das, was er zu Andy gesagt hatte; und aus dieser Reue kam eine merkwürdige, schmachtende Zärtlichkeit zu jedermann, zu dem Schiff und sogar zu seiner Heimat. Wenn er erst einmal zurück wäre, würde er hart für Janet arbeiten. Mit melancholischem Blick sah er weiter aufs Meer hinaus. Aber was für eine düstere Aussicht das Ganze bot! Wie sich all diese Häfen glichen! Sogar das Fährschiff, das da ruhig übers Wasser glitt und sich wie eine Krabbe im Auf und Ab der Strömung seitwärts schob, gab seinem Herzen einen erinnernden Stich. Natürlich, er dachte doch nur an die Fährschiffe auf dem Mersey.

Und wie er so schaute, verdeckte es ganz kurz eine kleine chinesische Tramperin, die zwischen zwei Riffs vor Anker lag. Wie armselig und alt und zerschunden sie war! In Erwartung der Küstenwacht dahinsiechend, bis sie zu Schrott würde. Und doch hatte sie einst wie die *Ödipus Tyrannus* dem Leben und dem offenen Meer entgegengebebt, und von ihren eisernen Wänden hatten die Rufe der Schauerleute widergehallt.

Ach ja, so war das Leben.

Weiter weg jedoch, weit draußen auf See, fuhr ein Schiff auf den Hafen zu. Sein Schornstein war weit hinten, und Hilliot fand heraus, daß es wahrscheinlich ein Öltanker war ... Aber wie sinnlos war ihm dies Ein- und Auslaufen geworden! Alles was jetzt noch übrig war, war die Sehnsucht, aus dieser Hafenstadt, deren Name ihn einst so sehr angezogen hatte, fortzukommen und lächerlich zum Ausgangspunkt zurückzukehren! Das also war der Osten, der Osten, nach dem er sich gesehnt hatte. Und jetzt hatte er genug davon und sehnte sich danach, wieder normale Luft zu atmen, in den großartigen Tag hinauszusteigen. Jetzt waren alle Häfen für ihn gleich; nicht Städte waren sie, sondern überfüllte, zugewucherte Flüsse, in denen leblose Menschen zu- und auseinander- und wieder zusammenflossen wie kämpfende Sturzbäche. Was blieb noch, jetzt, wo die Entdekkungslust und mit ihr alles andere von Wert verschwunden war? Nichts als Staub, die sengende Grelle der Straßen, das ewige Pendeln der Schwingtüren in den Kneipen, hin- und herfahrende Fahrräder und Rikschas.

Er würde die Dinge nicht mehr zum erstenmal sehen. Jeder einzelne Hafen hatte ihn mit seinem schmutzigen Lachen angebrüllt und ihn seinem kleinen Untergang ein wenig nähergebracht.

Er wußte jedoch, daß er nicht ganz ehrlich zu sich war – vielleicht würden die Dinge, wenn er nur mit Andy Freundschaft schließen könnte, ganz anders aussehen; wahrscheinlich wäre das Ganze dann doch nicht solch ein Untergang.

Und wenn schon, es käme nicht einmal der Vernichtung eines Elektrons gleich, dem Platzen einer Seifenblase im Dunkeln.

Er wickelte sich seinen Schweißlappen wieder um den Hals und wischte sich die Stirn mit seinem Unterarm. Dann begann er sich eine Pfeife zu stopfen ... Ja, Andy war jetzt in der Kombüse, aber nicht allein. Der Chefkoch war bei ihm und hackte Fleisch auf dem Fleischbrett in Stücke.

Er steckte die gestopfte Pfeife in seine Tasche; nach dem Tee würde er sie rauchen. Dann genehmigte er sich einen Schluck lauwarmen Wassers aus der Kesselkelle. Sein Blick ruhte weiter auf Andy, der nicht aufsah.

Es war ein Glas, Viertel vor vier, Zeit, der Mannschaft den Tee zu machen ... Vielleicht konnte er mit Andy sprechen, wenn der ihm die Tabnabs gab. Doch nein, bei genauerer Überlegung wirkte Andys Verhalten nicht gerade so, als ob er sich nach einer Unterhaltung sehnte. Bildete er sich das bloß ein, oder schien Andy als einziger von allen ein wenig beschämt?

Die Tabnabs lagen bereits angeschnitten auf einem Teller beim Kessel, und Hilliot spürte, daß er alleine mit Andy sprechen mußte.

Er füllte die Teekanne, die er am Morgen in der Kombüse gelassen hatte und brachte sie mit den Tabnabs runter nach hinten zur Back. Er mußte seine Gelegenheit abwarten, mehr konnte er nicht tun ...

Die Matrosen drängten sich mit ihren Tassen um ihn. Das Oberlicht am Heck stand weit offen und zeigte ein blaues Himmelsdreieck. Hilliot saß da, beobachtete es und trank seinen Tee, aus dem er ständig Fliegen holen mußte. Ab und zu glitt ein hastiger Schatten über das Oberlicht – ein Matrose oder ein Schauermann.

Er wusch die Teetassen nicht ab, sondern ließ sie wie sie waren fürs Abendessen. Unruhig erhob er sich und ging zum Rauchen wieder an Deck. Ringsum war alles Hetze. Immer noch herrschte der schreckliche Lärm von Winden und kreischenden Kulis und dem schrillen Pfiff eines Schiffs im Hafen, das Dampf abließ ... Die Ladung – Kisten mit Tee – wurde in Stroppballen von je zehn von den auf dem Kai wartenden Stapeln hochgezogen; der Oberwindenmann, der einen Moment lang überm Schanzkleid hing und den nächsten zum Rand des Ladeschachtes rannte, ermahnte mit gebieterischem Zeigefinger den Windenmann, der auf seiner Strohmatte saß. Die Zehnerstropps wiegten sich über dem klaffenden Laderaum und senkten sich dann hinein. Die Arbeit des Ladebaums wurde für einen Augenblick unterbrochen, damit der Zahlmeister die steile Leiter aus der Tiefe hochklettern konnte. «Wann werden wir weg sein, Sir?» fragte Hilliot ihn. Aber der Zahlmeister überhörte die Frage und spuckte nachdenklich. «Kein Problem, he?» maulte er. «Zwölfhundert verflixte Frachtbriefe, eh; und die sagen, Seeleute wären Meckerfritzen. Jesses, eh, ist 'n totaler Verlust. Jeder Brief kann Gott weiß wie viele Pakete bedeuten. Na! Sag's ja immer, die Leute im Büro kümmern sich den Teufel drum.»

Hilliot wollte eben etwas Mitfühlendes sagen, aber der Zahlmeister mußte weiterreden. «Und diese ganzen verdammten Tiere und ein Wärterheini an Bord und alles.» Er schniefte bedächtig. «Gott, Mann, 'n totaler Verlust. Wenn man nicht verheiratet ist, ist es ja in Ordnung, aber ich bin's; ist nicht gesund, sag ich.»

Aber Hilliot hatte jetzt kein Interesse mehr. Was wußte der Zahlmeister schon von seinem Kummer? ... Er sah ihm nach, wie er unbemitleidet durch einen Pfuhl aus Kohlenstaub und Wasser davonplatschte und Zigarettenasche verstreute. Dann ging er, mit einem merkwürdig einsamen Gefühl, in die Kombüse zurück. Der Chefsteward war da und sprach immer noch mit Andy. Verflucht, hatte er schon wieder eine Gelegenheit verpaßt, während er seinen Tee getrunken hatte? Er spürte, daß er nicht mehr viel länger warten konnte, es lag etwas – es lag etwas –

Er ging an Deck und fand eine Taurolle; dort ließ er sich nieder und brütete eine ihm unbestimmbare Zeit lang. Die Sonne neigte sich auf seinen Kopf. Plötzlich erkannte er mit einem Schock, daß das Schiff seeklar gemacht worden war. Aus der Dampfleitung stiegen Dampfstrahlen. Die Winden arbeiteten nicht mehr, die Schauerleute waren weg. Ein Lehrjunge sprang herum und sah in das Rettungsboot neben ihm.

«Was suchst du?»

«– blinde Passagiere –»

Dann kam, zigarettendrehend, der Bootsmann auf ihn zu. «Ah, da bist du ja, Hilliot», sagte er heiter. «Eben habe ich Andy versprochen, Normans Micky etwas Wasser hinzustellen. Norman ist unten im Kühlraum, verstehste, und ich hab 'n kleinen Auftrag für dich. Gib dem Kerlchen 'nen Schluck, für Norman, ja, sei so gut.»

Hilliot sah dem Bootsmann nach, wie er eilig im Maats-Waschraum verschwand, dann zog er los, um dem Micky was zu trinken zu geben.

Aber der Micky war nicht in seinem Käfig; der stand offen.

Er suchte auf Luke vier. Da war er auch nicht. Über ihm, an einer zwischen der Reling hinter dem Funkraum und dem unteren Rand des Kombüsenkamins gespannten Leine flatterte sich die Kattunhose eines Quartermeisters trocken, aber kein Micky war da. Hilliot rief Andy, der, immer noch redend, die Kombüse fegte, und den Chefsteward. Sie suchten überall, auf dem Bootsdeck, in der Kombüse, unten im Bootsmannsgang: der Micky war verschwunden.

«Der Bastard kann doch nicht weggeflogen sein», sagte Andy verwirrt. «Norman hat ihm die Flügel gestutzt.»

«Auf jeden Fall müssen wir ihn finden, verdammt, oder es wird ihm das Herz brechen», sagte der Chefsteward.

Gleich blickten sie über die Schiffswand hinaus. Und da, kaum sechs Faden vom Boot, schwamm der Micky. Seine gestutzten Flügel schlugen rührend aufs Wasser. Indem er sich immer mehr vollsaugte, sank er allmählich. Andy und Hilliot sahen sich an. Für eine Sekunde waren ihre Streitigkeiten und alles andere vergessen.

Aber Hilliot hatte seinen Entschluß schon gefaßt. «Ich spring rein und hol ihn», sagte er entschieden. Andy packte ihn an der Schulter.

«Sei kein Dummkopf, Mann. Bleib, wo du bist. Dieser Hafen ist 'ne Todesfalle ... Hast ja keine Ahnung, was in diesem verfluchten Ding alles drin ist, Krokodile, Haie, und was weiß ich noch sonst so alles überhaupt.»

Der Bootsmann und der Zimmermann kamen dazu. «Was ist los, he?» sagte der Bootsmann. «Hilliot will schwimmen gehen? Also das darf er nicht, will schließlich meine Prämie nicht verlieren.»

«Das ist Normans Micky», sagte Andy.

«Gottverdammich, eh», sagte der Bootsmann nachdenklich. «Hat sich diese blöde Taube losgemacht? Na, hab's ja schon immer gesagt. Hab immer gesagt, Sculls wüßte nicht, wie er drauf aufpassen soll. Meine Güte, der Bastard schwimmt ja, oder, Chips?»

«Tja, das ist wohl das letzte Mal, daß dieser Vogel schwimmen tut», sagte Chips.

«Allerdings. Ich setz die ganze Lombard Street gegen 'ne Tahiti-Apfelsine drauf, Kumpel», sagte der Bootsmann, während er sich eine Zigarette zu drehen begann. «Ich fürchte, er wird 'nen hübschen kleinen Happen zum Abendessen für einen von den Haien abgeben, wa?»

«Durst gehabt, schätz ich», sagte Andy niedergeschlagen. «Das macht diese ekelhafte Hitze –»

«Ja, ich hab dem jungen Hilliot gerade noch vor einem Augenblick gesagt, er soll ihm 'n Schluck geben – nein, fünf Minuten wird's her sein. Ich hatte im Maats-Waschhaus noch was zu schrubben; durstig muß er gewesen sein, ja, und als er das Wasser sah, sozusagen –»

«Hm ja», sie nickten zustimmend. «Durstig, das war's gewesen.»

Andys Griff lockerte sich. Jetzt war die Gelegenheit für Hilliot.

«Also, ich spring jedenfalls rein und hol ihn», sagte er, zögerte aber noch Andys wegen, und sah sich nach Unterstützung um.

«Hör mal», platzte Andy heraus, «du warst auf diesem Schiff schon verdammt lästig genug, ohne daß wir ein Boot für dich runterlassen und dann auch noch rumrudern mußten, um die blutigen Stücke aufzusammeln.»

Das Wort ‹lästig› ließ Hilliot einhalten. In diesem Moment, wenn jemals, wollte er nicht tapferer oder klüger als Andy erscheinen und bewegte sich nicht und sagte nichts. Andy war ein alter Seemann, *homo sapiens*. Andy wußte so einiges. Und jetzt, als seine Erregung ein wenig nachließ, schüttelte er den Kopf und murmelte: «Krokodile, Haie, vorletzte Fahrt, denk an Norman, ja ich sag dir, es wär Selbstmord, da reinzugehen.»

Statt dessen überkam Hilliot ein gemeines Gefühl. Das geschieht Norman recht, dafür daß er den Mast hochgeklettert ist, sagte er sich, gegen seinen Willen; das wird ihm eine Lehre sein. Gleichviel, tot hatte es der Vogel besser. Er fühlte sich angeschlagen und erstaunlich übermütig zugleich, während er unverwandt hinsah – sein Inneres zog sich zusammen, aber es durfte nichts versäumt werden.

Bim-bim; bim-bim; bim-bim; bim-bim; auf einem Schiff draußen im Hafen schlug es acht Glasen, danach war es wieder still. Nur das Wasser und der Abfall, die sich unablässig aus der Wand der *Ödipus Tyrannus* ergossen, waren zu hören, und dies war ein Teil der Stille. Zwei Quartermeister schlurften heran, einer der Vollmatrosen kam mit einem Eimer mit seiner Sonntagswäsche aus der Back, und zwei Leichtmatrosen in Badeanzügen aus Cebu.

«Was gibt's, Boss?» fragten sie. «Is da 'n Mädchen im Wasser oder was?»

«Scheißweiber immer», antwortete der Bootsmann. «Das ist Normans Micky.»

«Oh, so 'n Mist aber auch», murmelten die Männer. «Aber glatter Selbstmord, da reinzugehen und 'n zu holen.»

«Ich hab's!» schrie der Chefsteward. «Wir müssen 'nen Sampan holen. Wir können doch den blöden Vogel nicht so ersaufen lassen.»

Dann wandten sich alle Augen zu einem kleinen weißen Motorboot, das kokett übers Wasser glitt, sich dann einmal fast um sich selbst drehte und seinen Kurs umkehrte, wobei es noch lächerlicher als vorher aussah. Die Männer brüllten ihm nach, alle schrien und trompeteten auf einmal, aber sein Motor machte zuviel Krach, und sein einziger Insasse richtete seine Aufmerksamkeit auf das Steuer und den sprotzenden Auspuff, den er anscheinend von Zeit zu Zeit bewunderte, indem er ihm über die Bordwand Blicke zuwarf.

Der Chefsteward breitete hilflos die Hände aus. «Wir können doch den blöden Vogel nicht so ersaufen lassen ...»

Nebenan sprachen der Maat und ein Agent. Sie hatten den Micky nicht gesehen. Die Männer schrien verzweifelt nach dem Motorboot. Hilliot überlegte, sagte aber nichts. Dann zog er Andy beiseite. «Andy, bevor ich's tue», sagte er ruhig, «verzeihst du mir, was ich heute morgen in der Back zu dir gesagt habe? Ich hab's nicht so gemeint, Andy, Ehrenwort; dein Kinn ist in Ordnung. Und jetzt geh ich rein.»

«Nein, das tust du nicht!» donnerte Andy. «Du mußt verrückt sein. He, halt ihn mal einer fest.»

«Ja, sei kein Idiot», knurrten die Männer und hielten ihn fest. «Dazu ist jetzt keine Zeit.»

«Außerdem», fügte Andy hinzu, «hört uns vielleicht der Bastard in dem Motorboot noch.»

Mit einemmal konnte sich der Micky nicht länger wehren. Gleich darauf war er verschwunden. Das Motorboot gaukelte immer noch herum; es war so unbekümmert und vergnügt wie ein fröhlicher Terrier. Sein Insasse drehte schnell am leichten Steuer, während es lustig und mit unglaublicher Geschwindigkeit wendete, einmal um seine Achse kreiste und dann in seiner Dünung rollte.

Es war ein Alptraum, eine ganze Ewigkeit voller Schrecken. Hilliot war zu Hause in seinem Bett, aber er wußte, daß er bald im freundlichen Sonnenschein aufwachen würde. «Es tut mir leid, Andy», wiederholte er. Aber was sollte das bedeuten, was hatte es für einen Sinn, daß es ihm jetzt leid tat?

Das Motorboot war so nichtssagend, wie es gekommen war, wieder weg und hielt direkten Kurs auf die Flußmündung, wobei es eine blendendweiße Schaumschramme hinter sich ließ. Sein weißes Heckstück – *Mabel – Tsintao* – löste sich schnell im Blau des Hafens auf.

Eben kam Norman aus dem Kühlraum. Er lächelte, als er seine Extrajacke auszog. Der Bootsmann sagte ihm, was passiert war. «Also, schau mal, das war so, Norman –»

«Und was habt ihr euch dabei gedacht, mich nicht vorher zu rufen?» fragte Norman schließlich aufgebracht. «Was habt ihr euch dabei gedacht, das möcht ich wissen. Du wußtest doch, daß ich unten im Kühlraum war, Andy. Was habt ihr euch bloß gedacht? Ihr habt also rumgestanden und zugesehen, wie der arme Micky abgesoffen ist?»

«Himmel, verdammtnochmal, Mann, wir hatten keine Zeit», sagte der Quartermeister, der in der ersten Nacht am Kai Gangway-Quartermeister gewesen war. «Himmel, wir müssen uns klar halten. Wir können doch nicht so einfach in den Bach springen, um Kanarienvögel zu retten, herrgottnochmal –»

«Du hältst deine blöde Fresse», brüllte Hilliot und wunderte sich über seinen Zorn.

Und Horsey sagte: «Ja, Hilliot hat recht, halt deine blöde Fresse, du schwuler Quartermeister ... Aber trotzdem hatte keiner dran schuld, Norman», fügte er hinzu, indem er sich ihm zuwandte.

«Was?» schrie Norman. «Also, Zeit hätte ja wohl keine Rolle gespielt, wenn einer von euch ein Mann gewesen wäre, verdammt.»

Und Hilliot war mit ihm einer Meinung und dachte, nein, Zeit hätte keine Rolle gespielt.

«Also, man konnte nicht reingehen, Norman, wirklich», versuchte er zu erklären, ganz bekümmert um ihn. «Dieser Hafen ist voller Haie und Krokodile.»

«Ja, und ich sag dir was», fauchte Norman. «Du hast ja 'n Rad ab, das hast du.» Aber plötzlich brach seine Wut zusammen. Sein Gesicht wurde kalkweiß, und er ging langsam zur Back runter.

Die Männer blieben noch eine Zeit lang und redeten, und nach wenigen Augenblicken kam der Agent, den der Erste Maat inzwischen verlassen hatte, zu ihnen rüber. Es war ein munterer Agent, sein Umgang mit allen Männern ungezwungen und leutselig, egal welchen Rang sie bekleideten – das war offensichtlich. Er nahm eine Zigarre aus dem Mund und wischte sich übers Gesicht. Dann äußerte er sich über die Badeanzüge der Leichtmatrosen. «Die sind sehr hübsch, sehr feines Stöffchen», sagte er und spie einen braunen Strahl.

Er steckte sich die Zigarre wieder in den Mund. «Und wenn einer von euch Jungs baden will», paffte er, «um diese Jahreszeit ist es hier ganz sicher. Im Umkreis von drei oder vier Meilen sind keine Haie gesehen worden. Die kommen jetzt nicht so nah. Ich war auch schon ein paarmal drin; ist das einzig Wahre bei diesem Wetter. Es ist wirklich ziemlich sicher. Sie könnten die Hilfsleiter runterlassen, Chef, oder die Jungs könnten vom Kai aus reinspringen ... Aber vielleicht wart ihr ja schon längst drin.» Er sah auf seine Uhr. «Also, ich muß runter. Nein, ihr habt wirklich keine Zeit mehr zum Schwimmen jetzt.»

Hilliot sah ihm nach, wie er den Kai überquerte. Vor kurzem hatte er einen Hai gesehen, aber das war über fünf Meilen weit weg gewesen, und es bestand keine Gefahr. Ein Hafenzug fing wieder mit seinem Radau an ... Dann wurde er allein gelassen. O Gott, o Gott, warum hast Du mich verlassen? Im verwischten Dunst sah er, daß der Öltanker jetzt beträchtlich näher gekommen war, und dies schien ihm aus irgendeinem Grund von außerordentlicher Bedeutung zu sein. Er ließ behutsam und schüchtern seine Pfeife ertönen, als ob er heimlich in den Hafen eindränge, und Hilliot wußte, daß er sich immer daran erinnern könnte, daß er genau auf diese Art gepfiffen hatte. Zur Antwort kam ein getragenes tiefes Brausen, und die *Wolfsburg* mit ihrem schwarzen Rumpf und dem einen riesigen schwarzen Schornstein glitt vorüber und stieß gegen das durchscheinende Silber der Bucht. Da fuhr Popplereuter – und sein Brief. Bewegungslos und geduldig schwebten die Möwen über ihr, als sie hinter der Kante des Wellenbrechers verschwand. Er sah dem Öltanker bei der Einfahrt zu – es war ein Amerikaner – *West Hardaway, Portland, Ore.* –, bevor der Bootsmann sein «Alle Mann längsschiffs!» brüllte.

Der Ruf wurde weitergegeben, von Mund zu Mund: Klar zum Ablegen, alle Mann längsschiffs. O ja, die wußten ganz gut, wie man einen auf diesem Kanu zum Arbeiten brachte, verderben einem den Sonntagnachmittag, knurrten sie.

Hilliot arbeitete beim Hereinholen der Ladebäume. Die gelben Ausleger wurden vorsichtig in ihre horizontale Ruhelage heruntergelassen und das Takel ordentlich um sie herumgewickelt. Beim Ausspannen der Persenninge über den Luken, und auch beim Treiben von Keilen in die Klampen half er dem Zimmermann und einem Lehrjungen mit einem Enthusiasmus, der Teil seines Kummers war. Der Zweite Maat ging nachdenklich und gemessenen Schritts umher, erschien auf dem Heck und stieg auf die Dockbrücke. Dann faßte er einen Entschluß. «Dampf in die Achterwinden lassen. Die sind nicht zur Ladungsaufnahme gebraucht worden, wa?»

«Ai ai, Sir!»

Wenn er es doch nur gewußt hätte! ... Aber Hilliot brachte gehorsam die Backbord- und Steuerbord-Heckwinden in Gang und ließ sie vor- und rückwärtslaufen. Sie zischten und rasselten und strömten Wogen von Dampf aus; von ihren Unterseiten tropfte heißes Öl auf ihre ungehobelten, ungepflegten Betten, die zolldick voll heißer schuppiger Farbe und Rost waren.

«Das reicht. Klar halten.»

Auf der *Ödipus Tyrannus* herrschte eine äußerst ungewöhnliche, vollständige Ruhe. Die Gangways waren eingezogen worden, von der Brücke sah ein Offizier hinab, sogar die Tiere waren still; überall spürte man eine schwebende Spannung; es schien kein triftiger Grund dafür zu bestehen, nicht abzufahren. Was dachten sich diese Teufel auf der Brücke eigentlich? War irgendwas noch nicht angekommen? Herrgott, würde sie denn nie abfahren, fragte sich Hilliot – würde das niemals aufhören?

Unvermittelt erdröhnte die Sirene und verschluckte mit ihrer ungeheuren Lautstärke sämtliche Geräusche des Hafens; sie hallte kreuz und quer über den Hafen wider; es war der Schrei eines eingesperrten Tieres, das der bevorstehenden Freilassung entgegenfiebert.

«In Ordnung, eh. Klar halten», sagte der Maat noch einmal.

Wieder wurde an der Sirenen-Abzugsleine gezogen, und diesmal hallte der Lärm noch verheerender fort, bis sämtliche alten Eisenplatten der *Ödipus Tyrannus* vor Freude darüber zitterten und bebten.

Ihr Echo schwankte unstet in der Luft, mischte sich mit seltsamen fremden Tönen, die es erweckt zu haben schien, und mit dem Gekreisch der Tiere, das wieder eingesetzt hatte.

«Absetzen!» Die Stimme des Kapitäns war undeutlich von der Brücke her zu vernehmen.

«Absetzen», echote ein Lehrjunge, der mit einem Megaphon auf dem Bootsdeck stand. «Mit der Spring festhalten.»

Der Zweite Maat schrie es dem Lehrjungen zu und wiederholte den Befehl des Kapitäns.

«Achtern absetzen, Sir. Mit der Spring festhalten.»

Die Telegraphen schrillten in wütenden Tönen, und als unten die Maschinen rhythmisch zu stampfen begannen, bewegte sich die *Ödipus Tyrannus* verstohlen, die Trossen trieften und wanden sich, während sie langsam vom Kai wegsetzte. Eingeborene Kohlenträger und Schauerleute auf dem Kai begafften mit absurdem Ernst die verrotteten Eisenwände des großen Schiffs, als wäre es für sie eine Überraschung, daß die *Ödipus Tyrannus* überhaupt in der Lage war, zu fahren. Hilliot glaubte eine vage, unvermutete Enttäuschung in ihren Blicken wahrzunehmen, als ob sie etwas verloren hätten.

Andere Eingeborene, die unsichtbaren Anweisungen von vorne folgten, liefen am Kai hin und her und warfen die Taue von den Dalben los. Hinter ihnen ging ein kleiner Junge, der einen hölzernen Fender zog, den ein talgfarbener Hund umbellte. Irgend jemand, der in der Heizerback Freiwache schob, hatte eine chinesische Fiedel zu spielen begonnen.

«Ruder wenig Steuerbord.» Von weit her trieb die Baßstimme des Kapitäns an Hilliots Ohren, gerade als der Schiffsbug sich von der Kaimauer löste.

«Heckleine los!»

Der Lampenputzer näherte sich Hilliot, der an der Winde stand. «Geh nach vorne und sieh nach, ob der Bootsmann bei seiner Backbordwache irgendwelche Hilfe braucht – auf dem Heck haben wir schon zu viele, auch wenn du nicht um die Winden rumschleichst.»

Hilliot lief nach vorne, aber als er auf dem Salondeck ankam, blieb er stehen. Nein, so was konnte in Wirklichkeit nicht geschehen. Aber Normans Worte kreisten ihm beschwörend durchs Gehirn. «Zeit! Natürlich wäre dazu Zeit gewesen. Zeit hätte ja wohl keine Rolle gespielt, wenn du ein Mann gewesen wärst.»

«Wegdrehen, Chips!»

Vom Vorschiff her drang die Stimme des Ersten Maats in sein Bewußtsein, und er sah den Trommeln der mit Mennige gestrichenen Ankerwinde zu, wie sie fröhlich rasselten und herumliefen; Stück für Stück kam die triefende Trosse durch die Führungsringe hoch; dann wurde sie von der tobenden Trommel genommen und zusammengerollt. Auf der anderen Seite fiel die Trosse ins Hafenbecken. «Zieht's an Land und paßt auf den Beiholer auf», rief jemand. Zur Antwort trompeteten die Elefanten, und Hilliot hörte den Tiger dumpf und rhythmisch klopfen; und er konnte es schier fühlen, wie er seinen Körper in die Form seines Käfigs einpaßte.

«Alle Leinen los, Sir!»

«Ai ai, Sir!»

Eben da kam der Lampenputzer bei Hilliot an. «Hab ich dir nicht gesagt, du sollst dem Bootsmann helfen», sagte er wütend. «Na, jetzt ist es egal. Geh und hol beim Chefsteward die Schlüssel vom Lazarett. Wir wollen da drin ein Tau zusammenrollen. Beeil dich!»

Hilliot kam dem Befehl nach; das Schweigen des Salon-Durchgangs schloß die Geräusche des Meeres und das polyphone Gerumpel der Winden abrupt und vollkommen aus. Aus der Dunkelheit drang eine reine Kühle auf ihn ein, die einen deftigen Geruch von dumpfigem Schiffszwieback, Kondensmilch und Karbolseife mit sich brachte.

«Hier, nimm alles», sagte der Chefsteward gereizt. «Das lange ist das richtige; und vergiß nicht, sie wieder zurückzubringen.»

Durch die Tür am hinteren Ende des Salon-Durchgangs trieb mit langen Tentakeln der Lärm der Winden herein. Als Hilliot nach hinten eilte und die Schlüssel nahm, schwammen der Lärm und die Hitze um ihn herum.

«Achtern absetzen!»

«Achtern absetzen!»

«Hier, halt das mal!» schrie jemand Hilliot an.

«He, herrgottnochmal, was glaubst du, wofür du eigentlich hier bist? Absetzten, sag ich! Absetzen sag ich! Kannst du nicht hören, ‹Absetzen›?»

Hilliot hielt einen Doppeldraht um die Backbordwinde herum; er schlängelte sich kinkend und windend von ihm weg. Der Lampenputzer machte ihn frei. Unter sich konnte Hilliot die Schraube ungestüm losschlagen hören. Der Schauermann warf die Bucht der Trosse los. Der Junge mit dem talgfarbenen Hund winkte. Bald waren sie gut draußen im Hafen, querab zu der abgetakelten Dschunke. Dann schwenkte die *Ödipus Tyrannus* herum und dampfte vorwärts aufs offene Meer hinaus.

Die *Martensen* folgte direkt hinterher. Sie fuhren an der Küste entlang, wo sich noch mehr Landeplätze befanden und eine Menge Schiffe an der ganzen Front entlang angelegt hatten. Die Lazarettür öffnete sich und ließ ein schmuddliges Zimmer sehen, in dem das Tau zusammengerollt werden sollte. Die Backbordwache saß gerade dabei und wickelte es auf. Bald verschwanden der Kai und die Dschunke in der Entfernung.

Die *Martensen* wechselte ihren Kurs nach Osten; ihre Heizer kippten jetzt Asche über Bord.

Der Zweite Maat dirigierte immer noch die Winden. «Wegdrehen, oh», sagte er zu Hilliot, der seine Hand auf den heißen Hebel legte, um mehr Dampf zu machen. «Ihr ein bißchen mehr Dampf geben, eh?»

«Genug!» schrie der Lampenputzer schließlich.

Der Zweite Maat stieg feierlich und gemessen von der Dockbrücke hinunter. «Roll deine ganzen Taue zusammen», schlug er freundlich dem Lampenputzer vor.

«Ai ai, Sir.»

«Das reicht, Männer. Gute Nacht», sagte er schroff.

«Ihr könnt jetzt nach unten, Leute», sagte kurz darauf der Lampenputzer.

«Ja, wenn wir das bißchen noch zusammengerollt haben.»

Aus Südwesten kam eine frische Brise auf, die *Ödipus Tyrannus* rollte ein wenig nach Backbord, und es schien, als ob noch einmal ein Schaudern der Befriedigung durch ihre Platten lief, als sie sich wieder fing und dann wieder, diesmal nach Steuerbord, rollte. Tief unten klapperte eine Schaufel. Alle Mann versammelten sich auf der Windseite und betrachteten den Sonnenuntergang. Andy besah ihn sich vom Butterfaß aus, auf dem er gähnend über einer drei Wochen alten Ausgabe der *Singapore Free Press* gesessen hatte. Norman sah von seinem Schemel vor der Kombüse aus zu, wo er Zwiebeln geschält hatte. Das Schiff schwenkt Richtung Heimat. Jetzt fahren wir nach Hause, schien der Gedanke im Herzen jedes Mannes zu sein – das war es, was die Maschine sagte. Nach Hause Richtung Gallion's Reach, obwohl wir nicht abheuern können.

Hinter ihnen glitzerte die Stadt mit ihren Myriaden Lichtern: verstreut lagen Hütten auf den welligen Hügeln, wie die Vorhut einer erschöpften Armee, die mit flackernden Fackeln dahinmarschiert. Leb wohl, Olga, leb wohl, leb wohl – pochten die Maschinen.

Nach alldem würde sein Streit mit Andy heute nacht vielleicht beigelegt werden. Er würde Andy von seinem ganzen Kummer erzählen. Er würde Andy alles über Janet erzählen; er würde Verständnis aufbringen, und sie würden gute Freunde werden; er würde ihm sogar einen Job an Land besorgen, aber irgendwann würden sie wieder alte Seebären sein und sich gegenseitig Geschichten von der See erzählen. Weißt du noch, diese Sache mit Normans Taube: und sie hätten einfach dagestanden und zugesehen, wie sie absoff!

Auf Luke vier entdeckte Hilliot ein langes Stück Schnur, Teil eines alten Hievtaues, das an einer Klampe festgemacht war ... Der Bootsmann und der Zimmermann trotteten in Teppichpantoffeln auf dem Deck hin und her. Mittschiffs stahlen sich Schatten schweigend um die Aufbauten – Quartermeister, die ihre Eßgeschirre in die Kombüse zurückbrachten. Das Gitter an der Kombüse glich einem Zuchthausgitter, und dahinter bewegten sich schwerfällig und verstockt die Hände der Quartermeister. Laßt mich hier raus!

Aber auf dem Schiff herrschte jetzt eine Stimmung von Frieden und Trägheit und schleppendem Gespräch; er spürte, daß die *Ödipus Tyrannus* sich dazu entschlossen hatte, wieder ein Schiff zu sein, statt eines bloßen Kaimaueranhängsels. Die Wachen wurden aufgestellt, der Dritte Offizier schritt die Brücke ab, der Lampenputzer kam mit dem Ankerlicht eine Niedergangstreppe heruntergeschwankt, der Beobachtungsposten stand auf dem Vorderdeck und lauschte dem Schluchzen des Bugs; indes stampften unter ihnen gleichmäßig sämtliche Maschinen, pulsten und klopften die Pumpen mit dumpfem Pochen, dem Blut ihrer Herzen.

Wieder einmal kam Hilliot zum Maschinenraumeingang, ging um den Kessel und sah mitten in das Herz des Schiffes hinunter, wo jetzt, statt Öde und Stille, vier durch die Höhe verkürzte Heizer vor vier flammenden Schlünden tanzten und ihre Feuerschaufeln hineinstießen. Gebrüll und Geschrei stieg verschwommen zu ihm hoch...

Er blickte sich staunend im Maschinenraum um. Ah, wenigstens da trat keine Unterbrechung ein. Es war ein Wunderland, das Laboratorium der Laboratorien, ein dämmriges Eiland voller Geheimnisse.

Woran lag es, daß sein Verstand die Dissonanz nicht genauso einfach hinnehmen konnte wie eine Harmonie, nicht Ordnung aus diesem Chaos entstehen lassen konnte? Sicher, Gott hatte den Menschen von der ersten, schwappenden Unordnung des Schlamms, dem Auswurf dieses Chaos, aus dem Reich der Bestie befreit. Chaos und Zwietracht, sagte er sich, und nicht Gesetz und Ordnung, wären dann die Lebensprinzipien, die alle Dinge in Gang hielten, im Geist des Menschen genauso wie auf dem Schiff.

Plötzlich machte sein Herz einen Sprung. Andy stand am gegenüberliegenden Eingang. Der geschwärzte Trimmer, mit dem er sprach, stieg eilig die Leiter hinunter, seine Hände glitten über das glänzend abgeschmirgelte Geländer. Hilliot ging zu Andy hinüber.

«Hör mal», sagte er unversehens. «Es tut mir verdammt leid, was ich über dein Kinn gesagt habe. Kannst du mir verzeihen? Man sieht's sowieso nicht. Keiner könnte sagen, es wäre nicht 'n verdammt gutes Kinn.»

«Da gibt's nichts zu verzeihen, herrgottnochmal», sagte Andy langsam. «Ich hab dich ganz schön schlecht behandelt. Schätze, das liegt daran, daß ich alt werde. Und heute nachmittag war ich im Unrecht. Na ja, es gibt schon genug Ärger auf diesem Schiff – die Heizer werden krank, und dann noch diese Tiere, und erst heute nachmittag –, ohne daß sich der Koch auch noch ständig mit dem Deckjungen rumprügeln müßte. Dieser Micky, wa? Jesses!»

Der Frieden war geschlossen.

«Na, ich muß mal wieder ran», sagte Andy. «Komm nachher in die Achterhütte, mein Sohn.»

Er schlurfte weg, und Hilliot fühlte sich in diesem Moment benommen und unendlich glücklich.

Die nachmittägliche Tragödie, die Schrecken der Fahrt waren vergessen; mit einemmal hatte er ein vollkommen klares Bild von sich, als wenn ein rotes Blatt auf einen weißen Sturzbach fallen würde. Plötzlich war jeder Mangel an Ordnung aus seinem Leben verschwunden, kein Bestandteil war mehr falsch angeordnet, keine losen, verwickelten Enden. Er war es und kein anderer, der das Durcheinander mit seinen Schwingen bürstete.

Und ganz plötzlich folgte dem Maelstrom aus Lärm, aus wirrer Bewegung und glänzendem Stahl in seinem Kopf die klare Erkenntnis der Bedeutung der erbarmungslosen Gleichmäßigkeit dieser sich bewegenden Stangen; die tanzenden Hebel fingen an, den Takt zu einer komischen Melodie zu halten, die Hilliot unbewußt zu ihrem Gesang erdacht hatte; und er sah, daß die gegenseitige Abhängigkeit einander packender Stangen, geradlinig zustoßender krummer Greifarme und über ihre seltsamen Zapfen rückwärts humpelnder und vorwärts sich schlängelnder Ketten endlich eine Verbindung mit seinen eigenen Absichten und Anstrengungen eingegangen war. Endlich dämmerte ihm ein Grund für seine Reise, und er wußte, es war das starke, edle Schiff, dem er dafür zu danken hatte.

Diese ungeheuren Lichtkegel, die manche Stellen überfluteten und andere als trübgraue Schattenblöcke hinterließen – sie waren die Lampen seines Geistes, die in finstrem Gebäude schwangen: doch bisweilen wurden eben diese Lampen vom Getöse des Tages überstrahlt, und das finstre Gebäude erblühte zu einem Lichterbaum!

Bumk – bumk – bumk – bumk. Wenn er hinuntersah, konnte er durch die Schottluken erkennen, wie das Rot und Gold der Heizkessel das dunstige Deck sprenkelte und das bebende Gebrüll der Kesselfeuer ein zischendes, ständiges Dampfsprühen übertönte. Die Heizer der *Ödipus Tyrannus*, unter denen er auch wieder Nikolai bemerkte – sie waren halbnackt, sandig und schwarz von Kohle und bleich von Asche –, kamen und gingen in grellem Licht und im Finstern; glühende Alpträume, Dämonen im Feuerschein. Die Türen der Heizkessel gingen auf, und Skorpione schossen heraus; Gaswirbel kreiselten und taumelten über der brodelnden Brennstoffmasse, violette Flammenwände saugten halbverbrannten Kohlenstoff über die zitternde Brandmauer in die Essen. Mit abgewandtem Kopf und dampfendem Körper stieß Nikolai eine Feuerschaufel durch die schmelzenden Haufen und drehte und wendete sie. Die eisernen Werkzeuge bedeckten seine Hände mit Blasen, sein Brustkasten hob und senkte sich wie bei einem ausgepumpten Schwimmer, seine Augen flirrten in ausgedörrten Höhlen – aber er arbeitete immer weiter, nie würde er damit aufhören – das war es, wofür man lebte –

Ihm ging wieder die Zeit im Roten Meer durch den Kopf, als Nikolai die Eisentreppe hochgehetzt gekommen und an Deck zusammengebrochen war, Blut rann ihm aus dem Mund. Sie hatten ihn mit Eis abgerieben und zum Abkühlen aufs Heck gelegt. «Heiß», hatte er nur gesagt. «Heiß», zum englischen Zweiten Maschinisten. Zwei Tage später hatte er wieder Dienst als Heizer Nummer 8, und Hilliot hatte ihn ein- oder zweimal zur Erholung vom Heizraum oben gesehen, sein Haar wehte im frischen Wind, der, nachdem sie Perim hinter sich hatten, aufgekommen war.

Ach, Gott hat wohl alle seine Kinder gezählt, aber die Heizer hat er nicht gezählt; das hat er der Handelsbehörde überlassen. Er zog sich mit einem Ruck hoch. Woran konnte er noch denken? Er konnte dort nicht die ganze Nacht verbringen, das war klar.

Eine Deckenlampe schien auf die geteerten Fugen, wo Hilliot

sich draußen an Deck wiederfand. Das große Schiff versank langsam unter ihm in einer Meereslawine, über ihm schwankten die Sterne, doch die *Ödipus Tyrannus* glich einem wilden Tier in einer Fallgrube. Kraftvoll erbebte sie, als sie gegen die dunkle Mauer der See anrannte.

Hinter der Kombüse fand er Norman, der weinte.

«Och komm, Norman, um Himmels willen.»

«Tut mir leid, daß ich mich so dämlich anstelle.»

«Stimmt ja gar nicht. Nur Kopf hoch. Wird schon wieder werden.»

«Wird schon wieder werden.»

Dann bemerkte Hilliot, daß Andy auf der Reling vor der Kombüse saß. Er ging zu ihm hin und stand dann schweigend neben ihm, lehnte über der Reling und hörte dem Wasser zu, das an der Leeseite gurgelte und runterzischte. Dann gingen sie in die Achterhütte, und Andy machte eine Flasche Whisky auf. Sie hatten bis zum nächsten Morgen frei.

Er liebte das Schiff – er liebte das Leben.

Bald darauf stieß Norman zu ihnen.

«Na, wie isses, Norman?»

«Tag, Hilliot.»

«Tag.»

«Tag.»

Sie saßen rum und löschten ihren Durst mit Whisky. Sie tranken ihn halb und halb und lächelten, wenn sie sein rachenverätzendes Feuer hinunterstürzten, das das rostbraune Wasser aus dem Kombüsentank niemals wegverdünnen konnte.

«Bald zu Hause», seufzte Andy, und die andern stimmten lachend zu, ohne zu wissen, was sie damit sagen wollten.

Acht Glasen schlugen, gingen unter im Windgeheul, in einer fernen, metallischen Melodie. Irgendwo klapperte eine Laterne in ewiger, erbarmungsloser Bewegung. Ein idiotisch klingender Vers kreiste ihm stumpfsinnig durchs Gehirn. Aber in der Kabine glühte es behaglich, und es war schön, dort zu sitzen und die Angelegenheiten der *Ödipus Tyrannus* zu besprechen, wozu die qualmende Lampe langsam an ihrer Kette hin und her schwang.

Tief unten hämmerte die Maschine ihre Umdrehungen mit schwerfälliger Beharrlichkeit, aber jetzt brachte sie jeder Schlag nach Westen, immer nach Westen! Bald seid ihr zu Hause, schienen die Maschinen zu sagen.

Bald seid ihr zu Hause – die Lichter draußen in der Nacht lächeln dich an wie alte Freunde, und die Luft ist voller Geheimnisse, die du kennst. Und so wirst du wieder auf der vertrauten Plattform stehen, verloren in den dunklen Geräuschen, die sich überall um dich her erheben; die weiche Stimme des Flusses, die Leute auf der Straße, säuselnde Tannenspitzen und Luft, die die Erde mit dem bangen Entzücken einer Mutter nährt. Hier ist dein Platz auf der Welt! Höre mein Lied, du bist zu Hause!

Oh, reise hinauf zur Pforte über den einzigen Weg der Welt. Der Nachtwind flüstert «Ich denk an dich». Die Birken da oben und das Haus, zwei Liebende schlummern Wange an Wange im Murmeln des Westwinds: «Unser Sohn, er gehört dir und mir.»

«Bald sind wir wieder zu Hause», wiederholte Andy. «New York oder nicht New York.»

«Ja, allerdings», stimmte Norman zu, und dann schwiegen sie alle.

Draußen waren das Brausen der See und die Dunkelheit.

6

«Tja, Hilliot, nächste Woche um diese Zeit sind wir in Talien.»

«Das ist ein bedeutsamer Ort, bedeutsam im Krieg. Du solltest dir diesen Ort gut ansehen, wenn du deiner Mutter was erzählen willst. Das war der Ort, der als erster angegriffen worden ist, von –»

«Ach Junge, du meinst Tsingtau.»

«Nein, Tsingtau mein ich nicht.»

«Natürlich meint er Tsingtau, verdammt.»

«Nein, tu ich *nicht*.»

«Tut er wohl, tut er wohl.»

«Im Winter ist es da zugeschneit, wie Montreal. Und du solltest dir die Schlepper da gut ansehen.»

«Kann man wohl sagen. Die haben Eisbrecher.»

«Eisbrecher am Arsch, wa.»

«Puh, riecht bloß mal diese Hitze. Mein Unterhemd ist völlig naß.»

«Gottverdammich, wenn ich's doch sage! Ich mach keine Witze.»

«– verarsch uns doch nicht. Wie viele 'ast du ge'abt?»

«Ungefähr fünfzehn.»

«Au Backe, wo steckst du das bloß alles hin?»

«Ich bin 'n langlanges Mädchen, sagte sie, ich bin 'n langlanges Mädchen.»

«*Kann ich eine Weinkarte haben?* Ober, haben Sie eine Weinkarte? Das hat sie gefragt. Der Bootsmann wurde wütend auf sie.»

«Ich nix trink weil trink ich trink für trunkich, wa, wie der Chinese sagt.»

«– angeben, taten die dauernd, angeben, aber jetzt nicht mehr. Ein Haufen Gauner ist das, sonst gar nichts.»

«Ich hab 'nen Mann laufen gesehen; der hatte sein Kinn so weit vorgestreckt, *du* weißt ja –»

«Das ist mein altes Armeemesser, Kumpel. Hat 'ne Menge Rindfleischbüchsen aufgemacht, das Messer; daher weiß ich, daß es in Ordnung ist.»

«Hahaha!»

«– du weißt ja, wie die das machen. Er *rennte* sozusagen wie ein Karnickel. Du kennst das ja.»

«Neinnein. Nur – du weißt schon.»

«Prohibition! das hat's gebracht. Amerika ist jetzt ganz zum Teufel, und es war 'n gottverdammter holländischer Bastard, der rübergekommen ist und sie vorgeschlagen hat; also ich sag euch, ich bin so einer ... ich sag, was ich denke. Wißt ihr, ich bin so 'n Typ, wenn einer mich einmal reinlegt, der tut's nicht wieder; ich sag immer direkt heraus, zum Teufel, was glaubst du eigentlich, mit wem du redest –?»

«Guter Junge – guter alter Lofty.»

«Also ich sag euch was, wenn's nach mir ginge, würde ich den ganzen verdammten Haufen aufhängen, diese Hurensöhne. Ich wünsch, ich hätt ihn hier – genau so einer bin ich, sag ich euch. Herauskommen würd er. Jaha, ha, herauskommen würd er. Aber man müßte ihn heraustragen! Da kenn ich gar nix.»

«Hallo, ihr!»

«Hallo, ich kann nicht schlafen. Ist zu heiß.»

«Wieviel Grad ist es denn?»

«Hundertzwei in der Kombüse. Aber auch nur ein Herd an.»

«Ich schwitze dermaßen, ich könnte glatt durch die Mangel vom Chefsteward gehen.»

«Ach, spring doch in'n Bach.»

«Die Mossies sind schrecklich; lassen einen nicht schlafen.»

«Das ist fast so schlimm, wie unterm Heck wie 'n Haufen gottverfluchter Lüftungsklappen zusammengepfercht zu sein.»

«Seht euch diesen Mr. Blödian Mcgoff da an, kniet mit 'ner Zeitung auf seiner Koje und killt die Viecher an der Decke – da geht's schon los! Uu – klatsch! Genau so muß man die behandeln.»

«He, Mcgoff, wie viele hast du geschafft?»

«Sch! Die Wache unten ist am Schlafen.»

«Wie viele hast du geschafft, Mcgoff?»

«Ich erwisch überhaupt keins von den Viechern. Sind 'ne komische Art von Mossies. Die flutschen irgendwie weg, wenn man nach ihnen schlägt. Ich glaube, die kleinen Viecher können *denken.*»

«Ja, da hast du recht, sie *denken.* Keine Ahnung, wie sie das überhaupt geschafft haben, an Bord zu bleiben, nachdem wir den Hafen verlassen haben. Normalerweise bläst der Wind die meisten von ihnen über Bord. Schlimm genug mit den Schaben – und jetzt auch noch Mossies. Ich würd sagen, das ist 'n bißchen anders als Liverpool, was, Hilliot?»

«Oh, schätz ich auch.»

«Oh, Cape Cod, Hilliot, tja. Da *essen* die Leute Schwertfisch. Köstlich, jungejunge, tja, da kannste einen drauf lassen. Was? *Nein*, das machen die *wirklich.*»

«Ganz bestimmt.»

«– in Funchal, ja. Tümmler – stimmt's? – gibt's da auf'm Markt – Tümmlersteaks? Verdammt – große, große – rote – Dinger –»

«– mögen Margarita? Heute nicht, hab ich gesagt, heute nicht.»

«Ich bin überall in Westindien gewesen. Dieses Funchal liegt nicht in Westindien, das ist auf Madeira.»

«Weiß ich, Mann. Portugiesisch kann ich auch, jawohl.»

«*E prohibido affixar Anuncios*, wa – gottverdammich, eh.»

«Und Jack stieg zum Bramsegel ganz oben rauf,
'Ne See spült' ihn weg, nie sahn wir ihn mehr.
Aber's bringt nichts zu weinen,
Kommt, Jungs, wir heben lieber einen.
An Land ist's lustig, nur auf See haben wir's schwer.»

«Sch! Die Wache unten ist am Schlafen.»

«Also kommt schon, wir wollen was singen.»

«Agencia dos Scheiß vapores. Ich war mal mit 'nem alten Kohlendampfer aus Cardiff in Funchal, drei Wochen waren wir da und haben Kohlen geladen. War ganz schön beschissen, weil die hatten keine Ahnung vom Bunkern und brauchten ziemlich lange. Drei Wochen lang hatten wir kein sauberes Essen – überall war Kohlenstaub –, und da sind wir alle an Land gegangen und haben Korbsessel gekauft –»

«Weiß ich, Mann, kenn ich. Und ich sag euch, das ist noch gar nichts. Gottverdammich, Jungs –»

«Ich sollte sagen, wir *sind* an Land gegangen. Wir haben wirklich alles, was wir hatten, für Sessel und Vino ausgegeben. Hab zwei hübsche Sessel für meine Alte gekriegt. Gottverdammich, ein portugiesisches Kriegsschiff lag auch da; ihr hättet mal den Radau hören sollen, als dieser Heini von Admiral an Bord kam. Kanonen und Knarren, gottverdammich. Funchal *bebte*, sag ich euch –»

«Wie die Geschichte mit dem Nigger. Ich hab nix gegen dreckige Hände, un ich hab nix gegen 'n dreckiges Gesicht, aber ich maag saubres Essen!»

«Haha – das solltest du mal zu Andy sagen.»

«Hilliot, Jungchen, sag das mal zu Andy, und er gibt dir wieder eins drauf.»

«Nein, er würde mir keinen mehr draufgeben, nicht mal, wenn ich das sagen würde.»

«– in kleinen Tobogganns, die von Ochsen gezogen wurden, weißte, so Aschenputtel fährt zum Ball.»

«– fand ihn im Quinta das Cruzes Hotel da, hieb ordentlich auf'n Putz.»

«Letzte Nacht war ich an Bord von diesem verdammten –»

«Ciné Jardin.»

«– und Salsichas e pure de batata. Das ist 'n guter Ort für Stewards.»

«Ja, das sieht diesem Blödmann ähnlich.»

«Haltet doch mal alle die Klappe, ja?»

«Neben 'nem Spanier, auf 'nem furchtbaren Kahn,
Wie Nocke an Nocke fuhr'n wir auf's Meer;
Drin'n und drauß'n da tobte der Klabautermann
Bis ihm der Kopf abflog, nie sahn wir ihn mehr.
Aber's bringt nichts zu weinen,
Kommt, Jungs, wir heben lieber einen.
An Land ist's lustig, nur auf See haben wir's schwer.»

«– jetzt haltet endlich alle 's Maul, eh –»

«*Sssssch, herrgottnochmal!*»

«– herrgottnochmal –»

«Bringt doch nichts, wenn wir uns jetzt alle hinlegen, bei diesen vielen Mossies hier. Hilliot, hast *du* vielleicht diese ganzen Mossies mit an Bord gebracht ... So 'n Reinfall. Da! Hab ich dich – immerhin diese eine ordentlich erwischt.»

«Hallo Mcgoff, was hast du denn da? Ein Magazin, wa? Hübsche Weiber drin?»

«Nicht viel –»

«Natürlich, Hilliot, du bist jebildet und ich nicht. Ich will dir sagen, ich bin bloß ein einfacher englischer Arbeiter ... Ich sag dir auch noch 'nen Schriftsteller, den ich mag – G. Bernard Shaw. Der sagt genau, was er denkt, der Bursche. Der widersetzt sich allen, der ganzen Bande, tja. Will sagen, Intellekt, verstehste.»

«*Dialekt, sagt er, 'ast du jemals 'n Dialekt gesehen?*»

«*Er meint Derelikt, hihi* –»

«Haha –»

«Ah, jaja – ich mein nicht von 'nem literarischen Standpunkt, ich mein vom Standpunkt des Lesers. Ich weiß nich, wie ich das erklären soll – sozusagen. Also, er hat immer 'ne Botschaft ans Proletariat – sozusagen. Also wir Arbeiter sind nicht solche Idioten, wie die Geldsäcke denken, den ganzen Morgen im Bett rumliegen und Zigaretten rauchen und dann am Nachmittag dem Arbeitsamt was vom Pferd erzählen. Nein, wir haben alle 'ne geregelte Arbeitszeit –»

«Na, nun ja, die Frage ist aber nicht leicht zu beantworten, sozusagen. Ich mein, da gibt's all seine Stücke wie ... und seine ganzen *Satiren.*»

«Cabara –»

«Als ich auf der Halbinsel Gall-i Pol-i war –»

«– könnte man ein Saufgelage nennen, ein Pfadfinder-Saufgelage –»

«Die Katze vom Käptn gefüttert,
Die Bootsmannskabine geschrubbt,
Auch's Großsegel gehißt,
Den Klüverbaum frisch gemalt.
Da Schiff ho! kam der Ruf aus'm Ausguck,
Und Schiff ho rief auch die Crew ...
Und Schiff ho schrie der Häftling in seiner Zelle,
Als der Spanier kreuzt' auf uns zu ...»

«Sssssch!»

«*Ssch*, die Wache unten ist am Schlafen.»

«Da bitte, da siehst du, was du angestellt hast; du hast Matt aufgeweckt.»

«Ja, da habt ihr recht, Jungs, ihr *habt* Matt aufgeweckt. Und Matt ist von oben bis unten zerstochen. He, wer sind diese reichen Bastarde in der Back mit Moskitonetzen? ... Bescheuert? Hilliot? Du hast doch ein Moskitonetz, oder nicht? Also leih's mir, um Himmels willen. Hört sich nicht so an, als ob du schlafen gehen willst, wie du da mit dem Verein rumquatschst und singst –»

«Hm, wenn du willst, kannst du in meiner Koje schlafen. Ist sowieso voller Läuse.»

«O Himmel! Was soll das sein? 'ne Einladung? Vielen Dank!»

«Na, mach was du willst. Ich werde jedenfalls nicht drin schlafen.»

«Ach halt's Maul. Also, ich geh jetzt schlafen, Leute, und wenn ihr mich noch mal aufweckt, dem Kerl, der das tut, trichter ich dreizehn Zoll Salpeter ein –»

«Wir waren überhaupt nicht laut, Matt –»

«Nein, zum Teufel kein bißchen! Gute Nacht zusammen.»

«Gute Nacht, Matt. Träum was Schönes.»

«In Brindisi – Moskitonetz – heißt da Zanzaziere oder so ähnlich –»

«Ja, ja, ja ... Nächste Woche um diese Zeit sind wir in Talien.»

«Die englischen Zeitungen nennen's Dalny.»

«Ich kenn's als Tal*jen*, Junge. Aber ich glaub nicht, daß das Kaff den passenden Namen hat.»

«Also, es verdient überhaupt keinen. Ist 'n *schau*erliches Kaff.»

«– Schätze, das wird morgen 'ne Ganzwäsche bedeuten und 'ne Inspektion vom Käptn. Na, ich *muß* einfach versuchen, was zu schlafen – auch wenn's nicht klappen sollte. Teufel, ist das heiß!»

«Heiß wie 'n Backhofen. Gott sei Dank sind 'n paar von diesen Fliegen jetzt irgendwie weggeweht. Die ganze letzte Nacht haben die geschrien wie Babies, auf dem Fliegenpapier.»

«Hörst du jetzt endlich auf zu reden.»

«Ach, sei bloß still! Werd mal versuchen, im Waschraum 'n bißchen Dhobi zu spielen. Der Mist ist, daß ich nicht müde bin. Aber bei diesen ganzen Mossies kann man sich eh nicht hinlegen ... *Uuuuu*, du kleines Mistviech!»

«Gute Nacht.»

«Träum schön.»

«... dein Magazin nimm mal lieber mit.»

«O ja, danke. Gute Nacht.»

«Gute Nacht.»

«*Ist* das heiß. Verdammt heiß. Erinnert mich an den Kongo.»

«Kongo, wa? Sprich bloß nicht über Belgisch Kongo mit mir. Verfluchtes Belgisch Kongo. Jesses, äh.»

«Wo warst du denn da?»

«Ich hab zwei Reisen gemacht – auf der ersten Reise haben wir vier Mann verloren und auf der zweiten drei. Will nicht dran denken. Macht mich fertig, dadran zu denken. Wo warst du?»

«Ich? Oh, war nur einmal da, hat auch gereicht. Waren in Bakana. Junge, aber heiß war's ganz ordentlich. Wo wart ihr denn, als euch die ganzen Männer abgekratzt sind?»

«Tja, einen haben wir in Bakana verloren. Starb an Malaria. Dann hat's noch einen in Bakana erwischt und 'nen andern in Nogi und, wart mal, noch einen in Boma; und alle drei starben im Krankenhaus von Matadi.»

«Du lieber Himmel –»

«– du lieber Himmel –»

«Die zweite Fahrt war noch viel schlimmer ... sind flußaufwärts nach Leverville. Bis dahin war alles in Ordnung. Dann bekamen drei Kerle – waren alle Heizer – Schwarzwasserfieber und verreckten. Yes, Sir. Bin selber ziemlich kaputt nach Hause gekommen.»

«Und, was hattest du?»

«'ne Ladung Syphilis.»

«Tz, dafür brauchst du nicht in 'n Kongo zu fahren, um *das* zu kriegen.»

«Ich meine, die Belgier haben gar kein Recht dazu, einen eigenen Staat zu besitzen. Die haben genug Mühe, auf sich selber aufzupassen. Armes kleines schutzloses Belgien – der ganze Quatsch.»

«Nein, aber denen ihr König, König Bert – der ist –»

«Auf der Höhe.»

«– fünftausend Fuß über Meereshöhe.»

«'nen Kran dabei, den Anker zu lichten,
Fuhr Ben mit 'nem Boot zu 'ner felsigen Küste.
Er ging über Bord, und ein Prachtkerl von Hai
Riß ihn sofort entzwei –»

«Matadi –»

Bim-bim; bim-bim; bim-bim; bim-bim.

«Nein, Zeihung, Jungs, das war falsch. Alle zusammen jetzt!»

«Aber so geht's uns immer: kaum hat man 'nen Bruder,
Treu wie Gold, redlich, freundlich, das Herz voller Ehr',

Kommt schon 'ne Schlacht, 'n Sturm oder 'n dämliches Luder
Und reißt ihn ins Grab, und nie sehn wir ihn mehr.
Aber's bringt nichts zu weinen,
Kommt, Jungs, wir heben lieber einen.
An Land ist's lustig, nur auf See haben wir's schwer.»

«O ja, ich mein, Matadi hat 'n Eisenbahnanschluß, ist der letzte Handelshafen – sozusagen. Also, das war ein ganz schön verseuchter Ort. Tscha, ein ganz wunderbar verseuchter Ort. Dahinter gibt's nur Sümpfe; Malaria und Schwarzwasserfieber.»

«Ich kannte einen, war 'n Missionar –»

«Nehme an, das war noch damals in den alten Sklavenzeiten, da wo sie diese ganzen Scheußlichkeiten gemacht haben. Der olle König Leopold, wa? Ohren abschneiden und Hände abschneiden ... Trick der Eingeborenen. Junge, du solltest bloß mal diese Nigger da Chinin trinken sehen. Sie fangen ganz aufrecht stehend damit an, aber hören auf den Knien auf, haha, so etwa. Und das Komische ist – oder vielleicht ist das gar nicht so komisch –, sie müssen immer mit Whisky nachspülen. Manche von ihnen schmeißen das Chinin immer hinter sich und spülen nur mit Whisky nach.»

«Hahahaha!»

«Ruhe jetzt. Macht nicht so 'n verdammten Lärm.»

«Ich kannte einen, war 'n Missionar. Oh, aber die sind alle gleich, diese gottverdammten Missionare. Kommen an Bord, kurz bevor das Schiff ablegt und laden dich für die nächste Nacht zu 'ner Gebetsversammlung ein.»

«Hallo, Pateman, wie war's auf dem Ausguck?»

«Wie isses, Cock?»

«Alles klar, und bei euch?»

«Puh, heiß isses hier drin, jessesnocheins. Was, immer noch Moskitos? O Mann, wie ich mir wünsche, wieder in Liverpool zu sein.»

«Na, brauchst nicht zu stöhnen. Fahren ja in diese Richtung.»

«Wer hat dich abgelöst, Cock, Junge?»

«Paddy. Paddy. Ist nicht gerade lustig, sag ich euch, wenn diese ganzen Tiere da rumknurren ... kurz bevor ich acht Glasen geschlagen habe, hat der Elefant gekotzt ... Hat einer Zigarettenpapier? Hilliot? Ach nein, du rauchst ja bloß immer diese Stinkpfeife ... Jemand den Griechen gesehen, der Wärter braucht ihn. Oh, übrigens, hier ist 'n Brief für dich, hat mir der Erste Maat gegeben. Kam gestern nachmittag an Bord.»

«Was, ein Brief –!»

«Der ist mittschiffs bei dem Spanier –»

«– von Dublin nach Holyhead kann's dich ganz, ganz schwer erwischen. Im Krieg war's, überall Artillerie und alles –»

«Alle Mann, die Mannschaft und alle.»

«Neufundland, da möcht ich noch mal hin, Junge –»

«Tor Bay, wa, und Dorschzunge da oben essen, wa?»

«Nix da Dorschzunge. Wir wollen nach Liverpool.»

«– Eier und Speck, weißte, und 'n verdammt kleines Stückchen Toast.»

(«Prosit! Gesundheit! Hoch! Viel Glück bei den Mädchen! Auf Wiedersehen. Hans Popplereuter, Leichtmatrose. E. D. Hilliot, S. S. *Ödipus Tyrannus*, c/o Butterfield and Swire, Singapur. Bitte nachsenden ... S. S. *Ödipus Tyrannus*, Tsjang-Tsjang. 26 Dornberg Road, New Brighton, Cheshire, England.

«Lieber Dana, ich liebe Dich so schrecklich, und ich will, daß Du immer glücklich bist. Unser Gespräch an unserem letzten Sonntagabend hat mir sehr gutgetan, denn Du warst so männlich und hast die Dinge so einfach dargestellt, ohne Dich dafür zu rechtfertigen, und ich habe es verstanden und war stolz auf Dich. Bitte erkläre mir die Dinge immer so. Wenn Du das tust, werde ich Dich immer verstehen! Oh, Dana, die Sonne scheint so herrlich hell, und das Gras auf dem Kricketplatz sieht nach dem Regen so wunderbar frisch aus – sagst Du mir, daß Du mich immer lieben wirst? Eine Zigeunerin ist vorbeigekommen und hat mir wahrgesagt. Sie sagt, ich würde über tiefes Wasser fahren: und nicht glücklich sein, solange ich in diesem Haus bliebe ... Es war schrecklich, Dich zu verlassen und auf diese Fähre zu gehen. Liverpool verschwand im Nebel und Seacombe tauchte daraus auf wie so eine Art böser Geist. Ich kam am nächsten Tag, um Dein Schiff abfahren zu sehen, aber es war dunstig, und es waren noch zwei andere Schiffe mit roten Schornsteinen da: und war das Deins auf der gegenüberliegenden Seite? Es schien sich in der Hafenmauer aufzulösen, der Schornstein brauchte jedenfalls einen Anstrich, und ich fühlte mich einsam und naß. Am Freitag habe ich für mich allein am Strand Golf gespielt. Von manchen meiner Schläge war ich ganz begeistert. Ich kam durchnäßt, aber glücklich nach Hause – die Farbe meines Mackintosh war in den Kragen meiner Bluse gelaufen! Am Sonnabend bin ich allein in die Winter Gardens gegangen und hab mir – was glaubst Du? – ‹*So this is London*› angesehen! ... Ich versuchte mir vorzustellen, Du wärst dabei, und fast schien es auch so; vielleicht hast Du da gerade an mich gedacht; sogar Deine alte Gitarre scheint Dich zu vermissen, sie horcht mit all ihren Saiten nach Deinem schweren Schritt. Aber was ich Dich fragen muß – wie gefällt es Dir, ein Seemann zu sein? Ist die Arbeit sehr hart? Ich lebe nur für den Tag, an dem Du zurückkommst. Bergeweise Liebe, Deine Dich liebende Janet ...»

«Miss Janet Travena, 26 Dornberg Road, New Brighton, Cheshire, England. Via Sibirien ... Matrosenback, S. S. *Ödipus Tyrannus*. Acht Stunden hinter Tsjang-Tsjang ...

Meine Janet: Wenn Du vertraut wärest mit Charcot und Bernheim – würde ich versuchen, Dir zu erzählen – wenn ich es Dir doch nur erzählen könnte – wenn es Deiner Mühe wert wäre, es zu verstehen.

Liebling ... Liebling ... Liebling ... Ich liebe Dich, aber alles, woran ich denken kann, ist, daß ich mich verändert habe. Würde es Dich wirklich freuen zu erfahren, wie mir das Seemannsleben gefällt? Und glaubst Du wirklich, daß ich es weiß? Auf jeden Fall kann ich Dir jetzt deutlicher sagen, daß es am Anfang nichts als *Schmerz* gewesen ist: zuerst der Schmerz der Trennung von Dir: dann der Schmerz, mich an das Schiff zu gewöhnen und meine Mißerfolge bei diesem Gewöhnungsprozeß; dann der Schmerz meines alles zerstörenden Neides auf Andy: ich habe Dir von ihm erzählt, und dem Schmerz, der mit seiner Hetzjagd auf mich zusammenhängt. Dann geschah, eben bevor wir heute nachmittag abfuhren, eine Tradödie, ein Unglück, der Höhepunkt der Enttäuschung, das Schlimmste, was mir in meinem Leben je begegnet ist: aus dem sich, absurd genug, das Allergünstigste ergeben zu haben scheint. Worin diese Enttäuschung bestand, spielt keine Rolle – was Dich interessieren dürfte, ist das Ergebnis – Andy und ich haben uns ausgesöhnt! Heute am frühen Abend erzählte ich ihm über einer Flasche Whisky von meiner Liebe zu Dir – und was glaubst Du, hat er geantwortet? Er hat geantwortet, daß ihm dieser Liebeskram früher geradezu die Knie zittern gemacht hätte! Daß er das aber jetzt alles von sich abgestoßen habe; es bedeute ihm nicht das geringste mehr: wenn er nach Hause käme, was vielleicht für zwei Wochen, manchmal auch nur für einen Tag im Jahr der Fall wäre, würden sie sich so eine Art Sitzbad vor den Kamin stellen und zusammen da reinsteigen: dann, nach ein oder zwei Tagen, ‹Schluß› – dann würde er sich nur noch besaufen, bis er wieder auf sein Schiff ginge. Dieses Sitzbad und die Rumhurerei in den Häfen wären alles, was ihm von der ‹Liebe› übriggeblieben sei: was mich anginge, sollte ich mich da so schnell wie möglich aus dem Staub machen. Und so habe ich jetzt ein vollkommen klares Bild von mir: ich empfinde mich als ein glückliches Wesen: ich besitze etwas, an das Andy tatsächlich, außer vielleicht in seiner jugendlichen Phantasie, nie gedacht hat; ein Vorgebirge, von dem aus ich unglaublich tief auf die verächtliche Gattung der Weiberhelden herabblicke. Geteilt zwischen etwas, das man den Instinkt eines ungebundenen Deckhengstes nennen könnte, und dem Verlangen, wie Andy und die anderen zu sein, bin ich bis zu einem gewissen Grad diesem Instinkt gefolgt, aber da ist noch die völlig andere Sache mit *Dir*; indem ich all dies erkannt habe, ist mein früheres Minderwertigkeitsgefühl Andy gegenüber weggefallen, und auf einmal schwärme ich für Andy! Ich hoffe wahrhaftig, daß Andy sich mit Olga gut arrangiert hat, aber andererseits kann ich Dir wohl kaum von ihr erzählen: ebensowenig, wie ich diesen Brief abschicken kann. Ich stimme mit Andy völlig überein: ich *bin* Andy. Ich betrachte das Ganze jetzt mit gesundem Verstand und ohne Voreingenommenheit. Aber ich habe Andy überwunden. Ich habe Andys Haltung geistig eingekreist, anstatt davon verwirrt und verletzt worden zu sein ... Und um in diesem groben Jargon, eher den ‹Trümmern denn den Früchten meiner Erziehung›, fortzufahren: die verhältnismäßige Leichtigkeit und Schnelligkeit, mit der ich mich, nach der Phase, da ich alles in Frage stellte, Andy zugewandt habe, entspringt wohl teilweise der Tatsache, daß Du, indem Du selbst als hemmender Faktor wirkst, gleichzeitig auch ein läuternder Faktor bist. Obwohl Andy mich im Hafen aus dem Feld geschlagen hat, ärgert mich das nicht mehr, denn erstens gibt es Dich; und zweitens, verliebt wie ich in Dich bin, habe ich das universelle Erlebnis sublimierter, allesumfassender Liebe zur Menschheit. Es besteht kein Bedarf mehr, mir einen geschlechtlichen Stammbaum zu erdichten; es macht keinen Spaß mehr; meine unschuldigen kleinen Tanten und ihre gleichermaßen unschuldigen Eltern mögen auf dem Friedhof zu Oslo in Frieden ruhen. Stell ihnen eine Blume für mich aufs Grab – eine Rose statt einer Lobelia Syphilitica. Hoflieferanten Seiner Majestät des Königs: was meinen Vater anbetrifft, so werden wir ihn wieder aus seinem imaginären Irrenhaus ausgraben und seiner gewohnten Hauslehrerstelle, seinem Leberleiden, seiner Pfeife, seinem Hund und seinen Schachspielen zuführen; meine Mutter mag furchtlos zu ihren Augenbädern und ihrem Sanatogen zurückkehren – sie mag sogar lernen, auf ihren ruhelosen Sohn stolz zu sein und ich, daß ich so töricht bin, meine Liebe zu ihr zu verleugnen; mein Vormund wird wie durch ein Wunder zu dem, was er immer gewesen ist – der Familienchauffeur. Aber hier ist der Haken, Janet. Muß ich nicht, da ich ein Seemann bin, wenn ich Andy akzeptiert habe, auch die zu Andy gehörigen Dinge akzeptieren, die ekelhaften Fleischtöpfe und die weiberduftenden Abende, die garstigen roten Unterhosen sowie Kotz und Logis? Ja, in Grenzen natürlich; ich glaube, daß ich nicht länger moralischen mit physischem Mut verwechseln darf; es ist reichlich Zeit für ein bißchen gesunden Menschenverstand. Ich muß Andy akzeptieren, und das ist nicht viel gefährlicher, als das Leben zu akzeptieren. Aber in Zukunft werde ich mich mehr mit Muskeln als mit Geburtszangen beschäftigen; ich werde eher Gewichte als Schoppen stemmen. Was meine Bücher angeht, die werde ich über Bord werfen und neue kaufen ... Sollen doch ihre Autoren auf Troismâts anmustern und lernen, wie man voller Leidenschaft ein Tau hochklettert! Meine Schriftstellerei? Das kannst Du für mich tun oder sonst eine Frau. Ich weiß noch nicht das geringste. Aber eines Tages werde ich ein unerhört verdorbenes und niedergedrücktes Land entdecken, wo die Kinder an Milchmangel zugrunde gehen, ein unglückliches, wenn auch unaufgeklärtes Land, und ich werde ausrufen: ‹Hier bleibe ich, bis ich diesen Ort zu einem guten gemacht habe.› Oh, es reicht nicht, zu sagen ‹In mir regt sich Gemeinschaftsgefühl mit ganz unseligen Konflikten› oder ‹Ich lebe, kannst du nicht die Liebe zum Leben in meinem Gesicht sehen?› oder ‹Ich habe diese Musik und diese Pflastersteine satt, habe die Straßenlaternen und Spinnweben und den Staub satt, also werde ich ein Mann sein, ich gehe wieder zur See›; und es reicht auch nicht, diese Dinge zu tun, um sich mit subtileren Bergen zu beladen, einen feineren Schauplatz zu entdecken; oder besser, das Meer zu peinigen oder das Haus seiner Mutter zu entehren – die Untiefen auszuloten. So erhebt sich auf einmal die Frage – wo ist ein brauchbarer Gegenstand? Wo ist etwas, das sich zu seinem Vorteil verändern läßt, bei dem man Verschwendung in Wachstum wandeln kann – etwas, mit dem ich es aufnehmen kann? Wo sind die Sklaven, die befreit werden müssen, die Kinder, die Milch nötig haben? Ich werde sie finden. Ich muß sie finden. Wenn ich meine Pflicht erfüllt habe, werde ich losfahren und Dich holen; wir werden zu diesem Land zurückkehren und es glückselig finden. Inzwischen werde ich niemals, wenn es nicht unvermeidbar ist, mit einem Schiff untergehen, denn ich werde meine Pflicht ihm gegenüber erfüllt haben; und obwohl es uns grausam vorkommt, obwohl ich vielleicht nie zurückkommen werde und obwohl ich zugebe, daß all das lächerlich ist, ist dies der einzige Weg, unsere Liebe in Gottes Augen zu unserer eigenen zu machen, die einzige Art und Weise, in der ich lernen kann, andere zu bemitleiden, ohne mich selbst zu bemitleiden, ohne Selbstverachtung zu lachen und ohne Freudenüberschwang zu weinen.»)

«– hielt die Eisenbahn an –»

«– *Widerstand leisten* –»

«– Maschinenraum in Nantucket; Sand, so 'n hübscher kleiner Maschinenraum, wie man 'n sich nur wünschen kann.»

«– und die Juden zogen rum, verstehste, und sammelten Schrottzeugs. Und sie verloren alles. Sie kauften 'ne Fabrik, und ich sag euch kein Wort erlogen, sie haben den Fabriken 'nen saumäßigen Preis dafür bezahlt, und verschrotteten Geleise, Drähte, Schienen, New Badford –»

«Ein Fernglas hatte er auch, über die Schulter geschnallt: er war – so was, na was man 'n Bauchredner nennt, ja –»

«– nach Halifax gefahren sind –»

«– Was sagst du da? Maschinenraum! ... Also da muß ich euch was erzählen. Ich war mal auf 'nem blöden Schiff, das hatte wahrhaftig 'nen Maschinenraum, über den man nach Hause schreiben konnte. Es hatte Drei-Zylinder-Motoren, aber das Komische daran war, daß der Dampf –»

«He, keine Stewards hier!»

«Keine Stewards hier –»

«Dieser Maat ist ein Blödmann; der steht mir bis *hier*.»

«– durch den Hochdruckzylinder lief, und dann durch so 'ne Art elektrischen Überhitzer, verdammt komisches Ding das, bevor er erst in den Zwischenzylinder kam; ich war in ihr drin, verdammt, daher weiß ich's, und außerdem hatten wir bloß einen Heizer für jede Wache, verdammt, eh –»

«Ach du liebe Zeit, da mußt du dich ja halb totgearbeitet haben auf diesem Ding, wa?»

«Durchs Rote Meer gefahren, da hättest du dabeisein sollen, Jesses, eh –»

«Durchs Rote Meer fahren. Ich sag dir was, Kumpel: war auf der letzten Fahrt. Ich hatte Durst, und da seh ich die Tür vom Maat offen und das Wasserglas da, und tut bloß niemals, was ich da ohne nachzudenken getan hab! Ich hab das Wasser ausgetrunken, und leck mich das Syphding war voller Mossies –»

«Die Maschine und alles war verdammt komisch. Ein Schiff mit 1600 Tonnen Brutto und 2850 Tonnen Nutzlast, sag ich euch kein Wort erlogen … Und dann kam der Dampf in, na verdammt, so was, was man vielleicht die zweite Stufe nennen könnte, mit 'ner verdammten regenerierten Wärme von weniger als 500 Grad Überhitzung vom Kesseldampf –»

«– dann krieg ich ganz schlimm die Malaria, und wir hatten Pilger an Deck, die brachten wir von Singapur nach Jedda, und die starben wie die Fliegen und bekamen ein Kind nach dem anderen, eh; tja, ein Bursche mit 'm Bart, hatte auch Malaria, ganz übel, der schlief an Deck direkt vor meiner –»

«– verdammt gesättigter Dampf ohne Überhitzung in dem verdammten Kessel, kam auf den ersten und zweiten Zylinder, stellt euch das vor, also sie dürfte mindestens dreizehn Tonnen gebraucht haben –»

«– hat mir was Gin in mein Chinin gekippt, der Typ, eh. Also eines Tages geht's diesem Hadschi da draußen furchtbar schlecht, der hat vielleicht gestöhnt, ich konnte nicht einschlafen und dachte, ich wär am Sterben, und dieser Kerl stöhnt und flucht immer weiter, und grade als ich dachte, ich müßte den Löffel abgeben, hab ich geschrien –»

«– Abdampf hat 'ne Niederdruckmaschine angetrieben –»

«– stirb, du Arschloch, so laut ich konnte, und *bei Gott, er tat's*!»

«– erzeugen den Strom, der den verdammten Regenerator-Über –»

«Jesses, er tat's. Teufel, ich sag euch kein einziges Wort erlogen.»

«Du Dösboddel, siehst du nicht, daß der verdammte Strom –»

«Ach halt die Klappe. Wir wissen doch alle, daß du der Schwachkopf gewesen bist, der das ganze Schiff alleine geheizt hat.»

«Jedenfalls sind chinesische Heizer die besten, billige Arbeitskräfte, verstehste. Diese Annamiten sind in Ordnung – geben dir soviel Reisschnaps wie du willst für 'n bißchen Seife. Spucken, meine Fresse! Na ja, ich schätze, alle reisessenden Leute sind groß im Spucken –»

«– hörte mal 'ne Geschichte über 'nen chinesischen Heizer und 'nen englischen Matrosen auf dem Christenfriedhof von Hongkong. ‹He – du bezopfter Bastard›, sagt der Engländer, ‹wann dein Fleund kommen hel essen Chowchow, he?› Und der Chinese antwortet ‹Zul selben Zeit wenn dein Fleund kommen hel und liechen veldammte Blumen.›»

«Haha, also ich finde, diese Chinesen sind doch immerhin süße kleine Kerlchen.»

«Nicht zu vergleichen mit weißen Heizern. Sieh dir unsere Skandinavier an.»

«Ach ja, noch zehn Monate, Jungs – die ersten hundert Jahre sind am schlimmsten, sagt man.»

Bim-bim.

«Schiff auf der Steuerbordseite, wa?»

«Ja, 'ne Menge solche Boote an der Küste. Wohl 'ne alte Dschunke oder so was ähnliches.»

«Das sind gute Seeschiffe, diese chinesischen Dschunken. Tscha, ich bin mal mit 'nem unbeladenen Schiff, die *Peleus* war's, in 'n Taifun geraten. Sie war ein richtiger alter Bastard, die *Peleus*, hatte keinen Kühlraum: 'nen Eisschrank bloß. Und die rollte – Teufel auch, wie wir übers Westmeer gefahren sind, haben wir fast die Masten aus ihr rausgerollt. Die Kabine vom Chefsteward war der reinste Schweinestall, und er rauchte jeden Tag 'ne Dose Zigaretten – die Drecksau! Also, wir waren im Gelben Meer und da kommt ein Taifun und wir auf 'nem unbeladenen Schiff und auf einmal sehen wir diese alte Kuh von einer Dschunke.»

«Na sag ich doch, du Klatschtante.»

«Wär das nicht lustig, wenn 'ne Kuh 'nen Euter aus Holz hätte?»

«Hihi.»

«– 'n Waschpott, fährt rum und nimmt Wäsche auf –»

«Apropos Kühe, ich war in ganz Westindien, Barbados, Bridgetown, tolle Sache ... Die Weinstöcke stehen da bis zum Meer runter, ihr solltet da mal ins Colonial am Milk Market gehen – Nigger-Orchester. Das Marine taugt nix, das heißt, wenn man Geld hat. Ich hatte. Das war im Krieg. Ich probierte das Marine und das Balmoral aus. Und dann ging ich ins Colonial. Hab da drei Wochen mit 'ner schwarzen Kuh gelebt ... war die ganze Zeit über besoffen und habe mich geprügelt, und diese Nigger spielten ‹I'm forever blowing bubbles› auf ihren dämlichen Banjos –»

«Wie 'eißen diese roten Bäume, die die da 'aben, Flamboyant?»

«Stimmt, Flamboyant, auf den ganzen Inseln da. Montserrat. Das ist genau das richtige für euch, Plymouth Montserrat, ein Haufen Nigger mit irischem Akzent, und jedes Jahr bläst 'n Hurrikan das ganze verdammte Kaff zum Teufel! Ja, ich sag euch die Wahrheit. Hab gesehen, was von denen ihrer Schule übriggeblieben ist – bloß die Tafel, sonst nichts –»

«– tatsächlich? –»

«– tatsächlich? –»

«Gibt nicht viel zu sehen auf Montserrat, schwarzer Sand, wa?»

«Ja, und 'nen Berg gibt's da, 'nen verflucht großen Berg, bin raufgestiegen und hatte 'nen Führer, der ist barfuß hochgeklettert, eh. Es war 'ne *höllische* Kletterei, als ob man die ganze Strecke 'n Baum raufklettern würde – Mate wuchs da und wilder Kohl – und wir hielten immer wieder an, und dieser Niggerführer sagte immer ‹Tief Luuft holen, Mann! Tief Luuft holen!›»

«Tief *Luuft* holen, Mann! Haha!»

«Uuuuuuu, eh?»

«Wilder Kohl, tscha! Das gab's da, wuchs auf'm Gipfel. Und am Ostermorgen gehen sämtliche Nigger rauf und werfen Pennies in den Teich da oben –»

«Nigger, tz, sind schon ulkige Burschen. Komischer Verein.»

«– sah mal 'nen Nigger Shimmy tanzen, der sang dabei! Ich

wackel mit'n Schultern, un' ich wackel mit'n *Knien*, ich wackel mit was ich will, weil ich 'n freier Amrikaner *bien*!»

«– freier Amrikaner, wa? Hahahaha.»

«Ja, ich wackel mit was ich will ist –»

«Perim im Roten Meer, da gibt's rothaarige Nigger. Weiß nicht, ob einer von euch da schon mal an Land war. Da gibt's 'ne Kneipe, den Red Lion ... Ist platt wie 'n Brett und verdammt heiß. Wir haben mal einen von da als Signalgast genommen. War 'n komischer Bursche, immer am Zittern und Zappeln die ganze Zeit; schätze, der hatte 'ne Schützengrabenneurose oder so was ähnliches ... Lloyd zahlte ihm die Erster-Klasse-Überfahrt aus, aber er machte so 'nen verdammt schrecklichen Eindruck, daß sie ihn in 'ne freie Koje in der Back bei den Stewards gesteckt und ihn in der Pantry im Stehen essen gelassen haben. Wir nannten ihn Perim –»

«– linker Fuß hinter rechten Fuß und rechter Fuß hinter linken Fuß: denkt dran, Füße, als ich klein war, habt ihr mir versprochen, artig zu sein!»

«Hihihihi ...»

«Sssch!»

«Wenn der Fluß nur aus Whisky
Und wenn ich 'ne Ente wär:
Ich würd runtergeh'n bis zum GRUND,
Und ich käm nie wieder rauf. No Sir,
Ich käm nie wieder rauf.»

«Herrgottnochmal, macht nicht so einen –»

«Wash, so hieß er. Keine Ahnung, warum wir ihn Wash genannt haben. Hm, der muß jetzt fünfundsechzig sein. War Sklave gewesen. Ja, er war Sklave gewesen. Also dieser Nigger namens Wash saß auf dem Ersten Maat, der hieß Dickinson, ziemlich heißblütiger Mensch, saß auf ihm. Herrje, das ist einfach zum Schießen. Und Dickinson war am Schreien und versuchte hochzukommen, ja, während Wash weiterarbeitete. Wash schrie dauernd zu Dickinson runter – hihi – *Ruhich, Mann, ruhich, Mann* ... Diese Nigger sind einfach zum Schießen!»

«Da fällt mir der ein mit den –»

«Kondensmilch? Wo ist die Kondensmilch, Hilliot? Ah, da ist sie ja. Auch das noch, der Bootsmann wird dir vielleicht einheizen, wenn er rauskriegt, daß du deinen Hammer und Kratzer im –»

«Beaumont, ja. Wir machten an den Bäumen im Park da fest, na ja, ist bloß 'ne Badewanne, dieser Hafen, sonst gar nichts, bloß 'ne Badewanne. War schon 'n kleines Ereignis, wenn da ein Schiff hinkam. Und sämtliche Mädchen aus dem Park kamen an und plantschten mit ihren Füßen im Wasser. Nachher haben wir sie zum Tanzen aufs Schiff geholt. Haben da 'nen Offizier mit Rheuma an Land gebracht.»

«*Rheuma*, haha, ja, du hast recht.»

«O ja, Malisch, wie die Araber sagen –»

«– der ein mit den zwei Nigger-Windenmännern in New Orleans. ‹Ich wünsch ich wäär reich.› ‹Un warum willstu reich sein?› – ‹Ich würd dich kaufen.› – ‹Un was würdst mit mir machen?› ‹Ich würd dich ins *Kloo* stecken.› Hihihi, er würd ihn ins Klo stecken. Zum Schießen, das ist einfach zum Schießen! –»

«Heiß! Mein Gott, das ist die heißeste Nacht auf dieser Fahrt –»

«Erinnert ihr euch an York? Sechs Wochen waren wir da. War auch der reinste Mord. Hatten 'n Vollmatrosen, der seine ganze Hafenauszahlung für 'n Radio ausgegeben hat –»

«Noh, sagt er nimm die da – haufenweise von wo die kommen –»

«Pah, in Manila kriegst du Zigarren saubillig, Junge.»

«Pahgottverdammich, den hättet ihr sehen sollen. Auf dem Vorderdeck riß der verfluchte Beiholer – *hihi* – und er bekam ihn voll hier drauf. Der Drecksbootsmann hat ihm das Leben zur Hölle gemacht.»

«Beide Maate waren voll wie die Haubitzen. Die Taue waren völlig im Eimer und blieben nicht richtig an den Dalben. Der Zweite Maat wär fast von der verfluchten Dockbrücke *gefallen*.»

«Dieser Typ, von dem ich euch erzähle, verbrachte fast seine ganze Wache damit, unten auf einem der Achter-Ventilatoren mit 'nem Hievtau zu angeln. Also, man kann ihm keinen Vorwurf machen. Mein Gott, es war aber auch 'n ausgehungertes Schiff. Zum Frühstück zusammengematschtes Gemüse mit 'nem Haufen Schiffszwieback, mittags 'ne Schale Labskaus, und zum Tee eine Scheibe Büchsenfleisch –»

«Der Kapitän tanzte die Brücke rauf und runter und brüllte wie am Spieß. Soweit ich weiß, hat er seine Prämie verloren.»

«Geschieht ihm verdammt recht.»

«Find ich auch.»

«Manila, wa, erinnert mich an Cebu. Das ist das richtige für dich, Hilliot, die Stadt der Ukulelen. Wir hatten einen Burschen, der verkloppte seinen Landanzug für eine. Tja, er hat noch nicht mal gelernt, das verdammte Ding zu *stimmen*.»

«Wir sind auf der *Plato* nach Cebu gefahren. Haben an den Bojen direkt neben der Entbindungsklinik festgemacht. Die Mossies waren entsetzlich –»

«Ja, und in Swettenham war's auch höllisch mit den Mossies. Auf der *Rhadamanthus* hatten wir mal 'nen Kombüsenjungen, junger Spund, schwul war er auch, und –»

«Angeblich werfen die die Fehlgeburten in den Bach. Jedenfalls wollte keiner von der Mannschaft schwimmen gehen.»

«Na, ich war euch von dem ausgehungerten Schiff am Erzählen. Wir brachten 'ne Ladung Crosse und Blackwells Plumpudding und Dosenhühner und all so was in den Osten für die Weihnachtssaison. War geradezu mörderisch, an die ganzen Fressalien unter den Luken zu denken, wo wir armen Ärsche vorne die ganze Zeit Büchsenfleisch essen mußten –»

«Also, Kumpel, ist doch besser, vorne zu sein und eine anständige Back zu haben.»

«Ja, darauf laß ich einen.»

«Also eines Nachts hatte dieser Typ 'nen Fang am Ende von seinem Hievtau, und wir halfen ihm, ihn zur Back hochzubringen. Und was glaubt ihr wohl, was es war? Es war 'ne verdammte große Kiste Crosse und Blackwells Büchsenöffner.»

«Dem Koch würd ich was husten, wenn er versuchen würde, mir einen Topf abzuluchsen – das sag ich euch!»

«Ach, du spinnst ja –»

«Dieser Maat ist ein blöder *Heini*, der steht mir bis *hier*.»

«Ich war mal auf 'nem Schiff, da gab's überhaupt keine Back. Jeder Mann hatte 'ne Kabine für sich allein und warmes und kaltes Wasser. Das war auf 'nem russischen Windjammer. Der war in Ordnung.»

«– Ich bin schon ganz schön auf die Schnauze gefallen, als ich irgendwelche Sachen aus dem Laderaum holen wollte. Einmal hab ich ein Fünf-Pfund-Paket organisiert, dachte, das wär Formosa-Tee aus Kelung, und was war's dann – Kampfer!»

«– heißeste Tag, den ich je erlebt hab, Kumpel.»

«– der heißeste Tag, den ich je irgendwo auf der Welt erlebt hab, war in England, in Liverpool, am diamantenen Jubiläum von Queen Victoria. Jesses, war das heiß. Lebte damals in Cheapside –»

«In Basra ist es wärmer als in Dalny. Ich sag euch, in *Basra ist es wärmer als – in – Dalny*.»

«Meine Güte, in diesen gottverdammten Ölhäfen ist es doch überall heiß.»

«Daran wird's wohl liegen, daß Dalny im Winter zugeschneit ist, und Baku würde ich auch nicht gerade heiß nennen.»

«Na, wer zum Teufel war jemals in Baku –»

«– bin am Abflußrohr hochgeklettert, ja, und als ich oben war, war ich in 'nem *entsetzlichen* Zustand –»

«– Matrose und Heizer stehen vor 'nem verdammten Stinktierkäfig im Zoo. Sagt der Matrose, er wettet, er kann den Geruch länger aushalten als der Heizer. Sagt der Heizer, na schön, ich wette, das kannst du nicht. Wir steigen in den Käfig und probieren's, sagt er –»

«Ach den kenn ich, herrgottnochmal. Und nach 'ner Weile kommt das Stinktier raus.»

«Also, der Chefsteward sagt –»

«Im Schwarzen Meer, du Arsch –»

«Ja?»

«– also ich sag euch –»

«Dieser eine Kombüsenjunge, von dem ich eben dran war, fiel

die Bunkerluke runter. Tja, da unten war das Kartoffellager, und der Dritte Maat hatte die Leiter weggenommen, weiß der Himmel warum! Er fiel die ganze Strecke glatt runter und zerplatzte auf dem Boden wie 'ne Tomate!»

«– Da fällt mir ein, ich war mal auf 'nem Schiff, 'n alter russischer Bastard, der war noch niemals angestrichen worden und seine Ladung bestand aus eingemachtem Fleisch – *o Mann* – und Erbsenbüchsen und so 'n Zeugs, meine Güte. Und das Schiff war ausgehungert wie sonst was. Schlimmer als auf diesem Kahn, da gab's bloß Büchsenfleisch.»

«Auf der letzten Fahrt war ich auf 'nem Postschiff.»

«– letzte Fahrt.»

«– Postschiff –»

«– da hab ich ihm sozusagen die Wahrheit gesagt, daß die Katze im Bett von dem Mädchen Junge gekriegt hätte, und da sagt er, das sieht schlimm aus, was. Hab 'nen großen Krug darauf verputzt.»

«Also der Arzt ging zuerst im Bootsmannstuhl runter zu diesem Kombüsenjungen, da steht der Lampenputzer auf, das war 'n verdammt großer Kerl aus Wales und sagt, paß auf, Doktor, wenn du nicht runtergehst, schmeiß ich dich runter, kapiert. Danach ging der also richtig runter, und als er hochgezogen wurde, stand er wie 'n Reiter auf der Leiche von dem armen Kerl. Die Eingeweide lagen überall in der Gegend rum.»

«– Micky –»

«– Norman –»

«– mein nächster Job war als Taxifahrer unten in Barry. Das war schon besser, als hinter der Theke zu stehen, ja, Barmixer zu sein bringt nichts. Und eines Tages sah ich auf der anderen Straßenseite eine alte Frau, die mit ihrem Schirm nach mir winkte.»

«Huh! Habt ihr das gemerkt? Sie fängt ein bißchen an zu rollen. Rumms! Habt ihr gehört?»

«Hinterher können wir ja auf dem Brunnendeck was schwimmen gehen.»

«Lauf zum Heck und mach dieses Oberlicht zu, Hilliot. Sonst kriegen wir hier gleich 'ne See durch.»

«Ja, heut nacht wird's rauh werden. Gott sei Dank werden dann wenigstens 'n paar von diesen Mossies verschwinden.»

«– Geschichte, die mir einer erzählt hat. So rauh – daß die Logge über die Antenne geworfen wurde.»

«Jaja, das kennen wir nun schon.»

«Nimmst du meine Wäsche ab, Kumpel? Sie ist auf der Dockbrücke.»

«Dieser alte Waliser, von dem ich euch erzählt hab, der war im Krieg ein Tommy, und er kam da vors Kriegsgericht, weil er ohne sein Gewehr zum Appell angetreten war, und da sagt er – er sprach mit 'nem ganz komischen Akzent, manche können das ja nachmachen, aber ich nicht – ‹Es war nicht meine Schuld, daß das Gewehr weggekommen ist›, sagt er. ‹Ich habe es in die Baracke gebracht und in die Ecke gestellt, und da kam das Signal›, sagt er, ‹und ich ließ es ganz bestimmt in der Ecke stehen. Der Sergeant befahl mir, mich in die Reihe zu stellen, um zum Arbeitsdienst anzutreten, und kurz bevor er uns abzählte, sagte ich, Sergeant, mein Gewehr ist noch in der Baracke, und der Sergeant sagte, dann gehen Sie's holen, Mann! Also ging ich in die Baracke und da stand ganz bestimmt mein Gewehr in der Ecke – verschwunden!›»

«Hahahahaha!»

«Puhgottverdammich, eh –»

«Gottverdammich, eh!»

«Da seht ihr, was ihr angerichtet habt, ihr habt Matt aufgeweckt. Wie geht's denn so, Matt?»

«Also ihr seid mir vielleicht 'n Haufen Idioten, mich aufzuwecken, aber ich glaube, ich wär auch so aufgewacht; hatte grade 'nen verdammt komischen Traum –»

«Ich kenn einen, der hat mal geträumt –»

«– also, und dann bekam ich wieder 'n Job als Barmixer, und wie ich 's nächste Mal hereinkomme, sag ich, ‹Tach, wie geht's uns, freut mich, Sie zu sehen, was darf's sein?› und sie antwortet, ‹Also der Alte läßt mich hinter der Theke nichts trinken, das sollten Sie doch wissen›, und gleich darauf treff ich ihren Alten, und der bietet mir natürlich 'ne Zigarette an –»

«Ich kannte mal einen –»

«Na, ich sagte irgend so was ähnliches, ja, das was ich euch grade erzählt habe. ‹Hallo, Harold›, sag ich. ‹Ich dachte, das wär 'ne andere Kneipe, aber jetzt merke ich, das liegt nur daran, daß ich durch 'ne andere Tür hereingekommen bin. Ich bin also jetzt ein anderer Kunde. Das hier ist die Humpen- und Flaschenabteilung.›»

«Hahahahaha!»

«Ich sag euch –»

«Ich sag euch, was dieser Kerl zu mir gesagt hat.»

«*Hallo* – Taff, was machst du denn hier? Das ist nicht die Steward-Abteilung –»

«Hört zu, er sagte zu mir, und wenn das nicht zeigt, daß was verkehrt ist in dieser blöden Welt, laß ich mich hängen. Dieser Kerl sagt zu mir, *und hört euch das bloß an*, seh ich aus wie 'n Krüppel? Nein. Aber ich bin verkrüppelter als Sie denken. Ich wurde als Krüppel aus der Armee entlassen, ja, mein rechter Fuß ist einwärts gebogen, mein linker Arm hier ist zu nichts zu gebrauchen, gelähmt – Sie kennen die Leute doch, Männer wie ich, die an jeder Straßenecke rumlungern, und Sie nennen die dann arme Teufel –»

«Jetzt muß ich euch die ganze Sache noch mal erzählen. Erst mal sagt er 'n Halben alte Milch, Miss, und tun Sie bitteschön ein bißchen Brandy in diese Medizinflasche. Dann –»

«Ich kenn einen, der hat mal geträumt –»

«Huh! hier riecht's nach Stewards!»

«Sehen Sie, ich könnte das ja genauso machen, und bei jedermann Mitleid erregen, das Mitleid der ganzen Welt sozusagen. Aber ich bin noch niemals rumgelaufen und hab nach Mitleid gesucht. Und wenn ich noch so 'n Vollidiot wäre, ich tu's nicht. Ich sage Ihnen, ich hab's durch reine Willenskraft geschafft, und durch die Massage meines Bruders –»

«Ich kannte einen –»

«Hallo, rufen wir, was haste da in dem großen Korb, Rufus? Krabben, wa? Garnelen? Schottische Leghorns! Schottische Leghorns, ruft er, macht 'n Penny locker –»

«– und ich sage, die Masseusen bei der Armee konnten mich

nicht gesund machen. Kein *verfluchtes* bißchen. Aber durch meine Willenskraft und die Massage meines Bruders habe ich mich *selber* geheilt, ja. Und dann haben sie mich als gesund eingestuft und meine Pension gesperrt, diese Arschlöcher –»

«Und alles was sie taten, war, die Gefängnisse aufzumachen und zu sagen, so, ihr seid das vierzehnte Regiment, verdammt!»

«Sie konnte nicht atmen; konnte gar nichts. Hatte 'ne ordentliche Miesmuschelvergiftung –»

«Raus hier, sagt sie. Sehen Sie, es ist so. Im Saloon nebenan habe ich 'nen Haufen hungriger Fußballspieler –»

«Ich träume nicht sehr oft, aber diesmal war's was besonders Lustiges. Nehme an, das kommt daher, daß ihr geredet habt –»

«Ich kenn einen, der hat geträumt –»

«Verdammtnochmal, mußt du denn unbedingt diesen blöden Traum erzählen?»

«Halt's Maul, zum Teufel!»

«He, wer hat diesen verdammten Schuh geworfen –?»

«Halt's Maul. Matt will seinen Traum erzählen.»

«Schieß los, Matt.»

«Mach schon, Ober-Sergeant!»

«Na ja, es ist nicht viel, aber ich träumte eben, ich würde in 'nem Haus in der Dale Street, in Liverpool, wohnen; vor vierzig Jahren, und alles war – nun ja – realistisch sozusagen viktorianisch, Kleidung, Benimm, Fiaker, Droschken – alles was man sich so denken kann. Und in diesem Haus gab's drei Zimmer: oben – Schlafzimmer, in der Mitte – Wohnzimmer, unten – Küche. Irgendwer spukte in diesem Haus, und ich wohnte mit meiner Schwester dadrin. Eines Tages hatten wir vor, meine Schwester und ich, diesen blöden Geist zur Strecke zu bringen sozusagen, und da trafen wir auf der Treppe Lofty, den Zimmermann, den dritten Maschinisten und den kleinen Hilliot da ... Als ich ihn sah, zertrümmerte ich mit einem Küchen-Hackbeil einen Tisch und ging, das Holz absplitternd, auf die Dale Street. Da traf ich dann das Gespenst, ja, einen Kerl, der aussah wie einer von den Salomon-Inseln. In der einen Hand hielt er ein Drahtbündel und eine Waage, in der anderen einen Gürtel, und obwohl seine Hände doch ziemlich voll waren – er war einen Kopf kleiner als ich –, hatte er mich in einem verdammt festen Griff, so daß ich mich nicht rühren konnte. Ich bin nicht böse, sagte er mehrmals, ich bin der Gott, der dafür sorgt, daß alles ordentlich gemacht wird. Irgendwas stimmt nicht auf der anderen –»

(Augen, denen ich nicht im Traum zu begegnen wagte, im Tod im Traum, im Traum im Tod, wie zum Teufel geht das? ... Traumdeutungen. Die Philosophen halten dafür, daß zwei und zwei vier ergibt. Aber jeder kleine Pinscher weiß mehr. Soundso sagte, sie wären ein Mechanismus, der einen schlafen läßt. Was soll's, na ja. Wenn man Psychologisches liest, davon träumen, die Jungfrau zu besteigen. Sich in Tunneln, U-Bahnschächten, Höhlen zu verirren; vielen tausend. In Kohlenbergwerken mit ihren kreisenden Rädern; aber ohne Ausschachtung, ohne Mine, nichts, das ausgegraben werden müßte; Stigmen; Augen und explodierende Gaslaternen, ein Pilz, der sehr süß in einem Walde sang; Zuhälter mit Silber in ihren Flügeln. Nie wieder. Aber was hat dieser dämliche Matrose wirklich auf Lager? ... Nichts. Es ist ein Trauerspiel. Zum Teufel, kann ich mir nicht einen genauso guten Traum ausdenken? Ja, aber wie? Himmel, was *kann* ich mir ausdenken? Aber halt mal. Wenn diese Tiere ausbrechen würden, ja, nur angenommen, wenn der Elefant herauskäme, würde er natürlich alle anderen Käfige zerschmettern! Dann wären sie alle frei. Dann wäre der Teufel los. Gott, wie lustig! Wie unerträglich lustig! Affen achtern und mittschiffs und hoch oben. Tiger. Die Mannschaft aufgefressen. Am Steuer der Mandrill. Als der Lotse an Bord kam, fand er zu seiner Überraschung den Elefanten hinter dem Schanzkleid –)

«– da zog ich mein Klappmesser raus und zerschnitt den Gürtel in vier Stücke. Also gut, sagte dann das Gespenst, laß mich die Straßenbahnschienen auf der Dale Street überqueren. Ich werde nicht mehr in deinem Haus spuken –»

«Werde nicht mehr in deinem Haus spuken, wa?»

«Also, ich hatte 'nen Traum, der ist noch tausendmal besser als der. Ich hab geträumt, wir hätten das Schwanzende von 'nem Taifun abgekriegt und vorn und achtern See übernommen, und eine verdammt große See wäre drübergegangen und hätte den Elefantenkäfig zu Brei gehauen. Na ihr könnt euch vorstellen, was dann passiert ist. Der Elefant kam raus und machte 'ne kleine Runde an Deck –»

«Wie war das, Hilliot?»

«Der Elefant kam raus und machte 'ne kleine Runde an Deck. Und das brachte den Käptn auf hundertachtzig, denn der Wärter war am Kotzen. Aber das war noch gar nichts – als der Käptn wieder auf die Brücke kam, nachdem er den Wärter gesehen hatte, bemerkte er, daß der Elefant herumlief und die Käfige zertrümmerte; die Löwen und Tiger hatte er schon rausgelassen und fing grade mit den Schlangen an –»

«Hahahaha!»

«Haha –»

«Aber das war immer noch nichts im Vergleich zu dem, was dann passierte. Der Chefsteward hatte die Schlüssel zur Waffenkammer verloren, und als der Käptn wieder auf die Brücke kam, sah er, wie ein Löwe gerade den Quartermeister am Steuer bearbeitete. Er blickte sich nach einem Fluchtweg um, sah, wie der Maat und zwei Vollmatrosen von einem Lemuren den Fockmast hochgejagt wurden, und sprang dann über Bord, der dumme Hund. Soweit wir wußten, wurde er von einem verdammten Hai gefressen –»

«Um Gottes willen das könnte tatsächlich passieren, wir brauchen bloß 'nen Taifun zu kriegen –»

«Und dann war richtig die Hölle los, und plötzlich ging der Traum am nächsten Morgen weiter. Irgendwie war ich noch da, aber sonst kein einziger. Sie waren alle aufgefressen worden, Matrosen, Heizer, Offiziere, Stewards, euer ganzer blöder Verein! Auf der Brücke stand ein Tiger, durch die Lüftungsschächte wanden sich Anakondas, eine Hyäne auf dem Brotkasten –»

«Hahahaha –»

«Hahahaha – du lieber Himmel!»

«Aber das war noch gar nichts im Vergleich zu dem Chaos. So ein verfluchtes Chaos habt ihr im Leben noch nicht gesehen – nie. Die Überreste der Mannschaft waren noch gar nichts gegen das, was die Tiere gemacht hatten. Na, wie Affen sind, wißt ihr ja. Aber stellt euch des Löwen leibhaftige Losung vor –»

«Hiihiihii!»

«Und des Papageien Hauspigmente übers Deck verstreut, oder eher –»

«– du liebe Zeit –»

«Teufel, ich lach mich gleich tot.»

«Wer hat diesen Schuh geworfen? Wer hat diesen Schuh geworfen?»

«Haha, du liebe Zeit –»

«Und des Walrosses –»

«Hör auf, um Himmels willen, hör auf, hör auf!»

« – wer hat –»

«Des Walrosses warme Wähe –»

«Wer hat diesen verdammten Schuh geworfen? Du kannst was erleben!»

«Bomben aus Büffelmist, wa? Hahaha!»

«– also, ich geb mich geschlagen, der war besser –»

«Komm komm, in Ordnung – wenn du schon mit Schuhen schmeißt –»

«– kannte mal einen, der hat geträumt, er hätte die Ergebnisse eines Rennens mit zweit- und drittklassigen Jockeys gesehen. Er setzte also und richtig, denn ein unbekannter Stalljunge war der siegreiche Jockey. Die Jockeys auf Platz zwei und drei hatten auch in der Zeitung gestanden. Er gewann fünfzig Pfund.»

«Jesses, verdammter Kerl, mit Pantoffeln um sich zu schmeißen –»

«– erinnert mich an'n Typ, der in New York auf der 47. Straße zusammengebrochen ist. Später fanden sie heraus, daß er ein berühmter Jockey war. Jeder dachte, der wäre so richtig bewußtlos besoffen. Ein Polizist hebt ihn auf! Dieser Mann ist nicht betrunken, sagt er. Wie heißen Sie? Mein Name ist Christopher Christ, sagt der Typ. Und ich bin am Verhungern –»

«– der träumte andauernd und er wußte immer, daß er einen Anfall bekommen würde, wenn er in seinen Ohren, nun ja, den Lärm von 'nem Zug und 'ner Pfeife hören würde. Eines Tages verschwand er, und ungefähr drei Wochen später wurde er entdeckt: ertrunken; er hielt einen Spazierstock mit silbernem Griff fest umklammert, den er von seiner Loge bekommen hatte –»

«– Zeitungsjunge, kleiner Bursche. Und der rannte mit seinem Bündel Zeitungen den ganzen Weg diesen verdammten riesigen Hügel hoch, und als er oben ankam, fiel er tot um. Blutsturz. Erst kam ihm das Blut nur langsam aus dem Mund, dann schneller, und dann kam's rausgeschlabbert wie Leber –»

«In Ordnung, sagt er. Ist meine Schuld. Na schön, ich bin jetzt also tot.»

«Na Jungs, wer kommt mit an Deck, was Luft schnappen? Backbord fährt ein großer Frachter vorbei. Kommt einer mit? Ist was kühler jetzt. Rauht auch ein bißchen auf.»

«Ich geh später raus.»

(Da drinnen ist gleichsam eine Sturmflut, indes mein Herz im Takt der Maschine schlägt, während ich mit dem Schiff zu ewigen Sommern fahre. Draußen donnert ein Sturm, das Glühen des Tropenfeuers! Schlecht oder gut, wie es gerade kommt, so und nicht anders muß man leben! ... Es ist, als hätte ich mein ganzes Leben schweigend und von Schlaf berauscht verbracht. Trotz allem weiß ich jetzt, daß es immerhin besser ist, stets in den Sommer zu fahren, zu jenen glühenden Lichtermeeren; in einen unbekannten Traum verloren nachts in der Back zu sitzen, wenn der Geist sich mit Sternen statt mit Wunden füllt, edel, mitfühlend und gütig. In einen fremden Frühling zu segeln, oder seine Taufe auf dem Vorgebirge des Sturms zu bekommen, wo der Albatros sich in der Brise auf die Seite legt, und schließlich Land zu erreichen. Die Erde unter seinen Füßen zu spüren und in ausgelassener Freude dorthin zu gehen, wo Wasser ist. Oder ein strahlender glücklicher Rausch von Feldern und Menschen und Blumen und Bäumen und Pferden ... wieder über den Ozean zurückzukehren ... Der Suez-Kanal! Rundherum ist nichts als Wüste, wo nicht gerade sich eine Palmengruppe in der Mittagsglut quält; der ewige Strom, der einst verlorenging, aber immer im Traum des Menschen gelebt hat. Den Anker gelichtet, um frei zu sein, um langsam durch das graue, sonnengebleichte

Land zu gleiten, in dem in stillem, zuversichtlichem Frieden die Wüstenbewohner knien, in das die Dunkelheit in einem einzigen Augenblick hereinbricht. In dem in allem die abenteuerlichen Geheimnisse der Wüstennächte schimmern, in der Einöde des Sandgartens, im Atem der Palme, in der Kälte des Sternenlichts und in den auf dem dunklen Strom treibenden Sternen. Dann endlich wieder in die Ferne zu schweifen, immer in die Ferne, immer weiter, immer um den erträumten Hafen zu kämpfen, während das Meer wie ein Wasserfall an Bord donnert und das Schiff im Kielwasser des Sturms der eiskalten See rollt und schlingert –)

«He, raus hier! Keine Heizer hier!»

«Ich suche Hilliot.»

«Da ist er.»

«Oh, hallo, Nikolai!»

«Hallo. Hör mal zu. Zwei von uns sind krank geworden. Du sollst morgen bei den Jungs unten antreten – Befehl vom Käptn! Er sagt, du wärst der einzige starke Mann auf dieser Seite – na ja, jedenfalls bist du der jüngste. Der Hilfskesselheizer fällt auch aus, so daß wir ganz schön knapp dran sind.»

«Was! Im Heizraum!»

«Ja: du bist jetzt ein Kohlentrimmer, ein richtiger *Hinkefuß* –»

«Wie! Das ist doch nicht dein Ernst?»

«Aber ja doch, Jungchen. Da unten erwartet dich 'ne kleine Hölle. 'ne Menge harte Arbeit –»

«Ja; aber kann ich das denn überhaupt?»

«Klar: mein Gott, ja, du wirst's schon schaffen. Du bist doch 'n großes starkes properes Kerlchen. Und hör mal, wenn du mit dem Chef redest, kannst du den Job behalten, weil wir zwei von den Jungs an Land absetzen. Fürs erste wirst du in meiner Wache arbeiten – von acht bis zwölf.»

«Das ist ja toll, Nikolai, das ist ja toll! Mein Gott, das ist phantastisch! Gut: kommst du mit auf 'ne Runde an Deck?»

«Klar. Aber sag nicht, es wär toll, bevor du's ausprobiert hast.»

– Mut: ich werde dir helfen, wo ich kann. Das ist deine Chance. Das Schiff wird dich nur bekommen, wenn du es verdienst. Lerne den Sinn der Worte verstehen: «Selig sind die Armen im Geiste» –

«Hallo! Gehn wir, Hilliot.»

– aber kämpfe! Niemand wird dich beachten, wenn du wirklich tapfer bist. Denke daran –

«Hallo! Gehn wir, Hilliot! Kommst du nicht?»

– Kommt zu mir alle, die ihr mühselig und beladen seid: Ich will euch erquicken. Nehmt mein Joch auf euch und lernt von mir, denn ich bin sanftmütig und demütig von Herzen, und ihr werdet Ruhe finden für eure Seelen. Denn mein Joch ist sanft und meine Last leicht –

Utdrag av Kostreglement for den Norske handelsflaate. Anvisning for skibbrudne til bruken av livredningsrakatet appar Ödipus Tyrannus – Liverpool.

Bim.

«... da kommt 'ne dicke Kuh vorbei.»

«Ausländisches Schiff anscheinend, wa.»

«Selber Ausländer. Wette, die ist aus Norwegen.»

«Oh, ich hab dich nicht gesehen, Nicky; wie steht's mit den Mädchen?»

«Das fragst du besser den Hilfskesselheizer.»

«Da fährt sie hin, sie morst ihren Namen; *O*, – *x*, *e*, –»

«*n*, – *s*, – *t*, – *j*, skandinavischer Name bestimmt.»

«*e*, – *r*; stellt euch vor, ihr müßtet diesen komischen auf die Rettungsringe pinseln, wa?»

«Was ist mit dir los, sagt er, du siehst aus, als ob du Pat Murphys Ziege verschluckt hättest, und jetzt ragen dir die Hörner aus'm Arsch.»

«Das ist die *Oxensternja*!»

«Was, hast du die etwa schon mal gesehen, Hilliot?»

«Ja; ein- oder zweimal.»

«Das ist 'ne Kuh, dieses Schiff. War mal in ihr drin.»

Aber ach, Janet, kein Kummer ist so schlimm wie der, der ganz vorbeigeht.

* * *

Malcolm Lowry

Malcolm Lowry zerstörte sich selbst. Er stammte aus einer Liverpooler Kaufmannsfamilie, studierte in Cambridge Philosophie. Lowry brach mit der bürgerlichen Welt, aus der er kam. Aber überall, wohin er auch reiste, ob nach Spanien, Norwegen, Frankreich, in die USA oder Mexiko, verfolgten ihn dieselben Probleme: chronische finanzielle Misere und Alkoholismus. In Mexiko begann er 1936 mit der Arbeit an *Unter dem Vulkan*, die ihn bis an die Grenzen seiner physischen Kräfte fast ein Jahrzehnt beanspruchte. Die Geschichte vom letzten Tag des englischen Konsuls und Trinkers Geoffrey Firmin, Allerseelen 1938 in Mexiko, spiegelt in der individuellen Zerstörung die Katastrophe, auf die die Menschheit zurast. 1957 beging Malcolm Lowry, unheilbar alkoholkrank, in England Selbstmord.

Unter dem Vulkan *Roman*
Deutsch von Susanna Rademacher
(rowohlt jahrhundert 29 und als gebundene Ausgabe)
«Der Roman ist atemlos erzählt. Aber der stockende Atem hat den bewegenden, den brennenden Hauch der großen Dichtung.» Wolfgang Koeppen

Dunkel wie die Gruft, in der mein Freund begraben liegt
Deutsch von Werner Schmitz
(das neue buch 178)
Die düstere Entstehungsgeschichte von *Unter dem Vulkan.*

rororo Literatur

Fünfunddreißig Mescals in Cuautla
Gedichte
Deutsch von Joachim Sartorius
(das neue buch 172)

Hör uns, o Herr, der Du im Himmel wohnst *Erzählungen*
Deutsch von Susanna Rademacher
(das neue buch 121)

Die letzte Adresse und Erzählungen aus dem Nachlaß
Deutsch von Susanna Rademacher und Joachim Sartorius
(das neue buch 179)

Oktoberfähre nach Gabriola
Roman
Deutsch von Susanna Rademacher
(das neue buch 157)

Briefe
Deutsch von Werner Schmitz
(das neue buch 175)

Ultramarin *Roman*
Deutsch von Werner Schmitz
(das neue buch 167)

3250/1

Thomas Pynchon

Thomas Pynchon lebt mit unbekanntem Aufenthaltsort in Mexiko und an der amerikanischen Westküste. Er verweigert jegliche Auskunft über sein Privatleben. Nur seine Bücher sollen Zeugen seiner Existenz sein. Die allerdings sorgen für Aufsehen und gelten wie sein Roman «Die Enden der Parabel» als literarische Ereignisse vom Rang eines «Ulysses». Pynchons Helden irren durch ein unentwirrbares Labyrinth von Widersprüchen und Mehrdeutigkeiten, von endlos ineinander verschachtelten und daher nie abschließbaren Geschichten.
Thomas Pynchon, am 8. Mai 1937 in Glen Cove, New York, geboren, studierte zunächst an der Cornell University, Ithaca, Physik, später Geisteswissenschaften. 1959 arbeitete er knapp drei Jahre bei Boeing als technischer Texter. Seitdem ist Thomas Pynchon nur noch in seinen Veröffentlichungen sichtbar.
«Der bedeutendste Romancier in Amerika heute.» George Levine

Die Enden der Parabel *Roman*
(rowohlt jahrhundert 57)
Das Leben als Parabel: Flugbahn zwischen zwei Punkten und der V-Waffen im Zweiten Weltkrieg, die Rakete als Sinnbild besiegter Schwerkraft und hybriden Männlichkeitswahns mit seinen katastrophalen Folgen. Peenemünde, Berlin, Los Angeles: die Tempel böser Geister.

rororo Literatur

V. *Roman*
(rowohlt jahrhundert 52)
Eine ungeheure Weltverschwörung- und Welterschütterungs-Phantasmagorie, die auf den Kopf gestellte Kosmogonie: der wahnsinnig gewordene Leviathan.

Die Versteigerung von No. 49
Roman
(rowohlt jahrhundert 84)
Zwei Wirklichkeiten der amerikanischen Welt: Unterhalb der Ebene offizieller Kommunikation existiert ein geheimnisvolles Informations-Netzwerk für Eingeweihte: Oedipa Maas irrt durch Kalifornien auf der Suche nach einer Erbschaft.

Im Rowohlt Verlag ist außerdem lieferbar:

Spätzünder *Frühe Erzählungen*
Deutsch von Thomas Piltz und Jürg Laederach
240 Seiten. Kartoniert.

3264/1

Ernest Hemingway

Ernest Hemingway, 1899 in Oak Park, Illinois, geboren, setzte sich früh in den Kopf, Journalist und Schriftsteller zu werden. Als Korrespondent für den «Toronto Star» arbeitete er in Paris, wurde des «verdammten Zeitungszeugs» überdrüssig und begann, Kurzgeschichten zu schreiben. 1929 erschien «In einem andern Land» und wurde ein durchschlagender Erfolg. Hemingway reiste durch Spanien, unternahm Jagdexpeditionen nach Afrika, wurde Kriegsberichterstatter im Spanischen Bürgerkrieg. 1954 erhielt er den Nobelpreis für Literatur. Sein selbstgeschaffener Mythos vom «Papa», seine Krankheiten und Depressionen machten ihn schließlich unfähig zu schreiben. Am 2. Juli 1961 nahm er sich das Leben.

Von Ernest Hemingway sind u. a. lieferbar:

Gesammelte Werke *10 Bände in einer Kassette*
(rororo 31012)

Der Abend vor der Schlacht
Stories aus dem Spanischen Bürgerkrieg
(rororo 5173)

Der alte Mann und das Meer
(rororo 328)

Fiesta *Roman*
(rororo 5)

Der Garten Eden *Roman*
(rororo 12801)

Die grünen Hügel Afrikas
(rororo 647)

rororo Literatur

In einem andern Land *Roman*
(rororo 216)

Reportagen 1920 – 1924
(rororo 12700)

Schnee auf dem Kilimandscharo
6 stories
(rororo 413)

Im Rowohlt Verlag sind u. a. erschienen:

Lesebuch *Noch einmal glückliche Tage*
256 Seiten. Gebunden

Die Stories
500 Seiten. Gebunden

Sämtliche lieferbaren Titel von *Ernest Hemingway* finden Sie in der *Rowohlt Revue.* Jedes Vierteljahr neu. Kostenlos in Ihrer Buchhandlung.

3236/2

B. Traven

Bis in unsere Gegenwart werden **B. Travens** spannende Geschichten aus dem Dschungel Mexikos, von den Erdölfeldern oder den Abenteuern auf hoher See mit heißen Ohren gelesen. Obwohl seine Romane Millionenauflagen erreichten, konnte das Rätsel ihres Autors nie restlos gelöst werden. Heute nimmt man an, daß hinter B.Traven der deutsche Schriftsteller Ret Marut steckte, der wegen seiner politischen Beteiligung an der Münchener Räterepublik zum Tode verurteilt worden war und mit unbekanntem Ziel, vermutlich nach Mexiko, entkommen konnte. Doch wer sich auch immer unter dem Namen B.Traven verbergen mag, er hat, neben Jack London, die aufregendsten und fesselndsten Abenteuerromane der modernen Weltliteratur geschrieben.

Die Brücke im Dschungel
(rororo 764)
Eindringlich erzählt Traven vom Ölfieber, von Landspekulationen und die fragwürdigen Segnungen der Zivilisation in Mexiko.

Das Totenschiff *Die Geschichte eines amerikanischen Seemanns*
(rororo 126)

Der Karren *Roman*
(rororo 593)
B.Travens berühmter, aufrüttelnder Roman über das Leid und die Bitternis versklavter Indios im mexikanischen Urwald.

rororo Literatur

Die weiße Rose *Roman aus Mexiko*
(rororo 488)
Mit allen Mitteln versuchen die Agenten der Condor Oil Company das Land der indianischen Hazienda Weiße Rose zu erobern.

«B. Traven ist ein episches Talent größten Ausmaßes.»
Kurt Tucholsky